2010年国家社科基金一般项目
（批准号：10BKS029）

中国特色城镇化道路
推进机制研究

ZHONGGUO TESE CHENGZHENHUA DAOLU
TUIJIN JIZHI YANJIU

曹萍 等 著

人民出版社

责任编辑：杨美艳　翟金明
封面设计：姚　菲
版式设计：严淑芬

图书在版编目（CIP）数据

中国特色城镇化道路推进机制研究 / 曹萍 等 著 . — 北京：人民出版社，2017.12
ISBN 978 - 7 - 01 - 018686 - 3

I. ①中…　II. ①曹…　III. ①城市化 - 研究 - 中国　IV. ① F299.21

中国版本图书馆 CIP 数据核字（2017）第 310603 号

中国特色城镇化道路推进机制研究
ZHONGGUO TESE CHENGZHENHUA DAOLU TUIJIN JIZHI YANJIU

曹　萍　等 著

人 民 出 版 社 出版发行
（100706　北京市东城区隆福寺街 99 号）

环球东方（北京）印务有限公司印刷　新华书店经销

2017 年 12 月第 1 版　2017 年 12 月北京第 1 次印刷
开本：710 毫米 ×1000 毫米 1/16　印张：17
字数：245 千字

ISBN 978 - 7 - 01 - 018686 - 3　定价：49.00 元

邮购地址 100706　北京市东城区隆福寺街 99 号
人民东方图书销售中心　电话（010）65250042　65289539

目 录

序

城镇化是一个国家走向现代化的必经过程。

我国正处于中国特色城镇化从速度型向质量型转变的关键时期。中国特色城镇化道路是中国特色社会主义道路的重要组成部分。在这条道路的开拓上，党和人民进行了长期的、艰苦卓绝的实践和理论探索，有经验也有教训。探索的成果，凝结成富有生命力和现实指导意义的毛泽东关于工业化与城镇化协调发展、邓小平关于区域经济发展"两个大局"、江泽民关于小城镇建设、胡锦涛关于大中小城市和小城镇协调发展、习近平关于新时代新型城镇化建设的重要思想。

党的十八大以来，中国的城镇化发生了质的飞跃，城镇化的发展方式从速度型城镇化向质量型城镇化转变，城镇化的发展要求融入了集约、智能、绿色、低碳等当代全球城市建设的最新理念。党的十九大报告进一步提出，"中国特色社会主义进入了新时代"。新时代的城镇化，着重"以城市群为主体构建大中小城市和小城镇协调发展的城镇格局，加快农业转移人口市民化"。在城镇化中坚持新发展理念，完善以人为核心的城镇化体制机制，探索适应当代中国国情和发展趋势的高起点、高质量、高水平的中国特色城镇化道路，是我们面临的重要任务。

道路已经开通，行动必须跟上，步子要走稳走好。这就向我们提出了研究中国特色城镇化道路推进机制的问题。本书认为，推进机制的研究，就是要开掘走好中国特色城镇化道路永不枯竭的动力源泉，协调好城镇化进程中各行为主体的诉求、利益和步调，整合好各发展要素的契合、互动、兼容。本书深刻分析了中国特色城镇化道路的内涵、特征，阐明这是人类历史上规模空前、最为复杂、最为集中的经济社会关系调整，指出城镇化推进中客观上存在着发展方式粗放、发展质量低下、利益格局混乱、要素整合不力、生态空间被挤压、治理方式传统等问题，系统地论证了构建长期、有效和可持续推进机制的重要性和迫切性。

本书从中国特色城镇化道路的内在要求和中国基本国情出发，在大量参阅国内外文献和总结我国推进城镇化实践经验的基础上，提出了中国特色城镇化道路推进机制的土地、人口、环境、治理"四位一体"的分析框架：围绕城镇化进程中的利益格局、利益博弈及利益调整，分析我国现阶段土地资源利用中的利益矛盾与冲突，提出了完善城乡土地资源合理利用的利益协调机制；结合失地农民、进城务工人员分享城镇化成果不足的现实，从保障、共享、提升三个层次，提出了建立促进农民市民化的包容发展机制；从人与自然和谐共生的发展观入手，分析了城镇化与生态环境的相互作用以及城镇生态文明建设规律，提出了城镇生态文明建设视角下城乡生产空间、生活空间、生态空间和谐共生机制；针对城镇化进程中呈现出的多元化发展趋势，提出了中国特色城镇化各行为主体多元治理机制。推进机制所涉及的领域很多，不同时间、不同地区的重点也有差异。本书抓住土地、人口、环境和治理四个领域，也就抓住了中国特色城镇化道路的几个基本问题，抓住了当前我国城镇化进程中突显的几个难点和重点问题。本书提出的主要观点和对策具有较强的针对性和实践价值。

作者长期从事马克思主义中国化与城郊经济发展和"三农"问题研

究，是国内较早将城乡统筹、城郊经济发展与农业转移人口市民化结合起来研究的学者之一。作为其最新研究成果，该书坚持理论指导与问题导向相结合，着力于在体制机制和重点领域加强对中国特色城镇化道路的研究，把道路的探索延伸到进程中的调适，有一定的深度和难度。盼作者在理论与实际结合、方向性与学术性统一的路上，取得丰硕成果。

杜肯堂

2017 年 12 月 5 日

前　言

　　城镇化是一个国家迈向现代化必然经历的重要自然历史过程。我国是人口大国，生产力水平不高，要实现现代化，必然要经历一个人口由农业人口和农村居民为主向非农业人口和城镇居民为主转化、土地由农村土地向城镇土地转化的城镇化过程。我国人口基数大、城镇化水平低、多种矛盾交织，因而我国的城镇化道路必然要走的是一条前无古人、开拓创新的中国特色城镇化道路。

　　中华人民共和国成立以来，为了实现现代化，党和政府对推进城镇化做出了种种努力与探索，相继产生了毛泽东关于民族工业化与城镇化协调发展、邓小平关于区域经济发展"两个大局"、江泽民关于小城镇建设、胡锦涛关于大中小城市和小城镇协调发展以及习近平关于新型城镇化建设的重要思想和实践。中华人民共和国成立初期，受到孱弱国力的限制，为了集中力量加快工业化发展并逐步实现"四个现代化"，国家在借鉴苏联及其他发展中国家经验教训的基础上，实施了"重工业化、轻城镇化"的发展战略，一方面构建起了完全独立、较为完整的工业体系，较为迅速地积累起了一定数量的物质财富；另一方面也不可避免地产生了工农产品价格"剪刀差"、二元化户籍管理制度等，继承甚至部分强化了我国作为发展中国家长期存在的城乡二元结构体系。改革开放以后，以农民自发进城潮为发端，城镇化规模逐步扩大，城镇逐步成为我国经济社会发展的重心。进入 21 世纪，我国城镇化随着工业化的迅猛发展逐步推进。截至 2016 年年底，我国常住人口城镇化率已达到 57.35%，进入国际公认的城镇化风险高发阶段。随之而来的是城镇发展方式粗放、城镇发展质量低下；城镇化推进中的利益格局混乱、城乡要素整合力度差、生态空间与生产空间和生活空间格局紊乱、治理方式比较传统等问题频频暴露。我国的城镇化亟须实现从粗放发展走向集约发展、从单点发展走向集群发展、从追求发展速度向提升发展质量的转变。因而，缩小城镇化与工业化的差距、为产业升级提供市场容量直至培育新的经济增长点，成为城镇化发展的重要目标。

面对这一人类历史上规模空前、最为复杂、最为集中的经济社会关系的深刻调整，唯有从城镇化推进机制的建立健全和不断完善上着手，构建长期、有效、可持续的中国特色城镇化推进机制，才能全面、系统地化解难题、应对挑战。

党的十六大报告首次提出"中国特色城镇化道路"的概念。2007 年党的十七大报告提出："走中国特色城镇化道路，按照统筹城乡、布局合理、节约土地、功能完善、以大带小的原则，促进大中小城市和小城镇协调发展。以增强综合承载能力为重点，以特大城市为依托，形成辐射作用大的城市群，培养新的增长极。"党的十八大和十八届三中全会根据我国国情和区域特征，针对传统城镇化模式的积弊，强调走中国特色城镇化道路。2013 年年底中央城镇化工作会议针对全球城市化发展的新趋势、新动向，站在新的战略高度，提出我国必须走一条中国特色的新型城镇化道路。这条道路是现阶段和今后较长时期内，我国应对第三次工业革命挑战，适应中国具体国情和发展趋势的高起点、高质量、高水平的城镇化道路。2014 年颁布的《国家新型城镇化规划（2014—

2020 年)》也清晰阐述了我国新型城镇化道路"以人为本、四化同步、优化布局、生态文明、文化传承"的指导思想。2016 年《中华人民共和国国民经济和社会发展第十三个五年规划》强调，推进新型城镇化要坚持以人的城镇化为核心、以城市群为主体形态、以城市综合承载能力为支撑、以体制机制创新为保障，推进城乡发展一体化。当前，坚持走中国特色城镇化道路，本质上就是坚持走党和政府经过艰辛探索和实践总结形成的新型城镇化道路。

新型城镇化道路的基本要求可以概括为：人为核心、集约紧凑、生态文明、四化同步、复合形态、多元治理。人为核心，就是要以人力资本投入和人的素质提升为出发点、以人的全面发展和现代文明生活方式共享为归宿；集约紧凑，就是要以节约集约利用土地为出发点，建设紧凑有序的现代城镇；生态文明，就是要在城镇化进程中坚持资源节约与环境友好，人与自然和谐发展；四化同步，就是要实现信息化和工业化深度融合、工业化和城镇化良性互动、城镇化和农业现代化相互协调；复合形态，就是要根据中国复杂的国情、区情及城镇化演进规律，形成各类规模城市竞相发展和有机互动的格局，最终形成梯级城市群；多元治理，就是强调政府、市场与社会的互动，不断优化城市治理结构，提升城市管理水平。走这样一条中国特色城镇化道路，既情况复杂，又任务艰巨，特别是在当前和今后一段时期还面临着中国经济"新常态"下转变发展方式、挖掘内需潜力的重大挑战，需要从战略全局出发，找准发展瓶颈与制约因素，建立和完善中国特色的新型城镇化道路推进机制。据此，本书认为，当前中国特色城镇化推进机制建设的焦点和矛盾主要集中在四个方面，即完善城乡土地资源合理利用的利益协调机制、建立促进农民市民化的包容发展机制、形成城镇生态文明建设的和谐共生机制、健全城镇化的多元治理机制。

完善城乡土地资源合理利用的利益协调机制。利益协调，就是在对相关主体利益分析的基础上，综合考虑，统筹各方，协调好多个利益主体和多个利益目标之间的矛盾，处理好公与私、远期与近期的关系。在城镇化进程中，土地作为一种基础性的要素如何实现有序流动、合理配置，牵动着相关主体的共同利益，呈现出城镇建设用地扩张与耕地保护的矛盾、土地集约利用与土地资源非市场化配置的矛盾、土地流转过程中公共利益与私人权益的矛盾、土地财政与地方政府城市建设资金短缺的矛盾。为化解城镇化进程中的种种矛盾，必须建立五大机制，即和谐共赢的利益引导机制、丰富多样的利益表达机制、兴强扶弱的利益整合机制、严格规范的利益约束机制、合理适度的利益补偿机制。

建立促进农民市民化的包容发展机制。包容发展，需要强调两个"坚持"：一是坚持以人民群众根本利益为出发点；二是坚持农民市民化过程中的规则公正和机会均等原则，着重解决民生领域的重大关切。我国推进新型城镇化的重要目标之一就是要让广大农民切实分享城镇化的发展成果。因此，促进农民市民化，保障农民的发展权，避免城乡二元结构简单转化为城市内部的新二元结构，必须要实现失地农民与城市居民的包容发展、农民工与城市居民的包容发展、农村居民与城市居民的包容发展。

形成城镇生态文明建设的和谐共生机制。和谐共生，就是不同事物之间或者同一事物内部各个方面之间相互作用、相互融合，取长补短、求同存异，形成合理的发展机制，实现彼此共同发展，优化发展。我国城镇化进程中的一个突出问题就是城镇的承载能力不断下降。与其他国家不同，我国作为世界人口第一的发展中大国，不仅特大城市较多，而且每个城市、每个城镇所要承载的人口基数也远远高于世界平均水平。这不仅造成城镇资源约束与环境污染等人与自然环境的冲突，而且还衍生出供养城镇人口的安全食品不足等社会问题。城镇经济社会发展与城镇生态环境建设的和谐共生，应主要着力于完善决策管理机制和绩效评估机制，构建集约高效、循环低碳的现代产业体系，倡导循环利用的清洁生产和节约低碳的文明消费，打造集约高效的生产空间、宜居适度的生活空间、山清水秀的生态空间，促进人类活动与生态环境的和谐共生，推进城市生态文明建设。

健全城镇化的多元治理机制。多元治理，就是为了实现与增进公共利益，政府部门、市场营利组织和社会组织等众多公共行动主体彼此合作，在相互依存的环境中共同管理公共事务，提升城镇治理水平。治理方式转变是城镇化的重要内容，也是城镇化的重要保障。今天，中国的城镇化呈现出主体多元化、利益多元化、网络多元化的图景：一方面城市的扩张、特大城市（区域）的出现，将更大地域范围内具有不同自然条件、经济活动、文化习俗、治理架构、治理方式的地方社会纳入同一个空间内；另一方面社会进步带来的思想解放、自我价值实现，打破了非此即彼的二元逻辑，使社会阶层更加丰富，社会生活更具活力，社会文化更加多元。为应对挑战，必须让政府部门与社会组织携起手来，构建主体协同机制、政府购买机制、协商调解机制、危机管理机制，更为有效地提供公共产品、确保社会稳定、化解社会危机。

导　论

一、研究背景与意义

城镇化是一个国家走向现代化的必经过程。我国人口基数大、城镇化水平低，因而积极稳妥地推进城镇化是建设中国特色社会主义的长期政策和重大创新。新中国成立以来，党和政府从国家战略层面高度重视推进城镇化，在不同历史时期一直在探索中国特色城镇化道路，相继产生了毛泽东关于民族工业化与城镇化协调发展、邓小平关于区域经济发展"两个大局"、江泽民关于小城镇建设、胡锦涛关于大中小城市和小城镇协调发展以及习近平关于新型城镇化建设要坚持以创新、协调、绿色、开放、共享的发展理念为引领的重要思想和实践。

新中国成立之初，为了集中力量加快工业化发展并逐步实现四个现代化，国家在借鉴苏联及其他发展中国家经验教训的基础上，实施了"重工业化、轻城镇化"的发展战略，构建起了相对独立、较为完整的工业体系，较为迅速地积累起了一定数量的物质财富，同时不可避免地形成工农产品价格"剪刀差"、城乡分离的户籍管理制度等，继承甚至部分强化了我国作为发展中国家长期存在的城乡二元结构体系。改革开放以后，随着农村经济体制改革和农村工业化的推进，东南沿海一带一批率先致富的农民自发进城落户、兴办企业，成为我国城镇化进程的一个里程碑。党中央因势利导，鼓励和支持符合条件的地区和农民建设小城镇。此后，基于集约节约土地资源和充分发挥城市基础设施功能的考虑，国家着力加快大中城市建设。为了加快工业化的同时提速城镇化，我国采取了"城市偏向"（Urban Bias）的不平衡的城镇化战略，同时在这一阶段我国开始探索不同规模城市以及小城镇协调发展的中国式城镇化道路。进入 21 世纪以来，低碳浪潮方兴未艾、资源环境约束明显加剧，城镇化进程中利益格局不合理，失地农民和进城务工人员分享城镇化成果不足，城镇治理结构不完善，因而，如何走一条适合中国国情的新型城镇化道路成为一个重大理论和现实课题。

党的十八大报告和十八届三中全会通过的《中共中央关于全面深化改革若干重大问题的决定》剖析了中国特色新型城镇化道路的科学内涵，即"推进以人为核心的城镇化，推动大中小城市和小城镇协调发展、产业和城镇融合发展，促进城镇化和新农村建设协调推进。优化城市空间结构和管理格局，增强城市综合承载能力"[①]。这条道路是我国应对第三次工业革命挑战，适应中国具体国情和发展趋势的高起点、高质量、高水平城镇化道路。当前，坚持走中国特色城镇化道路，本质上就是坚持走党和国家经过艰辛探索与实践总结形成的新型城镇化道路。

从世界各国的经验来看，无论是早期的"圈地运动"、还是现存的"拉美现象"，城镇化道路从来都不是一条平衡、平坦、和谐的道路。一些发展经济学家认为，发展中国家的贫困和不公平现象主要归因于城镇

---

① 《中共中央关于全面深化改革若干重大问题的决定》，2013 年 11 月 12 日中国共产党第十八届中央委员会第三次全体会议通过。

化。西方马克思主义者曾经指出，城镇化进程伴随着资本的空间扩张、复制和掠夺。可见，城镇化会形成和积累不少由利益调整触发的经济、社会和生态矛盾，因而要求城镇化的规模、速度要与经济发展、社会进步和生态平衡相适应。

党的十一届三中全会以来，我国人口城镇化率已从 1978 年的 17.9% 提高到 2016 年的 57.35%，进入国际公认的城镇化风险集中高发阶段，今后还将有数以亿计的农业人口向城镇转移、就业。当前，我国城镇发展方式粗放、城镇发展质量不高，并且城镇化推进中的利益结构不合理、城乡要素整合力度不够、生态空间与生产空间和生活空间格局不清晰、治理方式单一等问题较为突出。诺贝尔经济学奖得主约瑟夫·斯蒂格利茨（Joseph E. Stiglitz）早已指出，"中国的城市化与美国的高科技发展将是深刻影响21世纪人类发展的两大课题"[①]。这一方面阐释了中国城镇化的巨大国际影响力，另一方面也预示了中国城镇化将面临人类历史上规模空前和矛盾集中的经济社会关系调整、城乡发展各要素与社会各阶层的分化组合等挑战。

面对新的挑战，仍然依靠"摸着石头过河"的改革试错与国外"拿来主义"的间接经验，已难以适应城镇化发展的客观需要，亟须在明确走中国特色城镇化道路的基础上，系统分析和冷静直面城镇化发展中的现实问题，坚持顶层设计与"摸着石头过河"和"拿来主义"相结合，努力构建中国特色城镇化道路的推进机制，即完善城乡土地资源合理利用的利益协调机制、建立促进农民市民化的包容发展机制、形成城镇生态文明建设的和谐共生机制以及健全优化城镇治理的多元治理机制，配

[①] 顾朝林、吴莉娅：《中国城市化问题研究综述（Ⅱ）》，《城市与区域规划研究》2008 年第 9 期。

合国家的政策方针要求，打造城镇化健康发展之路，最终促进新型城镇化、推进现代化，实现中华民族伟大复兴的"中国梦"。

二、主要创新点

本书坚持以马克思主义为指导，借鉴西方国家城镇化经验，梳理党和政府几十年来对城镇化道路的理论探索与实践，立足中国具体国情和当前新型城镇化建设的时代使命，探索中国特色城镇化道路的推进机制。本书力图在以下方面有所创新：

1. 基于对我国城镇化历程的纵向反思和对世界各国城镇化实践的横向比较，本书尝试阐述了中国特色城镇化道路的内涵及特征

本书认为，中国特色城镇化道路既不是西方欧美发达国家循序渐进城市化道路的中国翻版，又不是西方拉丁美洲发展中国家走过的"超前城市化"和"滞后城市化"的中式改造，也不是我国之前走过的传统城镇化道路的现实改良。中国特色城镇化道路是中国共产党开辟的一条立足中国国情，注重经济、社会、生态协调发展，坚持以人为本、四化同步、优化布局、生态文明、文化传承为指导思想，追求共同富裕的新型城镇化道路，其特征是人为核心、集约紧凑、生态文明、四化同步、复合形态、多元治理。人为核心，就是要以人力资本投入和人的素质提升为出发点、以人的全面发展和现代文明生活方式共享为归宿；集约紧凑，就是要以节约集约利用土地为出发点，建设紧凑有序的现代城镇；生态文明，就是要在城镇化进程中坚持资源节约与环境友好，人与自然和谐发展；四化同步，就是要实现信息化和工业化深度融合、工业化和城镇化良性互动、城镇化和农业现代化相互协调；复合形态，就是根据中国复杂的国情、区情及城镇化演进规律，形成各类规模城市竞相发展

和有机互动、城市群为主体形态的城镇化空间格局；多元治理，就是强调政府、市场与社会的多元互动、协同创新，不断优化城市治理结构，提升城市管理水平。

2.从体现中国特色城镇化道路的内在要求、落实中国特色城镇化目标的角度，本书探索了中国特色城镇化道路的四位一体推进机制

我国城镇化面临人口基数巨大、社会阶层分化明显、历史欠账多、资源环境承载力约束加剧、城乡区域发展不平衡等现实问题，土地、人口、环境和治理是现阶段推进城镇化的四个重要内容，因此，中国特色城镇化道路的推进机制包括城乡土地资源合理利用机制、促进农民市民化的包容发展机制、城镇化与生态文明建设的融合共建机制和城镇化的多元治理机制四个重要内容；四个内容分别体现城镇化对空间载体与利益协调的现实需要，体现社会主义共同富裕、促进人的全面发展的本质要求，体现生态文明建设的现实需要，体现治理现代化的内在要求。四个机制各自独立、各具特色、各有目标，又彼此关联、相互补充、相辅相成，既分散突破又协同配合，共同形成中国特色城镇化道路的推进机制。

3.基于土地是城镇化进程的关键要素和利益冲突焦点的现实，本书认为利益格局优化的关键点和切入点是城乡土地资源综合利用及其利益协调

土地是城镇化的载体和最重要要素，其有序流动、合理配置不仅直接影响城镇化的顺利推进，而且牵动着相关主体的经济利益。我国城镇化进程始终伴随着城镇建设用地扩张与耕地保护的矛盾、土地集约利用与土地资源非市场化配置的矛盾、土地流转过程中公共利益与私人权益的矛盾、土地财政与地方政府城市建设资金短缺的矛盾，集中表现为人

口城镇化和土地城镇化的矛盾，以及地方政府、城市居民、农村集体组织、失地农民等主体之间的经济矛盾。本书认为，矛盾的症结在于我国城镇化进程中的城乡土地资源整合不足，及其折射出的利益格局混乱。在城镇建设用地扩张和实行最严格的耕地保护的背景下，发挥市场对城乡土地资源配置的决定性作用，加强政府对市场失灵的干预，合理设计城乡土地资源合理利用的利益协调机制，是解决土地城镇化问题和实现多方共赢的务实选择。本书认为，完善城镇化进程中利益协调机制的突破口是建立和谐共赢的利益引导机制，构建丰富多样的利益表达机制，构建兴强扶弱的利益整合机制，建立严格规范的利益约束机制，建立合理适度的利益补偿机制。

4.按照城镇化不同发展主体之间、不同发展领域之间的两个维度剖析城镇化包容发展的内容，并结合失地农民、进城务工人员分享城镇化成果不足的现实，本书从保障、共享、提升三个层次探索了城镇化包容发展机制的构成及其促进农民市民化的重点

城镇化包容发展既包括城市和农村作为两类空间主体之间，失地农民、进城务工人员、农村居民与城市居民之间的包容发展，其目的在于促进具体的民众个体实现全面发展和共同富裕；也包括城镇化发展与资源环境、城市经济与社会发展、城市建设与管理之间的包容，其目的在于促进人类的可持续、全面发展。无论是失地农民被动纳入城镇化进程，还是进城务工人员主动参与城镇化进程，其对城镇化成果的分享不足都是对当前我国城镇化质量提升的严重制约；由失地农民权利保障机制、城镇化发展成果及发展平台共享机制、城镇化发展主体能力提升机制、有机耦合的城镇化包容发展机制，则致力于化解这种制约。权利保障机制重在化解失地农民市民化难题的法律制度性

成因和进城务工人员权利保障不公平难题，共享机制重在化解失地农民补偿不足及社会保障不充分诱发的风险和进城务工人员面临的"乡下人"歧视难题，能力提升机制重在化解失地农民市民化面临的农民素质提升难题和进城务工人员维权主动性不足难题。

5. 应对我国城镇生态环境承载力持续下降的困境，本书从人与自然和谐共生的发展观入手，分析了城镇化与生态环境的相互作用以及城镇生态文明建设规律，提出城镇生态文明建设视角下的和谐共生机制

本书认为，当前我国城镇生态环境问题集中表现为环境治理模式的不和谐、环境利益分配的不和谐、污染空间扩散的不和谐，不仅使得城镇化进程中生态破坏和环境污染的社会代价越来越高，更重要的是出现了生产与生活之间、不同收入群体之间、不同区域之间的污染转嫁和生态资源的争夺。这些发展态势要求建设城镇生态文明，在生态文明的总体战略框架下，系统化解城镇经济社会发展与生态环境恶化之间的矛盾。据此，本书认为，现阶段构建城镇生态文明建设的长效机制，应包括行为导向机制、生态补偿机制、区域合作机制。导向机制就是在短、中、长期分别以惩戒、激励、约束为重点，引导企业、居民和政府等相关主体的行为，从根本上化解环境治理模式的不和谐；生态补偿机制就是在明确产权基础上，完善生态补偿的配套制度体系，以化解环境利益分配的不和谐；区域合作机制就是城镇化的相关区域形成生态环境利益共同体，构建权威协调机制，以化解污染空间扩散的不和谐。

6. 针对城镇化进程中呈现出的多元化发展趋势，本书探索性提出了中国特色城镇化的多元治理机制

现代城市发展的重要特征就是打破了城市与乡村、政府与社会、主

流文化与非主流文化等传统意义上的二分法，越来越呈现出"你中有我、我中有你"的相互融合、多元发展的局面：一是政府主体、市场主体、社会主体多元化不断深化；二是经济利益冲突、公共资源争夺、劳资矛盾激化日益突出；三是现实社会网络与虚拟社会网络互联互通。在这一规模宏大、集中高发的变化下，科学推进城镇化的应有之义即是加快城镇治理方式转变。而兴起于 20 世纪 80 年代末的治理理论正契合了这种趋势，多元治理为矫正当前城镇化进程中滞后的治理结构和治理模式提供了可供借鉴的经验。据此，本书围绕公共管理的最基本职能——公共产品供给、社会矛盾化解、社会安全保障，从主体、利益和网络入手，提出完善以府际合作机制、社会自治机制为核心的主体协同机制，以完善国家权力的区域分配和社会权力的结构优化；优化政府购买机制，以推进政府与市场的公共服务功能协同；改进协商调解机制，以协调公共利益的相关主体的矛盾冲突；健全应急管理机制，以提升危机下的社会自生能力。

三、研究框架与研究思路

本书以习近平新时代中国特色社会主义思想为指导，以科学推进中国特色城镇化道路为目标，以马克思主义经典理论为核心，以经济学、社会学、政治学、公共管理等学科的基本原理和基本理论为依托，综合应用发展经济学、区域经济学、城市经济学、制度经济学、政治学的观点，采用归纳与演绎、规范与实证、理论研究与实地调研、定性研究和定量分析相结合等研究方法，对中国特色城镇化道路推进机制的土地城镇化、农民市民化、城镇生态文明建设、城镇治理方式转变等重大问题进行多角度多层面的研究。

　　本书采用"理论考察＋实践探索"的研究思路。首先从理论梳理入手，总结中国城镇化道路及其推进的探索历程，并在中国特色社会主义理论框架内，分析中国特色城镇化道路的基本特征、主要模式，提出中国特色城镇化道路的推进思路和框架。在此基础上，分别就城乡土地资源优化配置和利益格局优化、失地农民与农民工城镇化、城镇生态文明建设、城镇治理方式现代化等重要问题进行分别探讨，试图提出通过完善利益协调机制优化城镇化中的要素配置、建立包容性发展机制促进农民有序市民化、形成城镇生态文明建设的和谐共生机制提升城镇生态环境承载能力、构建多元治理机制优化城镇治理新格局。

　　本书的基本思路和框架可用图 1 示意如下：

经典作家的城镇化思想

我国几代领导集体对城镇化的探索

西方城市化理论

中国特色城镇化道路

内涵
- 既不是欧美发达国家循序渐进城镇化道路的中国翻版
- 又不是拉丁美洲发展中国家"超前城市化"和"滞后城市化"的中式改造
- 也不是我国传统城镇化道路的现实改良

特征 → 人为核心、集约紧凑、生态文明、四化同步、复合形态、多元治理

中国特色城镇化道路推进机制

利益协调机制 →	合理利用城乡土地资源
包容发展机制 →	促进农民市民化
融合共建机制 →	破解城镇化生态难题
多元治理机制 →	加快城镇治理方式转变

研究结论与展望

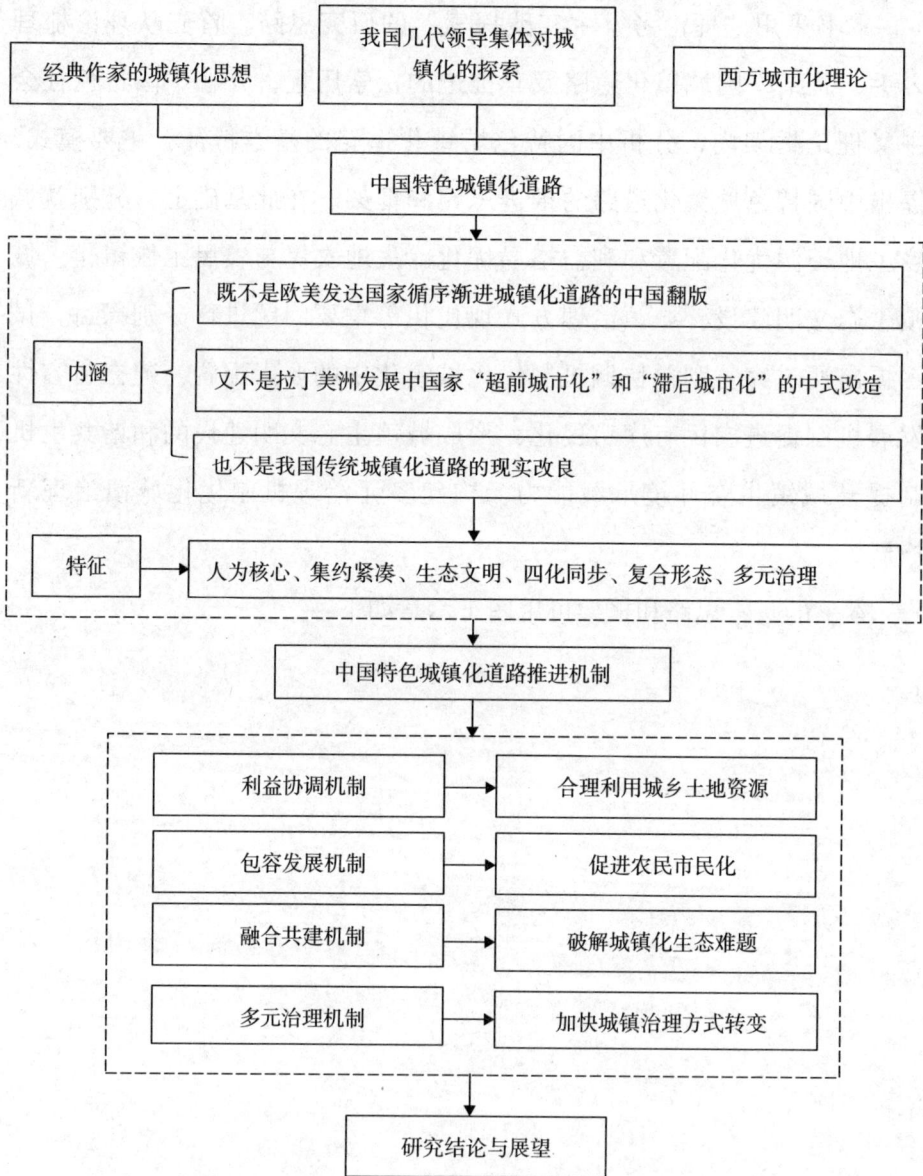

图 1 研究思路和框架示意

第一章　理论基础与研究框架

城镇化是我国国家发展战略之一，党的十六大报告就已明确提出"走中国特色的城镇化道路"，由于该命题具有很强的现实性和紧迫性，并且极具战略意义，因此成为当前研究领域的热点和焦点。本章基于对中国特色城镇化道路的相关文献的述评，辨析"城镇化与城市化""中国特色城镇化与中国特色城镇化道路"等相关概念的内涵及异同，归纳中国特色城镇化道路的基本特征及其推进机制；同时，剖析中国特色城镇化道路的三大理论基石，指出中国特色城镇化道路正是城市化国际趋势与中国国情的有机结合，为后续章节的推展奠定理论基础。

第一节　中国特色城镇化道路研究的相关文献

城镇化是解决城乡二元经济结构矛盾和推进城乡一体化发展的重要途径。目前，城镇化已作为发展战略在国家层面上确立下来，如何走中国特色城镇化道路成为当前中国重大的现实问题之一。相关的研究文献相对较多。本书针对现有研究文献，重点从五个方面对城镇化道路进行了梳理：一是关于城镇化与城市化内涵的论争，二是城镇化与城乡关系的探讨，三是中国特色城镇化道路科学内涵的探索，四是中国特色城镇化道路特征的研究，五是城镇化道路相关机制的探讨。文献梳理表明，在近十年时间里关于中国特色城镇化的研究成果十分丰富，但是主要聚焦在城乡统筹、城乡一体化、"三农"问题、人口城镇化等主题上，而对中国特色城镇化道路相关机制的研究并不多见，这为本书研究的开展留下了进一步探索的学术空间。

一、关于城镇化与城市化内涵的论争

无论城镇化还是城市化，都是空间形态伴随社会经济发展的必然结果，都是拉动经济增长、缩小城乡差距必经的发展阶段。学术界对城镇化的演进规律和形态关注由来已久，从多学科、多角度对城镇化这一现象进行了大量深入研究。关于城镇化与城市化的研究分为两大类：一类认为城镇化与城市化内涵一致，是同一概念；另一类认为城镇化不同于城市化，二者不是同一概念。

第一类观点：城镇化与城市化的内涵一致，是同一概念。

1982 年，"中国城镇化道路问题学术讨论会"在江苏南京召开，学者们普遍认为城镇化与城市化概念相同，内涵一致，建议我国发布相关文件和进行学术研究时用"城市化"替代"城镇化"，以便统一名称。

持这类观点的学者大多数是从"城市化"一词的由来出发，认为"城市化"与"城镇化"在英文中是同一个词，即 urbanization，都是指由农业为主的传统乡村社会向以工业和服务业为主的现代城市社会逐渐转变的历史过程[①]，二者的不同只是翻译的不同。加之，"urban"本身就包含有城市（city）和镇（town），只是世界上有的国家没有镇的建

---

① 牛文元、刘怡君：《中国新型城市化报告 2009》，科学出版社 2009 年版。

制，多数国家镇的人口规模也比较小，"urbanization" 往往仅指人口向 "city" 转移和集中的过程，故称 "城市化"；而中国自古就有镇的建制，人口规模与国外的小城市相当，因而乡村人口不仅向 "city" 转移，还向 "town" 集聚，这是中国特色城镇化的特点，于是，为了表示与国外的差别，就把中国的 "urbanization" 译为 "城镇化"。因此，城市化与城镇化实际上没有本质区别，二者基本上是一致的。[①]

也有不少学者从对我国相关法律、法规的角度进行考察，认为城镇化和城市化在概念和内涵上等同。《城市规划法》明确规定城市是包含建制镇的，该法指出 "本法所指的城市，是指国家行政建制设立的直辖市、市、镇"[②]。广义的城镇，既包含市、建制镇，又包含非建制的一般集镇。狭义的城镇，包含市和建制镇。可见，从法律、法规的层面来看，城市化和城镇化的内涵一致，可以认为城市化就是城镇化。[③]

从空间规模来看，我国设市的标准较严，而一些西方国家较为宽松。联合国曾建议将人口规模达到 2 万人的聚居区域作为城市，但各国设市的最低人口规模仍然各异。如：日本为 3 万人，瑞士为 1 万人，美国为 2500 人，丹麦和瑞典为 200 人。我国标准却较高，1986 年前为 10 万人，1986 年后为 6 万人，1993 年起又为 8 万人。关于中等城市，美国标准为 2.5 万—10 万人，苏联为 5 万—10 万人，我国则为 20 万—50 万人。[④]1996 年我国第一次农业普查中，全国的非县政府驻地镇 16124 个，镇区平均人口 4520 人，平均非农人口 2072 人，3 万人以上较大规模的

① 简新华、黄锟：《中国城镇化水平和速度的实证分析与前景预测》，《经济研究》2010 年第 3 期。
② 李军晶：《地产博弈新型城镇化》，《中国地产市场》2013 年第 3 期。
③ 王克忠、周泽红、孙仲彝等：《论中国特色城镇化道路》，复旦大学出版社 2009 年版。
④ 曹代发：《毕节试验区城镇化建设成效与经验》，《乌蒙论坛》2011 年第 4 期。

镇只有 170 个，占总数的 1.05%。高于丹麦、瑞士设市标准，接近美国设市标准。所以，把建制镇纳入城市范畴是可以的，也是合理的。①

第二类观点：城镇化不同于城市化，二者不是同一概念。

这部分学者认为城镇化和城市化是具有不同理论内涵和实践内容的命题，两者分别代表了不同的历史进程，城镇化是农业人口的空间迁移趋势，在此过程中各项基础设施配套和社会保障服务逐步走向均等化；而城市化则是侧重于空间形态的转换、生产生活方式的变迁，主要体现为城市地域空间的扩张和数量的增加。

从现有研究来看，城镇化和城市化这两种表述各有侧重点和指示内容。城镇化是目前使用频率较高的官方用词，制定"三农"政策的政府部门和研究"三农"问题的机构，根据我国的国情，一般采用"城镇化"这一概念。研究宏观经济的专家学者们，考虑到国际上只有城市化而没有城镇化的提法，同时把焦点放在大中城市和城市群发展上，因此大多数使用"城市化"的概念。

部分学者认为，在战略层面和政策层面上，"城镇化"屡次被提及，国家发展和改革委员会（以下简称"发改委"）明确指出城镇化不能等同于城市化，聚焦于各类大中城市和城市群，是对城镇化的误读，中国应该走一条适合国情的大中小城市和小城镇协调发展的城镇化道路②。我国幅员辽阔，行政区划的面积大，按照国际上对城市的界定标准，我国所有建制镇的镇区都可以叫作城市，很多建制镇的大小远远超过国外的一些中小城市。但是，我国建制镇的统计属于农村范畴，隶属于城市的管辖范围。在城乡二元结构中，城市在资源配置、行政职权等方面具

---

① 王克忠、周泽红、孙仲彝等：《论中国特色城镇化道路》，复旦大学出版社 2009 年版。
② 李铁：《被误读的城镇化》，《小城镇建设》2015 年第 1 期。

有绝对优势，如果不区分城镇化和城市化，以城市化代替城镇化，那么很容易忽视建制镇的发展，各级城市政府利用管理上的优势权力，使得生产要素更多地向城市倾斜。因此，从战略层面和政策层面上看，城镇化不同于城市化，为保障城镇发展的权益和农村地区的利益，我国要因地制宜、因势利导，探索出适合国情的大中小城市和小城镇协调发展的中国特色城镇化道路。

相反，学术界另有一部分学者认为中国应选择城市化道路而非城镇化道路，强调城市不等于城镇，同理，城市化也不等于城镇化。我国城市化水平较低，城市群逐步形成，必须以先进的发展道路带动大中小城市和小城镇发展，解决城乡二元结构问题，而不应该走农村化气息极浓的城镇化道路。[①]其主要思路和基本框架是：明确新型城市化道路的必然性和唯一性；取消户籍制度，推进城乡人口一体化；把城市化和教育化结合起来，提升国民素质；把县级城市作为城市化发展战略的空间载体。

此外，有专家学者提出，城镇化含义比城市化更广，既包含"城市化"又包含"乡镇化"。城镇化偏重"乡镇化"，是农村"城镇化"，即以乡镇企业和小城镇为依托，实现农村人口由第一产业向第二、三产业的职业转换过程，居住地由农村区域向城镇区域（主要为农村小城镇）迁移的空间聚集过程。[②]

二、关于城镇化与城乡关系的探讨

关于城镇化与城乡关系有很多命题，大致可归为两类：一是认为城

---

① 俞宪忠：《是"城市化"还是"城镇"化——一个新型城市化道路的战略发展框架》，《中国人口·资源与环境》2004 年第 5 期。

② 王建：《"城镇化"还是"城市化"》，《北京观察》2010 年第 8 期。

镇化是缩小城乡二元结构差距的有效途径，二是认为构建新型城乡关系体现着中国特色城镇化的重要内容。城镇化与城乡融合、城乡统筹、城乡一体化的相关命题大都也分为这两类。

我国的城乡经济和社会发展二元结构特征显著，城乡之间相互对立又相互依存，人口、资源和经济活动的交流互动日益密切。伴随着城镇化进程，城乡之间可以实现资源共享和优势互补，城乡经济社会发展差异最终将趋于消失。王建兵认为，农民问题是中国现代化建设的根本问题，只有通过提高城镇化水平，吸纳农村人口向城镇转移，才能从根本上提高农业劳动生产率，加快农村非农产业的发展，逐步改变城乡二元经济结构，实现城乡协调发展的目标。[1]

林聚任、王忠武认为，构建新型城乡关系是当前推进中国特色城镇化的重要内容，需要解决的一个关键理论问题是重新认识和定位新型城乡关系的目标。这种新目标主要由普遍的同一性目标和协调的差异性目标两类组成。走一元发展之路，消除城乡二元结构；走结构协调之路，重构现代新型城乡关系体系；走平等共享之路，推进城乡共同建设；走多样性和谐之路，重构城乡协调性差异系统；走政府主导、群众主体、市场运作、合力推进的城市化道路，最终实现和谐一体目标。[2]有些专家则更是直接指出，新型城镇化建设的核心和关键是如何处理城乡关系。与传统城镇化模式相比，新型城镇化不是城乡分制，不是城市倾斜，而是破解城乡二元结构的弊端，更加注重城乡关系和谐发展。[3]

---

[1] 王建兵：《城镇化建设是统筹城乡关系的有效途径》，《甘肃社会科学》2004 年第 3 期。

[2] 林聚任、王忠武：《论新型城乡关系的目标与新型城镇化的道路选择》，《山东社会科学》2012 年第 9 期。

[3] 石智雷、吕琼：《新型城镇化需要新型城乡关系》，《中国人口报》2013 年第 8 期。

三、关于中国特色城镇化道路内涵的探索

中国特色城镇化道路是在中国特殊国情基础上提出的一个涉及人口、经济、社会、生态等诸多方面复杂系统的动态过程，国内不同领域的学者基于不同的学科背景对其内涵提出了不同见解，但越来越趋向于综合概念。

马列主义和科学社会主义学科的专家学者们分析了西方学者的相关理论成果，结合中国城镇化道路实践，探明中国城镇化道路的独特性及自身规律。他们的研究主要集中在城镇化发展的"中国经验"、中国特色城镇化道路的理论依据及西方城市化理论在中国的适用性问题、中国特色城镇化发展战略、中国特色城镇化道路的制度和政策支持体系、中国特色城镇化道路的前景等方面。吉林大学冯尚春认为，走中国特色城镇化道路需要坚持"四化"（农业现代化、工业化、城镇化和信息化）并行、"四城"（大中小城市和小城镇）并举、城乡统筹、集约发展。[1]辽宁省委党校王行伟认为，中国特色城镇化道路的科学内涵，可以概括为人口城市化、模式多元化、空间均衡化、动力市场化。[2]著名社会学家费孝通主张小城镇优先并重点发展，即在小城镇里消灭"三大差别"，实现农民工市民化，重视小城镇作为农村地区商品集散中心的地位。

城市与环境学的专家围绕城市经济、社会、生态、民生等来探讨城乡融合发展，认为城镇化的终极目标是建设民有、民治、民享型的城市社会，尤其强调城镇化过程中的城市生态环境问题。周一星在2006年就提出中国特色城镇化应该是城乡关系良性互动的城镇化，是速度、规

---

[1]　冯尚春、周振：《论中国特色城镇化道路》，《中共中央党校学报》2011年第2期。
[2]　王行伟：《中国特色城镇化道路的再思考》，《党政干部学刊》2007年第12期。

模适度的城镇化，是多样化因地制宜的城镇化，是资源节约、环境友好的城镇化，是市场经济与政府调控相结合的城镇化。① 也有专家提出，中国特色城镇化道路的内涵首先是体现全面发展观，其次是强化协调机制，再次是坚持民生导向，最终是构建效能政府。②

从事区域经济发展研究的学者们往往从空间形态、空间布局、区域主体功能、区域特色等方面界定中国特色城镇化道路的内涵。肖金成、史育龙等认为，中国特色城镇化道路的基本内涵可以概括为：与中国人口多、耕地少的基本国情相适应，以功能互补的城市群为主体形态，以集约利用为导向，以城乡统筹为主线，以区域主体功能为基础，实现适应不同区域特点的多元化发展。③ 徐匡迪认为，中国需要走一条与西方国家不同的有特色的道路，中国的城镇化决不能再搞"千城一面"，要结合地域文化建设美丽的城市。④

从事宏观经济政策研究的专家和学者们普遍认为中国特色城镇化道路应当是一条以科学发展观为指导，坚持集约发展、多元形态、三化同步、两手结合、以人为本的新型城镇化道路。⑤ 陈甬军认为，中国特色的城镇化道路可以从几个方面来理解：一是从城镇化机制看，是政府引导、市场主导、民营经济推动为主体的城镇化道路。二是要遵循城镇化发展规律，是一条城乡协调、工农协调、工业化与城镇化协调发展的道

① 钱振明：《中国特色城镇化道路研究：现状及发展方向》，《苏州大学学报（哲学社会科学版）》2008年第3期。
② 宋迎昌、李景国：《中国特色城镇化道路：探索与展望》，《人民论坛·学术前沿》2012年第11期。
③ 肖金成、史育龙等：《中国特色城镇化道路的内涵和发展途径》，《发展研究》2009年第7期。
④ 王冰冰：《中国特色城镇化道路发展战略论坛举行》，《新清华》2012年第6期。
⑤ 马凯：《转变城镇化发展方式 提高城镇化发展质量 走出一条中国特色城镇化道路》，《国家行政学院学报》2012年第5期。

路。三是从后代人的需要出发，是一条人口、资源与环境协调发展的可持续城镇化道路。考虑到城市的区域特征和发展特点，应当走大中小城市与城镇协调发展且适宜本区域发展的城镇化道路。① 也有专家提出城镇化道路是指实现城镇化的动力、机制、原则和方式，其内容主要包括城镇化发展模式的选择、处理城乡关系方式的选择、城镇规模结构的选择、城镇空间布局的选择、城镇化实现机制的选择和城市发展方式的选择。②

四、关于中国特色城镇化道路特征的研究

从现有文献来看，相关研究大致分为以下三类：

第一类是结合世界各国城镇化演进的基本规律和我国的具体国情，从宏观上把握中国特色城镇化道路的总体特征。牛凤瑞指出，中国特色城镇化道路的基本特征是多样化，具体体现为城镇产业结构的多样化、城镇空间布局的多样化、城区扩张模式的多样化、农民市民化途径的多样化等。③ 向春玲提出，中国特色城镇化道路的特点在于：其一，转移农村劳动力规模巨大；其二，依靠政府和市场两种力量；其三，走以人为本的城镇化道路；其四，走资源节约型的城市化道路。④ 肖金成、史育龙等认为，中国特色城镇化道路具有四个基本特点：大中小城市和小城镇协调发展，大中城市成为我国吸纳农村人口的主要载体；集约利用土地等资源，走集约型城镇化道路；以城乡统筹为主线，推动

---

① 陈甬军：《中国特色城镇化道路》，《前线》2009 年第 5 期。
② 简新华、何志扬、黄锟：《中国城镇化与特色城镇化道路》，山东人民出版社 2010 年版。
③ 牛凤瑞：《多样化：我国城镇化的基本特征》，《人民日报》2003 年 12 月 10 日。
④ 向春玲：《中国特色城镇化道路的几个特点》，《学习时报》2010 年 11 月 1 日。

城乡共同繁荣；因地制宜，采取灵活的城镇化发展模式。①

第二类是从产业、人口、机制、空间布局等方面入手，全面系统地阐述中国特色城镇化道路的一般特征。辜胜阻、易善策、李华将我国城镇化道路的特征概括为"双重转型过程""双重城镇化方向""双重动力机制""双重发展模式"和"双重推动主体"，即农业经济向工业经济的一般转型和计划经济向市场经济的特殊体制转型交织在一起的"双重转型过程"、农村劳动力向城市的异地转移（人口城市化）和农村劳动力的就地转移（农村城镇化）的"双重城镇化方向""政府推动"和"市场拉动"的双重动力机制、制度变迁方面自上而下的城镇化和自下而上的城镇化的"双重发展模式"、由农民工构成的城市流动人口和具有城市居民身份的市民形成的"双重推动主体"。②简新华把中国特色城镇化道路呈现出的特征归结为城镇化、工业化和现代化协同发展、城乡统筹发展、大中小城市和小城镇协调发展、城镇空间布局合理、市场推动和政府导向兼顾、城镇发展方式多样化和合理化。③

第三类是结合快速推进城镇化过程中出现的新情况、新问题，分析总结现阶段（转型期）中国特色城镇化道路呈现的新特征。林梅指出，转型时期城镇化道路体现出政府主导型城镇化、主动城镇化与被动城镇化并存、土地城镇化快于"人口城镇化"以及人口"半城市化"等新特点。④

---

① 肖金成、史育龙等：《中国特色城镇化道路的内涵和发展途径》，《发展研究》2009 年第 7 期。
② 辜胜阻、易善策、李华：《中国特色城镇化道路研究》，《中国人口·资源与环境》2009 年第 1 期。
③ 简新华：《走中国特色的城镇化道路》，《光明日报》2003 年 8 月 5 日。
④ 林梅：《转型期城镇化道路的特点》，《学习时报》2012 年 8 月 6 日。

五、关于城镇化道路推进机制的探讨

相较于城镇化其他方面的研究，对城镇化道路推进机制的研究还显得比较少。目前的研究主要从两个不同的角度展开，一是探讨新型城镇化推进机制的内容，由于机制牵涉到体制和制度，因此对于城镇化机制的研究很多是围绕体制和制度的改革展开；二是探讨新型城镇化推进机制的类型，研究城镇化的二元机制、动力机制、风险防范长效机制等。

中国特色城镇化道路的顺利推进离不开制度保障，一是土地制度；二是户籍制度；三是农民工市民化；四是人口政策；五是现行行政区划体制；六是行政体制，包括城镇化的公共治理；七是财税体制；八是农村组织化程度、农村社区自治等。[①] 此外，还包括金融制度改革、社会保障制度改革、城镇住房保障制度改革等。推进土地制度改革需要配套相关机制，如价格调解机制、土地调解机制、金融筹措机制、税收调解机制等[②]。对于农民工市民化，政府着力的重点应该是教育培训、就业保障、城镇配套、机制创新等四个方面；农民工养老保险制度与农民工的高流动性完全不符合，是造成农民工退保潮的制度性成因。[③] 城镇化金融体制改革的最重要内容，是大力发展小微金融，同时还需要构建科学、完善、发达的城镇化投融资体系[④]。

从对中国特色城镇化道路推进机制本身的研究来看，目前研究最多

---

① 甘露、马振涛：《"新型城镇化发展与转型"观点综述》，《求知》2012 年第 12 期。
② 倪鹏飞：《新三大红利支撑未来中国经济》，《经济参考报》2012 年 12 月 3 日。
③ 黄锟：《中国新型城镇化道路的选择》，《中国经济时报》2013 年 1 月 15 日。
④ 李万峰、李晏晏：《我国城镇化投融资研究述评》，《经济研究参考》2013 年第 36 期。

的是二元机制、动力机制、风险防范长效机制等。罗震东等指出，改革开放以来的中国城镇化道路始终呈现出二元化特征，即以城市地域经济和人口集聚而呈现的扩展型城镇化和农村地域以乡镇企业为主体的经济与劳动力转化和建立农村城市（小城镇）而呈现的集聚型城镇化，构成自上而下城镇化与自下而上城镇化的二元机制。[①] 叶本乾认为，我国新型城镇化的体制机制创新要体现出权力配置的理性化与合法化。动力机制创新注重从廉价劳动力需求到权利保障与救济的转变、从单纯城市化驱动到"四化同步驱动"转变。能力建设机制创新注重从强制能力、汲取能力到监管能力、吸纳能力转变。城镇化类型注重从行政化单一型到多元一体化转变，从而实现工具理性与价值理性的统一。但是新型城镇化体制机制创新有其自身制度和环境的限度。[②] 褚素萍认为，城镇化动力机制可分为来自城镇内部的内在动力和由于外部环境对城镇化所形成的外在动力。内在动力包括人地矛盾紧张对农民的推力、城乡差距对农民的外部拉力、农民观念转变对农民进城的动力等。而外在动力，即外部环境——物质基础、政策环境、工业化、制度变迁等是城镇化动力机制不可缺少的组成部分。肖万春提出建立城镇化风险防范的长效机制，包括城市现代产业对农业改造机制，城乡户籍、就业、社会保障和基础设施建设一体化政策机制，行政领导政绩考评体系筹化机制，城乡文化、卫生和教育统筹协调发展机制，城镇化风险防范的法律机制等。[③] 柯福艳提出，推动城镇化与农业现代化同步协调发展，应与农业发展在

---

① 罗震东等：《二元城镇化机制与模式研究——以东营市为例》，《地域研究与开发》2012 年第 5 期。

② 叶本乾：《城镇化中国的逻辑反思与重构：新型城镇化体制机制创新及其限度研究》，《中共四川省委省级机关党校学报》2013 年第 5 期。

③ 肖万春：《论防范城镇化风险的长效机制建设》，《重庆社会科学》2006 年第 11 期。

农业劳动力减量提质、农业土地转用增值、农业基础建设、农产品生产、三次产业合作等方面建立起良性互动的长效机制。①

六、文献检索的基本情况

本书在中国知网 CNKI 期刊数据库上，选取了与本课题相关的若干关键词，分别按照篇名和主题在全文数据库中进行了文献检索（见表 1-1）。

表 1-1　城镇化研究文献的年度变化

单位：篇

检索词	检索方式	1979 以前	1980—1992	1993—2002	2003—2012	2013 至今
城市化	篇名	3	594	4461	13191	4095
	主题	12	1700	11484	55269	32866
城镇化	篇名	0	146	1214	7062	17537
	主题	0	313	2815	24682	49437
新型城镇化	篇名	0	0	0	290	7145
	主题	0	2	0	1465	23733
中国特色城镇化	篇名	0	0	2	100	117
	主题	0	0	30	1005	2002
城镇化道路	篇名	0	13	43	257	260
	主题	0	37	178	1315	3499
城镇化推进机制	篇名	0	0	0	3	20
	主题	0	1	6	12	1592

注：1. 本文数据为通过 CNKI 进行的检索数据；

　　2. 本文数据截止到 2016 年 5 月 1 日。

---

① 柯福艳：《统筹城乡背景下城镇化与农业现代化互促共进长效机制研究》，《农村经济》2011 年第 5 期。

　　本书在中国知网CNKI上进行的文献检索表明，截止到2016年5月1日，总体看，关于城市化和城镇化的文献还是较多，大部分文献围绕城镇化建设的某一方面，如人口、产业、文化、生态等特定领域展开，还有一部分文献是把城镇化与城乡统筹、城乡融合、城乡一体化结合考察，但是具体到中国特色城镇化道路和城镇化推进机制的研究文献都还显得较少，其中对于中国特色城镇化的内涵和模式的专题研究很少，对于中国特色城镇化相关机制的专题研究更是十分稀少。

　　进一步分析不同年份的相关研究文献数量，可以发现：1979年以前，由于社会环境的现实约束和户籍制度的客观限制，我国城镇化进程非常缓慢，与之相对应的我国学术界对城市化或城镇化的研究也非常少，这一时期分别以"城市化、城镇化、新型城镇化、中国特色城镇化、城镇化道路、城镇化推进机制"为"篇名"和"主题"在CNKI上进行检索，只检索到15篇文献。20世纪80年代至90年代初，关于城镇化的研究陆续增多，主要集中在城市化或城镇化内涵的界定和辨析，依据分别以上述检索词为篇名对这一时期的文献检索表明，分别为594、146、0、0、13、0。进入90年代之后，特别是1992年党的十四大之后，国家层面逐步提出"小城镇是一个大战略"，相应地，关于我国到底是应该走城市化道路还是城镇化道路实现大规模进城务工农民的市民化的讨论成为焦点和热点，直接表现为相应的文献激增，比如以"城市化"和"城镇化"为篇名的文献在这一期间分别达到4461和1214篇，以"城镇化道路"为篇名的文献也检索到了13篇。进入21世纪以来，尤其"十五"计划提出"要不失时机地实施城镇化战略"，从国家层面确立了城镇化发展战略，一些学者结合中国国情，提出了新型城镇化和中国特色城镇化等概念并加以研究，这一阶段的论文数量超过了之前的研究总和。2012

年以来，特别是中央城镇化工作会议召开以后，党和政府明确提出我国要走一条人为中心的新型城镇化道路，学术界关于新型城镇化的讨论迅猛增加，仅仅是 2013 年至今，本书在 CNKI 检索到的文献就分别达到 4095、17537、7145、117、260 和 20 篇。由此可见，短短时间内，学术界对新时期中国特色城镇化道路的研究十分踊跃，但值得注意的是，不少文献还仅停留在对新型城镇化的一些基本问题的探讨上，对中国特色城镇化的内涵和模式的专题研究很少，对于中国特色城镇化相关机制的专题研究更是少之又少。这既是目前文献研究基础的不足，却也留下了很大的研究拓展空间。

第二节　中国特色城镇化道路的三大理论基石

马克思主义经典作家曾经就城市和农村以及城乡关系有过许多深刻而富有远见的论述，党的几代领导集体在不同历史时期，结合当时发展实际对城乡协调发展和城镇化道路都进行了理论探索；与此同时，西方学者的增长极理论、二元结构理论等也为我们探索中国特色的城镇化道路推进机制提供了理论借鉴。

一、马克思主义经典作家关于城镇化的思想

马克思列宁主义经典作家们较完整地创立了论述城市和农村以及城乡关系的学说，从历史的角度揭示了城市和农村的相互关系和变化趋势，从而建立了城市化的理论基础。对于马克思是否使用过"城市化"一词，曾有很多分歧。人民出版社 1979 年出版的中译本《马克思恩格

斯全集》有这么一段话："古典古代的历史是城市的历史，不过这是以土地财产和农业为基础的城市；亚细亚的历史是城市和乡村无差别的统一（真正的大城市在这里只能干脆看作王公的营垒，看作真正的经济结构上的赘疣），中世纪（日耳曼时代）是从乡村这个历史的舞台出发的，然后，它进一步发展是城市和乡村的对立中进行的；现代的历史是乡村城市化，而不像古代那样，是城市乡村化。"① 这段话后来成为中国城市科学研究者广为引用的名言，因为马克思在这段话里不仅对"城市化"作了精辟论述，而且使用了"城市化"一词。但另外一些学者根据许多权威性的文献认为，"城市化"一词产生于马克思去世20年后的拉丁语系的西班牙语，因此，尽管马克思对城市发展问题进行了非常深刻的研究，但他并没有使用过"城市化"这个词。本书认为，即便这个结论成立，也不能淹没马克思、恩格斯对城乡关系的精彩阐述。

马克思主义经典作家关于城市化的思想有以下几方面内容：

第一，资本主义社会里城乡对立。马克思、恩格斯指出，把城市和乡村的对立作为整个社会分工的基础固定下来，是文明时代的一个重要特征。② 早在古代公社所有制和国家所有制时期，城乡之间的对立就已经产生。③ 资本主义社会同样是城乡对立的，城市在政治上统治乡村，在经济上剥削乡村，"农业服从于工业，乡村服从于城市"④。

第二，城乡对立可以被消除。消除城乡对立，一直是马克思主义者追求的理想。马克思、恩格斯在《共产党宣言》中即指出，"资产阶级

---

① 《马克思恩格斯全集（第46卷上册）》，人民出版社1979年版，第480页。

② 张传烈：《新中国成立以来城市管理思想研究》，吉林大学2008年博士学位论文。

③ 杨艺：《城乡统筹视域下的中国二元经济结构转换研究》，吉林大学2010年博士学位论文。

④ 陈睿：《马克思恩格斯的城乡关系理论及其对当代的启示》，《中共福建省委党校学报》2006年第5期。

使农村屈服于城市的统治。它创立了巨大的城市，使城市人口比农村人口大大增加起来，因而使很大一部分居民脱离了农村生活的愚昧状态"①；同时提出无产阶级上升为统治阶级之后可以将工农业联合，缩小城乡发展差距并直至其消失。在该文该页的"编者注［一］"中，说明了在 1848 年的版本中用的是"城乡之间的对立"，在 1872 年的版本中和以后历次版本的德文版本中"对立"改为"差别"。恩格斯在《反杜林论》中论述了消灭城乡对立的可能性、必要性和需要的条件。他指出："水力是受地方局限的，蒸汽力却是自由的。如果说水力必然存在于乡村，那么蒸汽力却决不是必然存在于城市。只有蒸汽力的资本主义应用才使它主要集中于城市，并把工厂乡村转变为工厂城市。但是这样一来，蒸汽力的资本主义应用就同时破坏了自己的运行条件。蒸汽机的第一需要和大工业中差不多一切生产部门的主要需要，就是比较干净的水。但是工厂城市把所有的水都变成臭气熏天的污水。"②"因此，城市和乡村的对立的消灭不仅是可能的，而且它已经成为工业生产本身的直接需要"。③"只有通过城市和乡村的融合，现在的空气、水和土地的污染才能排除，只有通过这种融合，才能使目前城市中病弱群众的粪便不致引起疾病，而被用做植物的肥料。"④但是，恩格斯又强调，"只有按照一个统一的大的计划协调地配置自己的生产力的社会，才能使工业在全国分布得最适合于它自身的发展和其他生产要素的保持或发展"⑤。马克思、恩格斯在一个多世纪前讲述的话是相当深刻和富有远见的，在当前

① 《马克思恩格斯选集（第1卷）》，人民出版社 2012 年版，第 405 页。
② 《马克思恩格斯选集（第3卷）》，人民出版社 2012 年版，第 683 页。
③ 《马克思恩格斯选集（第3卷）》，人民出版社 2012 年版，第 684 页。
④ 《马克思恩格斯选集（第3卷）》，人民出版社 2012 年版，第 684 页。
⑤ 《马克思恩格斯选集（第3卷）》，人民出版社 2012 年版，第 683—684 页。

社会主义市场经济条件下，我们应当如何实现城乡、工农业的合理布局与协调发展，依然可以从马克思、恩格斯的论述中得到启迪。[①]

第三，提出"城乡融合"的概念。根据马克思、恩格斯的思想，人类发展的历史可概括成：乡育城市—城乡分离—城乡对立—城乡融合四个阶段[②]，最终目标要实现城乡一体化发展。恩格斯率先提出了"城乡融合"这一观点。他说："通过消除旧的分工，进行生产教育，变换工种、共同享受大家创造出来的福利，以及城乡融合，使全体成员的才能得到全面的发展。"[③] 恩格斯指出实现城乡融合的两个标志是：工农阶级差别趋于消失和人口实现均衡分布。[④] 列宁在 1920 年写的《关于生产宣传的提纲》一文中谈到了"农业生活都市化"[⑤]，根据上下文断定，列宁使用"都市化"一词是为了说明克服城乡对立的一个重要途径是农业耕作技术提高到城市模式的技术水平。斯大林认为："这不是说，城市和乡村之间对立的消灭应当引导到'大城市的毁灭'（见恩格斯《反杜林论》[⑥]），不仅大城市不会毁灭，并且还要出现新的大城市，它们是文化最发达的中心，它们不仅是大工业的中心，而且是农产品加工和一切食品工业部门强大发展的中心。这种情况将促进全国文化的繁荣，将使城市和乡村有同等的生活条件。"[⑦] 可以看出，斯大林把"城市和乡村有同等的生活条件"作为实现城乡一体化的一个标志，而实现城乡一体化的前提条件

[①] 曹萍：《城乡统筹下的城郊经济发展研究》，四川人民出版社 2008 年版。

[②] 徐杰舜：《城乡融合：新农村建设的理论基石》，《中国农业大学学报（社会科学版）》2008 年第 3 期。

[③] 《马克思恩格斯全集（第 1 卷）》，人民出版社 1979 年版，第 224 页。

[④] 汪巽人：《初探马克思主义的城乡融合学说》，《福建论坛》1983 年第 4 期。

[⑤] 《列宁全集（第 40 卷）》，人民出版社 1986 年版，第 17 页。

[⑥] 《马克思恩格斯选集》（第 3 卷）第 336 页。——编者注

[⑦] 《斯大林文集》，人民出版社 1985 年版，第 617 页。

就是消灭城乡对立。马克思主义经典作家的"消灭城乡对立""城乡融合""城市和乡村有同等的生活条件"等理论观点清楚地说明了城乡一体化是城市化进程的最高阶段。[①]

第四，重视生产力发展在消除城乡对立中的作用。乡村农业人口的分散和大城市工业人口的集中，"仅仅适应于工农业发展水平还不够高的阶段"，[②] 这种状态会在工农业发展水平提高后得到改变。"把每个人的生产力提高到能生产出够两个人、三个人、四个人、五个人或六个人消费的产品；那时，城市工业就能腾出足够的人员，给农业提供此前完全不同的力量；科学终于也将大规模地像在工业中一样彻底地应用于农业。"[③] 重视生产力的协调安排，把"大工业在全国尽可能平衡的分布"看作是消灭城市和乡村分离的条件[④]。

第五，强调工业和农业的结合。恩格斯指出，消灭城乡对立的最重要条件是，不仅使工业生产资料归社会公有，而且使农业生产资料也由社会占有。在此基础上，使工业生产和农业生产发生密切的内部联系，通过把工业同农业结合起来，促使城乡之间的差别逐步消灭。[⑤] 正如他在《共产主义原理》中指出的，"公民公社将从事工业生产和农业生产，将把城市和农村生活方式的优点结合起来，避免二者的片面性和缺点"[⑥]。强调城市工人与农村生产者之间的联合，提出要把农村的生产者

① 曹萍：《城乡统筹下的城郊经济发展研究》，四川人民出版社 2008 年版。
② 鄢湨五、刘象森：《学习马克思、恩格斯关于城市的论述——发挥城市在我国经济建设中的作用》，《天津社会科学》1982 年第 10 期。
③ 《马克思恩格斯全集（第 31 卷下册）》，人民出版社 1972 年版，第 470 页。
④ 汪巽人：《初探马克思主义的城乡融合学说》，《福建论坛》1983 年第 4 期。
⑤ 陈睿：《现代化进程中的中国城乡和谐问题研究》，中共中央党校 2006 年博士学位论文。
⑥ 《马克思恩格斯选集（第 1 卷）》，人民出版社 2012 年版，第 305 页。

"置于他们所在地区中心城市的精神指导之下"，使农村生产者在城市有工人作为他们利益的天然代表者。

第六，重视城市和城市化的积极作用。恩格斯曾热情地赞扬了城市在提高英国经济实力、创造生产力方面所起到的巨大作用。"像伦敦这样的城市……这种大规模的集中，250万人集聚在一个地方使这250万人的力量增加了100倍；他们把伦敦变成了全世界的商业首都。"[1] 马克思、恩格斯认为，城市使很大一部分居民脱离了乡村生活的愚昧状态，城市的发展对人的现代化具有极大的促进作用。[2]"如果没有大城市，没有它们推动社会意识的发展，工人决不会像现在进步得这样快。"[3] 资本主义生产使汇集在各大中心的城市人口越来越占优势，城市"聚集着社会的历史动力"[4]。由于城市有以上的积极作用，马克思、恩格斯是支持城市化的发展的。马克思在《政治经济学批判》中写道，"现代的历史是乡村城市化，而不像在古代那样，是城市乡村化"[5]。

二、我国几代领导集体对城镇化的探索

党的几代领导集体在不同历史时期都对城镇化理论创新与实践探索作出了一定程度的贡献。这些探索一方面体现着国家方针政策的一贯性和继承性，另一方面由于所处时代背景而具有鲜明的时代烙印。党的几代领导集体孜孜以求，体现了党对建设社会主义现代化强国的历史使命，为我国加快推进中国特色城镇化，奠定了重要的理论基础。

---

[1] 《马克思恩格斯全集（第26卷)》，人民出版社1973年版，第260页。

[2] 陈睿：《现代化进程中的中国城乡和谐问题研究》，中共中央党校2006年博士学位论文。

[3] 《马克思恩格斯全集（第2卷)》，人民出版社1958年版，第543页。

[4] 汪巽人：《初探马克思主义的城乡融合学说》，《福建论坛》1983年第4期。

[5] 《马克思恩格斯全集（第46卷上册)》，人民出版社1979年版，第480页。

（一）提出城市领导乡村、以城市为中心、城乡统筹兼顾的思想，逐渐以农村支持城市、农业支持工业为导向，形成城乡二元结构

以毛泽东同志为核心的党中央领导集体所提出的关于城乡统筹兼顾的思想，奠定了中华人民共和国城乡政策的基础。在 1949 年召开的中国共产党七届二中全会上，毛泽东提出了当前党的城乡工作两个重要思想：一是把党的工作重心由农村转移到城市，[①] 由战时的"积聚农村力量、农村包围城市"逐步过渡到城市领导乡村的新阶段；二是城市与乡村兼顾，"城乡必须兼顾，必须使城市工作和乡村工作，使工人和农民，使工业和农业，紧密地联系起来。决不可以丢掉乡村，仅顾城市，如果这样想，那是完全错误的。但是党和军队的工作重心必须放在城市，必须用极大的努力去学会管理城市和建设城市"[②]。这两个重要思想的提出，为中华人民共和国成立前后的农村工作方针、城镇化发展思路奠定了理论准备，指引着中华人民共和国城乡关系演变的轨迹。

中华人民共和国成立伊始，我国即确立了重工业优先发展的指导方针，为了平衡农业与工业、农村与城市之间的关系，1957 年在《关于正确处理人民内部矛盾的问题》的报告中，毛泽东阐述了"统筹兼顾、适当安排"的工作思路。然而此后在探索建设社会主义道路中出现了一些失误，"大跃进"和人民公社化运动忽视了经济社会演变的客观规律，打破了正常的工农业生产秩序，城乡关系也陷入了失衡紊乱的状态。中华人民共和国成立伊始至 20 世纪 70 年代，城乡关系的和谐、工农业发

---

① 孙成军：《中共三代领导集体对城乡统筹发展的探索及经验启示》，《毛泽东思想研究》2006 年第 3 期。

② 《毛泽东选集（第四卷）》，人民出版社 1991 年版，第 1427 页。

展协调一致牵动着党的第一代领导集体的神经，期间国家对过分重工业化倾向、忽视农业农村发展等问题进行了一定程度纠正，但总体而言党的工作重心始终在城市，致力于实现工业化，资源流动分配、经济活动等要素主要积聚在城市，农业和农村则扛起了支撑国民经济发展和工业化进程的大旗，城乡关系演进的二元结构特征愈加突出。

（二）提出和形成以经济建设为中心，推进城乡改革、以农村带动城市的思想，以农村改革为突破口，构建了城乡改革发展的新格局[①]

以邓小平同志为核心的党中央领导集体，提出要从农村领域的重大问题入手继而带动城市深层次问题的突破，由此开启了消除城乡二元结构的新篇章。邓小平认为，工业化是中国现代化的前提，而工业化和农业现代化又相辅相成，农村剩余劳动力的解放、农业生产效率的提升和农村消费市场的逐渐培育，为工业化进程和城镇化进程加快脚步奠定了基础。农业和工业、农村和城市互为一体，不可剥离。邓小平多次指出：城市的繁荣建立在农村市场稳定的基础上，首先要抓住农村市场发展的契机和政策优势，盘活农村经济。因此，以邓小平为核心的党中央领导集体在引领新时期改革开放的进程中，率先在农村生产力改革方面做出尝试，首先改革制约农民生产积极性的人民公社体制和阻碍区域间人口流动的户籍制度，实行家庭联产承包责任制，进一步解放农村剩余劳动力，赋予农村和农业更加公平的发展机会。

随着农村改革的有序推进，农村"统分结合、双层经营"的体制得到了贯彻落实，党把改革重心过渡到了城市，自20世纪80年代中期起，

---

① 孙成军：《中共三代领导集体关于城乡统筹发展的探索及经验启示》，《毛泽东思想研究》2006年第3期。

城市改革也全面铺开。这一时期的改革开放重点放在了以经济建设为中心，着力破解制约生产力发展的制度困境，打破城乡之间要素单向流动的不均衡局面，使城乡之间关系更加融洽，实现城乡统筹发展，解放和发展农村生产力，另外在城市积极开展改革的探索。实践证明，以邓小平为核心的党中央领导集体卓有成效的政策措施和制度改革，极大程度上活跃了农村经济和农村市场，为全国粮食生产的安全稳定和工业化进程的加速推进奠定、提供了坚实后盾，为构建新时期城乡关系、合理推进城镇化进程提供了经验借鉴。

（三）明确提出城乡互动的思想，开始探索城市对农村发展的带动作用，奠定实施"工业反哺农业、城市带动乡村"政策取向的思想和理论基础

以江泽民同志为核心的党中央领导集体，提出了建立社会主义市场经济体制的改革目标，明确了实施城乡统筹发展战略的改革要求。20世纪90年代，我国步入计划经济体制向社会主义市场经济体制转轨的阶段，伴随市场经济主体自由度的增强和城乡发展差距的进一步扩大，农业生产、农民增收以及农村发展成为新时期更为严峻的课题。为了缓解市场经济中城乡发展不平衡的难题，"城乡互动"政策主张相继被提出。进入21世纪，我国面临的机遇和挑战相伴而生，城市经济体愈加庞大，然而城乡二元结构形势依然严峻。党的十六大明确提出，实施城乡统筹发展战略，建设现代农业、发展农村经济和增加农民收入，是全面建设小康社会的重大任务所在。这体现了新世纪我国社会主义现代化建设工作重点逐步向广大落后的农村地区倾斜，致力于缩小城乡发展差距、实现统筹城乡发展，也为我国实施"工业反哺农业、城市带动乡村"

的发展政策打下了基础。

（四）提出从中国国情出发，走循序渐进、因地制宜的特色新型城镇化道路

以胡锦涛同志为总书记的党中央领导集体，提出以人为本，全面、协调、可持续发展的科学发展观，明确指出我国正处在推进城镇化的关键时期，要坚持大、中、小城市和小城镇协调发展，逐步提高城镇化发展水平和质量，走具有中国特色的城镇化道路。党的十七大报告进一步将"中国特色城镇化道路"总结为"中国特色社会主义道路"的关键内容。党的十八大报告中指出，推动信息化和工业化深度融合、工业化和城镇化良性互动、城镇化和农业现代化相互协调，促进工业化、信息化、城镇化、农业现代化同步发展。[1]"中国特色城镇化道路"和"新型城镇化道路"相辅相成，是有机联系的整体，缺一不可。中国特色的城镇化道路必须是新型城镇化道路，中国新型城镇化也必须具有中国特色。这是因为过去的传统城镇化模式，可能具有中国特色，但不一定符合发展趋势和科学发展观要求；而欧美发达国家推进城市化的措施和方法，不一定都符合中国的国情和各地的实际情况。因此，在加快推进城镇化的过程中，必须把"走中国特色的城镇化道路"与"走新型城镇化道路"有机结合起来，坚定不移地走具有中国特色的新型城镇化道路。[2]

---

[1] 胡锦涛：《坚定不移沿着中国特色社会主义道路前进 为全面建成小康社会而奋斗——在中国共产党第十八次全国代表大会上的报告》，《共产党员》2012 年 12 月 3 日。

[2] 孙承平、李鲁静等：《区域规划、产业转型与区域发展——2010 年"十二五"区域规划学术研讨会观点综述》，《中国工业经济》2010 年第 7 期。

（五）围绕提高城镇化质量，提出把生态文明理念和原则融入城镇化全过程，走集约、智能、绿色、低碳的新型城镇化道路

以习近平同志为核心的党中央领导集体，向全党、全国发出了全面深化改革的宣言书和动员令，对全面深化改革作了总体部署，并成立了中央全面深化改革领导小组，由习近平总书记担任组长。以习近平同志为核心的党中央领导集体高度重视城镇化建设，把完善城镇化健康发展体制机制作为深化改革重点目标之一，提出"城镇化是现代化建设的历史任务，也是扩大内需的最大潜力所在"。

党的十八大以来，中央对新型城镇化形成渐趋完整的战略表述，定调"要增强中小城市和小城镇产业发展、公共服务、吸纳就业、人口集聚功能"，并提出"构建科学合理的城市格局，大中小城市和小城镇、城市群要科学布局"等重大决策。[①] 十八届三中全会明确指出：坚持走中国特色新型城镇化道路，推进以人为核心的城镇化，推动大中小城市和小城镇协调发展、产业和城镇融合发展，促进城镇化和新农村建设协调推进，将中小城市作为城镇化建设的重点，提出"全面放开建制镇和小城市落户限制，有序开放中等城市落户限制，合理确定大城市落户条件，严格控制特大城市人口"。2013 年 12 月召开的中央城镇化工作会议上，习近平、李克强提出了推进城镇化的具体部署，会议要求，"推进城镇化必须从我国社会主义初级阶段基本国情出发"，"使城镇化成为一个顺势而为、水到渠成的发展过程。确定城镇化目标必须实事求是、切实可行，不能靠行政命令层层加码、级级考核，不要急于求成、拔

---

① 赖明：《新型城镇化框架下的公共交通发展》，《人民公交》2013 年第 12 期。

苗助长"。"紧紧围绕提高城镇化发展质量，稳步提高户籍人口城镇化水平"，"以人为本，推进以人为核心的城镇化"，"注意处理好市场和政府的关系"。习近平多次指出，"城镇化不是土地城镇化，而是人口城镇化"，"城镇化重要的是质量，过快过慢都不行"，"城镇化不能单兵突进，而是要协同作战，做到工业化和城镇化良性互动、城镇化和农业现代化相互协调"。习近平还强调，"今年是'十三五'开局之年，新型城镇化建设一定要站在新起点、取得新进展。要坚持以'创新、协调、绿色、开放、共享'的发展理念为引领，以人的城镇化为核心，更加注重提高户籍人口城镇化率，更加注重城乡基本公共服务均等化，更加注重环境宜居和历史文脉传承，更加注重提升人民群众获得感和幸福感"。李克强表示，"我国未来几十年最大的发展潜力在城镇化"，并强调要走"工业化、信息化、城镇化、农业现代化同步发展的路子"，"要积极稳妥推进城镇化，增强城镇综合承载能力，提高土地节约集约利用水平，有序推进农业转移人口市民化"，"紧紧抓住人的城镇化这个核心和提高质量这个关键，用改革的办法和创新的精神，全面推进新型城镇化建设"。

三、西方学者关于城镇化的主要理论

国外学术界对城市、城市化等问题的研究由来已久，产生了很多与城镇化相关的理论，其中主要有集聚—扩散理论、增长极理论、二元经济结构理论和城乡磁铁理论等。

（一）集聚—扩散理论

该理论从空间变化的角度分析了城乡动态关系和小城镇形成机制。

1. 集聚效应

集聚效应是指各种产业和相关经济活动为了达到经济效益最大化而在空间布局上最大限度地集中，这是城市形成并不断扩大的直接原因之一。在城镇化过程中，工业由农村疏散布局转变为围绕农村中心集中布局，随后，交通、人才、建筑、资金等要素快速向农村流动，城镇的经济、文化各方面得以发展。

一般而言，集聚效应有两种效果，即集聚经济和集聚不经济。前者又称集聚经济效益，是指由经济主体集中分布带来的经济效益增加或者成本减少。比如工业的集聚，使得相关企业共享水资源、电力资源、交通资源等各种基础设施，对排污集中治理，大大降低了企业成本。集聚不经济则相反，是指产业和经济活动的空间集中使得经济效益减少或者成本增加。

集聚效应是集聚经济和集聚不经济协同作用的结果。两者在产业活动和经济要素的空间布局中扮演着不同角色，集聚经济为要素的高效组合和空间资源的有效配置提供了吸引力和推动力，集聚不经济则一定程度上阻碍了要素的空间集聚和流动。集聚效应对城市的发展至关重要，影响着生产要素向城市流动、城市规模大小等各个方面，因此，运用集聚效应的相关原理指导城镇化建设有非常重要的意义。

2. 扩散效应

扩散效应是指一个区域的中心地区经济发展到一定程度以后，其技术、资金、人才等生产要素的边际效益降低，这些要素为了寻求更多的发展机会和更高的边际效益，逐渐向中心地区的周边地区扩散，从而带动周边地区经济的发展。周边地区从中心地区获得资本、技术、人才等要素，结合本地区的自然资源，培育相关市场，能够形成中心地区周围新的经济增长点。

要素的集聚—扩散效应与城镇化进程息息相关。但前提条件是形成相对完善的城乡支撑体系,如高效通畅的运输体系和信息网络,否则资金、人才、技术等资源将无法输送到更为广阔、开放的领域,而人口布局、产业活动等在农村区域也难觅得适宜的发展空间,城镇化进程必然阻力重重。

(二)增长极理论

增长极理论是法国经济学家弗朗西斯·佩鲁在 1950 年首次提出的,该理论的核心是选择特定的地理空间作为增长极,以极的增长推动整个国民经济的增长。增长极理论是区域经济学的基础理论之一,也是非均衡发展理论的重要依据之一,许多国家运用增长极理论的原理来推动大城市和城市群的发展。

增长极理论认为:经济增长在各个地区的速度并不必然相同。在一定时期,某些主导部门或者有创新力的企业或行业向区位较好的区域或者城市聚集,使得资本和技术高度集中于这些区域或城市,这些城市的经济迅速增长[1],同周围地区形成了一种势差,并且又通过技术组织、生产要素、市场、信息等渠道向周围地区扩散,带动周围地区的经济发展,因此这些城市成为地区经济的"增长极"。增长极理论承认了区域经济发展不平衡的社会现实,它同时强调经济总量的增长和经济社会结构的变迁。

可见,增长极有两种类型:一是功能性增长极,指具有创新能力、成长性强、规模大、资本雄厚、产业关联效应大的推动型主导产业部

---

① 韩守庆:《长春市区域空间结构形成机制与调控研究》,东北师范大学 2008 年博士学位论文。

门；二是地域性增长极，指资源禀赋突出、区位条件优越、行政势能高的地区。增长极对于其周边地区的人口将产生两种效用：一是吸引效用，就是增长极凭借自身强大的资源吸附能力把周边地区的各种要素吸引过来，进而将周边地区的剩余人口充分利用起来，农业生产规模扩大、生产效率进一步提升，改善周边地区的经济发展水平和福利状况；二是弥散效用，就是增长极的生产要素适度流向周边地区寻求更大的效益，带动周边地区的经济发展，从而使人口也向周边地区适度转移，减小增长极地区的人口压力，增加周边地区的人口密度。

增长极理论是城镇化建设使用最多的理论之一，比如改革开放以来，我国选择深圳特区、东南沿海地区作为地区增长极，其经济快速发展，取得了巨大的成效。增长极理论对于小城镇建设也同样适用。小城镇大多空间位置优越、各类经济要素资源富集，规模经济效应较易产生，促使小城镇迅速成长为区域经济增长的新高地，其发展速度远远高于周边广大农村区域，进而带动整个农村地区经济的发展。

（三）二元经济结构理论

根据发展中国家经济发展结构的相关理论，经济学家概括总结出二元经济结构理论，后来也被作为解释人口城乡迁移的经典城市化理论。其概念最早由荷兰经济学家伯克于 1953 年提出。1954 年，美国经济学家刘易斯在其经典著作《劳动无限供给条件下的经济发展》一文中，首次从人口迁移的角度考察二元结构现象，把发展中国家经济的"二元性"明确地刻画出来。[①]刘易斯将发展中国家经济划分为以工业为代表的现

---

① 敖丽红：《县域经济发展与"农三化"互动研究》，东北师范大学 2009 年博士学位论文。

代部门和以农业为代表的传统部门，同时将经济发展的过程归结为经济结构转变的过程，即农业比重逐渐下降而工业比重上升的过程。[①]

城乡二元结构是指在发展中国家由传统农业经济向现代工业经济过渡的历史进程中，必然出现农村相对落后的生产和生活方式与城市不断进步的现代生产、生活方式之间的不对称的组织形式和社会存在形式。[②] 简言之，就是以高效率、高产出的城市经济和低效率、低产出的农村经济相伴而生的经济社会现象。

城乡二元结构通常是发展中国家的共性特征，同时也是这些国家或地区经济社会难题的症结所在。因此为了寻求出路，必须走城镇化道路，不断缩小城乡发展差距，实现社会保障和基本公共服务的均等化，逐步减少并转移农村剩余劳动力，增加城镇人口，发展高产、优质和高效的现代农业，促进第二、第三产业的加速发展，从而提高城乡整体的经济效益和社会效益。所以，城镇化是解决城乡二元经济结构矛盾的根本出路。

（四）城乡磁铁理论

英国社会活动家霍华德于 1898 年出版了《明日的田园城市》一书，目的是要构建一个城市—乡村磁铁，即田园城市，它兼具城市与乡村的优点，摒弃二者的缺点，真正达到城乡融合。

随着城市经济社会的快速发展，城乡差距日益扩大，城市无节制地追求物质财富，盲目地扩大生产，粗放地开发利用资源和破坏生态环境，农村各项事业发展滞后，农民收入增加缓慢，在这一背景下，霍华德提

[①] 朱宇：《城市化的二元分析框架与我国乡村城市化研究》，《人口研究》2001 年第 2 期。

[②] 负菲菲、薛蒙林等：《中国城乡收入差距问题分析》，《河南社会科学》2014 年第 3 期。

出城乡磁铁论，他认为，"城市磁铁和乡村磁铁都不能全面反映大自然的用心和意图。人类社会和自然美景本应兼而有之……城市和乡村必须成婚，这种愉快的结合将迸发出新的希望、新的生活、新的文明"①。

霍华德所倡导的田园城市，是城市与乡村的结合体，其空间特征是城市与农村占地面积比例约为 1∶5。城市的四周由农业用地围绕，即农村围绕在城市周边。城市中心是花园，通过公路和铁路与外面联结，城市居民从城市近郊农村获得新鲜的农产品。农村的农业用地是农田或者绿地，可用作耕地、牧场、果园、森林，农业学院、疗养院等，但永远不能更改其用地性质。居民主要居住在城市，少量散居在乡间，如果城市人口超过了规定的人口数量，就需要另外建一座新城市。

对于现代社会而言，城乡磁铁理论呈现的是一种理想状态，虽然在现实的经济社会发展中难以实现，但它给城市健康发展、城乡协调发展和城乡融合提供了借鉴。

---

① ［英］埃比尼泽·霍华德：《明日的田园城市》，商务印书馆 2000 年版。

第二章　中国特色城镇化道路及其推进的基本思路

中国特色城镇化道路肇始于、从属于以追求国家现代化为战略目标的中国特色社会主义道路的总体实践。中国特色城镇化道路不仅烙上了1949年新中国成立以来中国自强发展的印记，也遭遇了追求国家现代化进程中形成并积累的诸多问题。回顾中国特色城镇化探索历程，分析总结其间取得的成绩和不足，将有助于社会主义现代化建设事业的全面推进。

第一节　中国特色城镇化道路的基本特征与内在要求

中国特色城镇化道路是中国实现国家现代化过程中探索形成、不断发展并逐渐完善的城镇化之路，作为最新成果的中国特色新型城镇化道路，具有"人为核心、集约紧凑、生态文明、四化同步、复合形态、多元治理"的基本特征。

一、中国特色新型城镇化道路是中国特色社会主义道路的重要组成部分

（一）发展视角的中国特色社会主义道路

近年来，中国的发展成就举世瞩目，在经历了世纪奥运的盛况和汶川地震、玉树地震、芦山地震的伤痛之后，中国良好的发展势头依然不减，发展速度保持领先，在当前危机重重的世界经济中独树一帜，被誉为"中国模式"[①]。然而，从更长的历史阶段考察中国的发展，回首过去三十年，就会发现，这种"奇迹"其实是在长期的努力下、长期的积累中形成的力量爆发出来创造的奇迹。正如著名经济学家姚洋在评价中国的发展时所指出的，"自 1978 年开始改革开放以来的三十年间，中国的年均国民生产总值的增长率达到 9.8%。在人类历史上，只有七个国家（地区）曾经以 7% 以上的年增长率持续增长超过三十年，中国是其中之一，而且是其中最大的经济体。不仅如此，中国还完成了从计划经济到市场经济的平稳转型，没有出现其他转型国家那样剧烈的经济和政治波动。可以说，中国在过去三十年成就了经济增长和体制转型的双奇迹"[②]。他将之概括为"中国道路的世界意义"。

所谓"中国道路"，有人理解为是"中国人比其他国家的人民更能吃苦耐劳"的道路，有人理解为是"底子太差从而显得改革开放以后的

①　2004 年，乔舒亚·库珀·雷默（Joshua Cooper Ramo）在提交给英国外交政策研究中心的一份研究报告《"北京共识"：论中国实力的新物理学》中，将中国的发展道路称为"中国模式"。他说："中国正在开辟出一条通往发展的新道路，这条道路是建立在创新、积聚非对称性力量、实现以人为本的发展与注重个人权利和责任的平衡基础上。"见乔舒亚·库珀·雷默：《中国形象：外国学者眼里的中国》，社会科学文献出版社 2008 年版，第 80 页。

②　姚洋：《中国高速经济增长的由来（之一）》，《南方周末》2008 年 9 月 11 日。

增长更快"的道路，有人理解为是"靠低人权、低福利的掠夺性发展"的道路。这些观点显然有失偏颇，因为在纵向上，1949 年新中国成立以前的封建社会直到半殖民地半封建社会，勤劳的中国人在百般努力下也未能从根本上扭转中国积贫积弱的局面；在横向上，广大发展中国家经历了"二战"后的民族独立运动和民族经济振兴运动后，在"拉美现象""中东乱局"的哀歌中能保存经济社会发展硕果的屈指可数。因此，从更深刻、更科学的角度来理解"中国道路"，只能归结为在理论层面、制度层面具有整体性、系统性的"中国道路"，那就是中国特色社会主义道路。党的十八大报告指出，"中国特色社会主义道路是在中国共产党领导下，立足基本国情，以经济建设为中心，坚持四项基本原则，坚持改革开放，解放和发展社会生产力，建设社会主义市场经济、社会主义民主政治、社会主义先进文化、社会主义和谐社会、社会主义生态文明，促进人的全面发展，逐步实现全体人民共同富裕，建设富强民主文明和谐的社会主义现代化国家"①。

在中国这样一个经济文化十分落后的国家探索民族复兴道路，是极为艰巨的任务。② 早在 1945 年，毛泽东就在党的七大报告中就提出，"在抗日战争结束以后……中国工人阶级的任务，不但是为着建立新民主主义的国家而奋斗，而且是为着中国的工业化和农业近代化而斗争"③。改革开放以后，国家现代化的探索进入了新的阶段。1979 年 12 月 6 日，邓小平在与日本首相大平正芳会谈时，把四个现代化具体量化为，到

---

① 胡锦涛：《坚定不移沿着中国特色社会主义道路前进　为全面建成小康社会而奋斗——在中国共产党第十八次全国代表大会上的报告》，人民出版社 2012 年版，第 12 页。

② 同上书，第 10 页。

③ 《毛泽东选集（第三卷）》，人民出版社 1991 年版，第 1081 页。

20 世纪末，争取国民生产总值达到人均 1000 美元，实现小康水平，① 从而描绘了一幅富民强国的发展蓝图。为实现这一蓝图，在经过多年的探索之后，党的十二大明确提出了建设有中国特色社会主义的指导思想，开辟了中国特色社会主义道路；② 党的十三大深入阐述了"我国正处于社会主义初级阶段"这一中国特色社会主义道路面临的基本国情；党的十四大首次确立建立社会主义市场经济体制的改革目标；党的十五大进一步深化发展了中国特色社会主义在经济、政治、文化的基本目标和基本政策，形成了党在社会主义初级阶段的基本纲领；党的十六大明确提出了全面建设小康社会的目标，谋篇布局开创中国特色社会主义事业新局面。在 21 世纪，党的十七大坚定不移地高举中国特色社会主义伟大旗帜，第一次全面、完整地阐述了中国特色社会主义的科学内涵和基本特征。党的十八大系统阐明了在当前世界格局正处于大发展大变革大调整、我国综合国力和影响力不断提升的背景下，中国特色社会主义的道路、理论、制度"三位一体"的关系。可以说，中国特色社会主义道路是一条后发国家现代化之路，中国特色社会主义道路的准备、开辟与发展正是在追求国家现代化进程中中国人民的自觉选择。

（二）中国特色新型城镇化道路是中国特色社会主义道路的新探索

在中国崛起的道路上，我们创造了"改革开放、联产承包、乡镇企业、经济特区、初级阶段、'分三步'走的现代化发展战略，区域发展的两个大局，让一部分人和一部分地区先富起来，社会主义市场经济，

---

① 《邓小平文选》（第二卷），人民出版社 1994 年版，第 237 页。
② 徐崇温：《中国特色社会主义道路是人类文明史上的伟大创举》，《马克思主义研究》2012 年第 4 期。

公有制为主体、多种所有制经济共同发展，按劳分配为主体、多种分配方式并存以及全面小康、'一国两制'"①等具有中国特色的理论与实践，开辟了中国特色新型工业化道路、中国特色农业现代化道路和中国特色城镇化发展道路等。

　　城镇化是一个随着工业化发展，非农产业不断向城镇集聚从而推动人口向城镇集中、乡村地域向城镇地域转化、城镇数量和规模不断扩大、城镇生活方式和城镇文明不断向农村传播扩散的历史过程。城镇化是人类社会经济发展的必然趋势，是社会文明进步的重要标志。②恩格斯将城镇化过程描述为资本主义扩大再生产使劳动力和各种要素聚集到工业企业周围并逐渐扩大为村镇、城市的过程。刘易斯在他的二元经济结构理论中提出，当存在于农村中以传统生产方式为主的农业上的过剩劳动力逐渐转移到城市中以制造业为主的现代化部门时，发展中国家普遍存在的二元经济结构才能逐步消减，这在客观上实现了城镇化。可见，从本质上说，城镇化是工业现代化、农业现代化的必然过程和结果。另一方面，城镇化是当前乃至今后较长时间内促进经济社会协调发展，全面建成小康社会的突破口。城镇化蕴含的巨大投资和消费需求是推动我国经济继续较快发展的强大动力，是推进经济结构调整升级的重要抓手，是促进城乡协调发展、促进民生发展的重要途径。城镇化过去是、将来更是我国现代化的必由之路。

　　然而，我国的城镇化却长期滞后于工业化发展，与发达国家相比，

---

① 《坚持中国特色社会主义道路就是真正坚持社会主义》，2007 年 11 月 7 日，http://news.xinhuanet.com/newscenter/2007-11/07/content_7024913.htm。

② 马凯：《转变城镇化发展方式　提高城镇化发展质量　走出一条中国特色城镇化道路》，《国家行政学院学报》2012 年第 5 期。

这一差距就更为明显。"在我国国民经济体系和工业体系建立初期，工业化率平均在 60% 到 70% 之间，而 1952 年到 1978 年中国的城镇化率从 14.4% 发展到 17.9%，26 年提高了 3.5 个百分点。目前（2010 年）城镇化率 45.6%，而工业化率已经达到 52%，仍然存在 6.4 个百分点的差额。"① 与发达国家工业化与城镇化协调发展、循序推进不同，1949 年新中国成立以后，我国将大量的人力、物力、财力集中于工业化发展，构建起较为完整的工业体系，而对城镇化的投入长期不足、欠账较多，抑制甚至是限制城镇化的推进。直到改革开放以后，特别是 21 世纪初，工业化积累的物质财富为城镇化发展奠定了坚实基础，工业化供给增长形成的市场需求扩张倒逼城镇化发展。因此，我国面临的是一个具有强大工业化支撑的城镇化，一个集中推进、多领域协调发展的城镇化，一个深受传统工业化发展方式影响且必须加快转型的城镇化，一个资源供给和环境容量已相当有限的城镇化。这些相互叠加的现象发达国家不曾遇到，这些优劣分明的条件发展中国家不曾具备。这就决定了我国的城镇化没有成熟的模式、现成的路径可以直接采用，必须要依据中国的特殊国情，探索中国特色的新型城镇化道路。

二、中国特色新型城镇化道路的基本内涵

（一）中国特色城镇化道路

所谓道路，就是指达到某种目标的途径或方式。城镇化道路是指城镇化推进的途径或方式，是推动城镇化进程中所采取的某种模式或战略

---

① 冯尚春、周振：《论中国特色城镇化道路》，《中共中央党校学报》2011 年第 2 期。

安排。[①] 中国特色城镇化道路既是对中国的城镇化历程进行纵向考察的结果，也是对世界各国城镇化历程进行横向比较与借鉴的结果，其核心在于如何顺应中国特殊国情推进城镇化科学、持续、健康发展。从总体方向和基本原则看，中国特色城镇化道路是一条土地节约利用、环境不断优化、城镇规模结构和空间布局合理、城市功能完善、工农业良性互动、城乡发展协调的道路。本书认为，从城镇化道路选择的角度，中国特色城镇化道路既不同于欧美发达国家走过的城镇化道路，也有别于拉丁美洲发展中国家走过的城镇化道路，当然更不是长期以来的传统式城镇化道路；从城镇化战略性质和战略目标看，中国特色城镇化道路不是单纯的经济战略，而是政治、经济、社会、文化、生态协调发展的综合战略；从城镇化推进的方式看，中国特色城镇化道路坚持"顶层设计"和"总体规划"与"摸着石头过河"和"分散突破"协调互动，体现了原则性和灵活性的有机统一。

第一，中国特色城镇化道路不是西方欧美发达国家工业化牵动城镇化循序渐进发展的中国翻版。西方欧美发达国家自英国"产业革命"开始，伴随着循序渐进的工业化和技术革命，逐步实现了城市化。我国虽然历史上也多次发生了资本主义的萌芽并产生过官僚资本主义和买办资本主义发起的"洋务运动"和"实业救国"等工业化运动，但是一直到中华人民共和国成立，我国依然是一个工业落后、发展极不平衡的农业国家。中华人民共和国成立后，毛泽东同志面对我国工业发展落后、布局分散、偏集沿海天津、青岛、上海等城市的现状，发表的《论十大关系》等名篇中特别提到的"沿海与内地""工业同农业"的关系等就已

[①]　陈甬军：《中国特色城镇化道路》，《前线》2009 年第 5 期。

经充分阐明，中国在"一穷二白"、人口众多、发展不平衡、面临帝国主义的围追堵截的条件下，要想实现西方欧美发达国家的工业化和城镇化的渐进式道路翻版是不可能的。我国要立足于民族之林，崛起在世界东方，必须在加速工业化的同时稳步推进城镇化，走中国特色的城镇化和工业化互相促进、协调互动的道路。

第二，中国特色城镇化道路也不是西方拉丁美洲发展中国家走过的"超前城市化"和"滞后城市化"的中式改造。拉丁美洲国家在"二战"后纷纷获得民族和国家独立，充分利用战后"黄金二十年"的机遇，甚至利用发达国家的部分支持实现国内经济复苏和建设。但是这些战后获得民族解放和独立的拉丁美洲国家，有相当部分是在殖民主义者殖民时期建立了一定工业和城镇化基础的，并且一般都是中小规模的国家，便于人口集中、发展工业和推进城市化。反观我国，长期遭受战乱，即便世界反法西斯战争胜利后，我国又先后陷入解放战争和朝鲜战争以及"十年内乱"等深渊，经济一直没有得到持续有效的恢复。因此，我国要发展经济，实现城镇化的内外环境和基础都几乎不具备。我们必须探索适合自身的城镇化道路，而不是盲目照搬他国经验。

第三，中国特色城镇化道路更不是我国之前走过的通过户籍制度、"价格剪刀差"等人为限制城镇化进程、规模和方向的传统城镇化道路的现实改良。新中国成立后，由于我国经济底子薄，长期受到帝国主义的经济和技术封锁，加之我国人口基数巨大以及国内政策存在失误，面对迫切需要发展的国防和军事工业，我国被迫采取了通过严格的户籍制度和工农产品价格剪刀差在内的一系列措施确保"生产资料工业优先增长"，走一条压缩型的工业化和紧凑型城市化道路。这条道路忽略了工业化与城镇化的内在联系、割裂了城市与乡村的血肉联系，导致了城镇化严重滞后于工业化，以至于在改革开放之后在全国范围内形成了大量农民工进城的"民工潮"乃至"盲流"。这条道路也被实践证明并不是我们理想的城镇化道路。我们还必须继续探索新的历史条件下适合中国国情的城镇化道路。

第四，中国特色城镇化道路既是一条促进经济发展的道路，也是一条实现共同富裕的道路。一方面，中国特色城镇化道路要体现工业化牵动国土空间结构变迁、为国民经济增长注入动力、促进生产力发展的一般要求；另一方面，中国特色城镇化道路又要体现社会主义实现共同富裕的特殊要求。我国的城镇化战略不是单纯的经济发展战略，而是协同推进经济发展、政治文明、社会进步、生态改善、人的发展水平提升和共同富裕程度提升的综合战略；中国特色城镇化道路就是具体落实这项综合战略，优化中国特色社会主义"五位一体"总布局，协调区域繁荣与人的发展水平提升及共同富裕程度提高的重要途径。

第五，中国特色城镇化道路既是国家对城镇化的顶层设计、总体要求和地方因地制宜、"摸着石头过河"、分散突破、以创新城镇化推进模式的有机统一，又是政府规划塑造城镇化总体框架，市场配置资源充实城镇化框架的具体内容的有机统一。中国特色城镇化道路体现了国家战略、政府规划的原则性，又体现了地方在城镇化突破口选择、具体路径选择以及市场配置城镇化资源灵活性的有机统一。中国特色城镇化道路不是单纯依靠市场驱动的经济结构变迁过程，它系统集成了政府和市场的优势，是充分发挥市场在资源配置中的决定性作用和更好发挥政府作用的重要载体。

实际上，城镇化是国家现代化的必然过程，新中国成立以来，党和政府从国家战略层面高度重视推进城镇化，在不同历史时期一直致力于探索适合中国国情的城镇化道路。1978年以来，改革开放逐渐深入我国经济社会的多个领域，经济建设蒸蒸日上，个人权益和区域权益都得到极大的苏醒，同时资源环境约束显著加强，经济发展与人民生活改善的关系、经济发展与社会进步的关系、人与自然和谐共处的关系等都逐步浮现，并成为引发人们深思的重要话题和重大命题。在这种背景下，我国要走的是什么样的城镇化道路再次引发人们的反省、深思和热烈探讨，形成了不少的理论探讨成果并总结形成不少实践经验和成功案例。我国党和政府也一直在探索中国特色的城镇化道路，凭着"摸着石头过河"的韧劲和"拿来主义"的勇气，逐步探索出一条有别于西方发达国家和西方发展中国家走过的道路，也有别于我国传统城镇化道路的新道路，这就是注重人为中心、注重公平正义、注重生态环境保护和生态文明建设、注重治理现代化的以人为本、四化同步、优化布局、生态文明、文化传承的新型城镇化道路。

改革开放后中国的城镇化经历了三个重要的时期：第一个时期是改革开放后，深圳由小渔村向现代化城市嬗变，江浙地区由大规模的农村工业化引发自发的小城镇建设。第二个时期是1998年党的十五届三中全会通过的《中共中央关于农业和农村工作若干重大问题的决定》正式采用了"城镇化"一词，标志着城镇化首次进入国家现代化的战略层面。第三个时期是2002年党的十六大通过的《全面建设小康社会，开创中国特色社会主义事业新局面》明确提出"走中国特色的城镇化道路"，第一次将城镇化提升为全面小康乃至国家现代化的重要任务之一，并在借鉴世界经验的基础上，探索适合中国国情、具有中国特色的城镇化道路。

　　有别于以英国为首、历时 200 年的全球第一次城镇化浪潮，以美国和北美地区为主、历时 100 年的全球第二次城镇化浪潮，以拉丁美洲国家和其他发展中国家为主、历时 40—50 年的全球第三次城镇化浪潮，中国人口基数大、贫困面广、需要转移的人口多、人口转移的途径单一。据估算，在中国整个城镇化过程中，将从农村向城市转移高达 8 亿多人口，这些人口不能像英国那样分散转移到 100 多个殖民地，不能像墨西哥那样仅向美国移民就达 4000 万人，[①] 必须要通过中国自身的工业化、再工业化（重化工业化）和后工业化（服务化）逐步转移到非农产业、进入城镇生活。因此，中国城镇化的速度低于其他发展中国家，但仍然以每年 1 个百分点的速度增长，特别是 2002—2012 年被称为快速城镇化阶段。到 2012 年我国城市化率为 52.57%，比 1978 年的 17.92% 增长了 3 倍，提前 8 年完成党的十六大确定的"到 2020 年达到 50%"的目标。虽然中国的城镇化通过发展农村工业和乡镇企业，推进城市非正规就业、城乡公共服务均等化、农村人力资本投资等方式，避免了广大发展中国家普遍存在的贫民窟现象，但是仍然存在城市蔓延、能源资源耗费、环境重度污染、地区城乡贫富分化、城市管理方式滞后等不可持续现象。魏后凯将之归因于中国传统城镇化模式的弊端，他概括为五个方面：一是"土地城镇化"高于一切，忽视群众生活水平的改善和社会福利状况的增进；二是城镇资源配置效率低下，各种资源被无序开采和粗放使用，污染严重；三是产业空间、居住空间和生态空间的比例搭配失衡，尤其是工业项目占地过多影响

---

① 仇保兴：《中国的新型城镇化之路》，《中国发展观察》2010 年第 4 期。

土地收益的最大、最优化利用；四是长期以来的户籍制度加深了城乡二元结构的特征，人口要素的自由流动大受阻碍；五是各地城镇化发展易出现跟风现象，难有自身特色，且缺乏对旧城历史文化风貌的适当保护。[①] 当然，应该看到，除了中国城市经济发展方式与城市社会管理体制的原因外，这些问题本质上是全球治理危机、特别是发展中国家治理危机的一部分，但当这些问题乘以中国的人口基数、城市数量、经济规模后，将变得难以承受。

在这样特殊的背景下，中国的城镇化政策方针不断调整，与时俱进，以适应经济社会发展的新形势。中国城镇化之路的独特性正是"具有不断创造性"。[②] 在快速城镇化之后，当前中国城镇化发展面临的挑战不是规模发展而是健康发展，焦点不是速度问题而是质量问题。所谓提升城镇化质量，是要扬弃深受传统工业化发展方式影响的传统城镇化模式，克服传统城镇化模式对城镇化质量的"锁定效应"，追赶欧美国家"后"城镇化的前沿发展，与时俱进地推进中国城镇化。[③] 提升城镇化质量，有两个基本条件：一是近年来，随着中国的崛起，2012 年中国成为

[①] 魏后凯：《走中国特色的新型城镇化道路》，中国城市发展网，2010 年 10 月 22 日，http://www.chinacity.org.cn/cstj/zjwz/61982.html。

[②] 胡鞍钢：《城镇化的中国特色》，《商周刊》2013 年第 3 期。

[③] 魏后凯辨析了"中国特色城镇化道路"和"新型城镇化道路"，认为两者是具有有机联系的整体。走中国特色的城镇化道路，必须是具有中国特色的新型城镇化道路；而中国走新型城镇化之路，也必须具有中国特色。这是因为过去的传统城镇化模式，也可能具有中国特色，但并非一定符合时代潮流和科学发展观要求，而欧美发达国家采取的一些新型城镇化做法，未必都符合中国的国情和各地的实际情况。因此，在加快推进城镇化的过程中，必须把"走中国特色的城镇化道路"与"走新型城镇化道路"有机结合起来，坚定不移地走具有中国特色的新型城镇化道路。见魏后凯：《走中国特色的新型城镇化道路》，中国城市发展网，2010 年 10 月 22 日，http://www.chinacity.org.cn/cstj/zjwz/61982.html。

全球制造业第一大国①和全球第一贸易大国②。虽然大国经济内部城镇建设与城镇化发展的区域差距仍然巨大，但是作为世界第二大经济体，不论是参与当前全球竞争，还是面向未来建设新的区域核心竞争力，着力点都是建构在城镇体系基础上的城市群，决定于城市群的运营模式、管理制度、人力资本、产业集聚、空间布局、基础设施、生态环境、公共服务等方面。二是中国的城镇化在较短的时间内集中历经多次工业革命，不仅要完成工业化的基本任务，还跨越了以 IT 技术与核能为标志的第三次工业革命的高潮阶段，并且正迎接第四次工业革命的到来。今天的中国日益成为世界的"中心"国家之一。根据阿根廷经济学家劳尔·普雷维什提出的中心——外围理论（Core-Periphery Theory），世界经济被分成了两个部分，一部分是生产结构同质性和多样化的"大的工业中心"，另一部分则是"为大的工业中心生产粮食和原材料"、生产结构异质性和专业化的"外围"。因此，"中心"国家往往是创新的策源地，其城镇化是以创新为主导的内生型城镇化，如英国的城镇化与第一次工业革命在时间上基本重叠，美国的城镇化与第二次工业革命在时间上基本重叠；"外围"国家的城镇化是资本扩张、产业转移、市场辐射引致的外生型城镇化。从这个意义上说，中国的城镇化正在跨越改革开放初期直到加入世界贸易组织（WTO）、建成"世界工厂"的外生型城镇化阶段，进入自主创新推动的内生型城镇化阶段。城镇化不仅是推动我国经济继续较快发展的强大动力，更是新能源技术、物联网技术、低碳技

---

① 根据国家工信部的统计显示，在世界 500 种主要工业品中，我国有 220 种产品产量居全球第一位。2012 年我国大陆企业进入世界 500 强达 73 家（含香港），比 2002 年增加 62 家，位列世界第二位。

② 美国商务部的数据显示，2012 年美国商品贸易总额为 3.8629 万亿美元，而中国海关总署的数据则显示，2012 年中国贸易总额为 3.8667 万亿美元。

术、智能制造技术、新材料技术、下一代基因技术的创新地、试验田和应用场。中国城镇化或将引领第四次工业革命（胡鞍钢，2013），使中国成为真正的创新型国家。

（二）中国特色城镇化道路的基本特征

作为中国特色城镇化道路的最新成果，中央在 2012 年年底召开的中央经济工作会议提出"走集约、智能、绿色、低碳的新型城镇化道路"。党的十八届三中全会进一步提出，"坚持走中国特色新型城镇化道路，推进以人为核心的城镇化，推动大中小城市和小城镇协调发展、产业和城镇融合发展，促进城镇化和新农村建设协调推进。优化城市空间结构和管理格局，增强城市综合承载能力"[①]。十八届五中全会强调，"正确处理发展中的重大关系，重点促进城乡区域协调发展，促进经济社会协调发展，促进新型工业化、信息化、城镇化、农业现代化同步发展"。由此概括出了根据中国国情和区域特征，针对传统城镇化模式的积弊，应对第四次工业革命与全球竞争的挑战，中国所要走的一条中国特色新型城镇化道路。这条道路的基本特征是：人为核心、集约紧凑、生态文明、四化同步、复合形态、多元治理。

1.人为核心

人为核心就是走一条以人力资本投入和人的素质提升为出发点、以人的全面发展和现代文明生活方式共享为归宿的城镇化道路。二元经济结构理论认为，农业剩余劳动力的非农化转移能够促使二元经济结构逐步消减(刘易斯,1954)，同时农业部门和工业部门能够实现平衡增长（费

---

① 《中共中央关于全面深化改革若干重大问题的决定》，《人民日报》2013 年 11 月 16 日。

景汉、拉尼斯，1964）；而二元经济结构的转变，关键在于传统农业的现代化，特别是通过教育、培训、健康、迁移、信息获得等增加人力资本投入，提升农民驾驭现代农业生产要素的能力（舒尔茨，1964）。中国从新中国成立初就大力推行扫盲运动，2001年实施对农村义务教育阶段贫困家庭学生"免杂费、免书本费、逐步补助寄宿生生活费"的资助政策，2008年实施城乡免费九年义务教育，2012年实施农村免费中等职业教育，以此保障农村子弟在城市化进程中获得自我发展能力。虽然从1989年至2008年，我国高校农村新生的比例逐年上升，2005年达到53%，但是农村学生目前大多沉淀在高等教育的"中下层"，重点高校的农村生源比例逐年下降，而且农村家庭普通本科院校毕业生就业最难[1]。以人为核心的另一个问题就是长期困扰中国的半城市化问题及近年来出现的"逆城市化"问题。半城市化是指农民已经离开乡村到城市就业与生活，但几乎没有享受到城市市民的社会福利待遇和各种政治权利，未能真正融入城市社会。"逆城市化"，就是原有城市户籍人口，或者是近期刚刚从农民变市民的城市户籍人口，出于拆迁补偿款的利益诱惑或是进城后生活质量未达到预期的目标，希望能够把自己的户籍重新从城市变成农村。这固然有农民的乡缘情结和中国自计划经济以来的城市偏向的政策等原因[2]，更重要的是公共服务的供给不足和供给缺位。

---

[1] 据中国社会科学院的一项调查显示，2013年农村生源的就业率比平均水平低13个百分点。

[2] 西方学者在探讨中国城镇化与西方经典城市化理论之间的差异时，认为在以农民为主的中国传统社会里，农民在一定程度上怀有一种反城市的情感，但社会主义的工业偏爱使得中国实行的一系列政策措施都是为实现工业化目标服务的；为确保实现最大工业化和最小城市消费，这些政策具有城市偏向倾向。见钱振明：《中国特色城镇化道路研究：现状及发展方向》，《苏州大学学报（哲学社会科学版）》2008年第3期。

2015 年，我国按城镇户籍人口计算的城镇化率仅为 39.9%，[①] 与统计上的 56.1% 存在着 16.1 个百分点的差距。这一差距主要是 2.6 亿农民工和 7300 万城镇间流动人口[②] 在城市还没有享受到与当地城镇户籍居民同等的公共福利。[③] 因此，不断促进农村转移人口公平享有教育、就业等公共服务、社会保障、政治权利，使其能在城镇安居乐业，是中国城镇化始终要大力解决的核心问题。

2. 集约紧凑

集约紧凑就是走一条以节约集约利用土地为出发点，建设紧凑有序的现代城镇的城镇化道路。土地是城镇化最基本的资源。中国是一个人均土地面积排名世界 100 多位的缺地国家，人均占有的土地面积只有世界人均数的 29%，人均占有的耕地面积是世界人均占有量的 33%。然而，中国的土地城镇化远快于人口城镇化。据成艾华、魏后凯的测算，1997 年中国城镇建成区面积为 20791.3km²，到 2009 年扩大到 38107.3km²，年均增长率为 6.94%，同期城镇人口增长率为 4.80%，城市用地增长弹性系数为 1.45，高于 1.12 的合理增长水平[④]。尤其是 2000 年以来，全国城市建成区面积扩张速度开始加快，其中 2003 年建成区面积增长率高达 8.99%，2000—2009 年城镇建设用地年均增长率为 7.76%，而同期城镇人口年均增长率仅为 3.94%，城市用地增长弹性系数达到了 1.97。[⑤] 此外，土地利用中的低效率和不平衡现象也十分突出。

---

① 《国家新型城镇化报告 2015》，中华人民共和国国家发展和改革委员会网站，2016 年 4 月 19 日，http://www.china.com.cn/zhibo/2016-04/19/content_38269444.htm。

② 很多是收入较低且不稳定、聚居在大城市周边城乡结合部的大学毕业生，俗称"蚁族"。

③ 李铁：《走中国特色新型城镇化道路》，《时事报告大学生版》2013 年第 1 期。

④ 城市用地规模增长弹性系数 = 城市用地增长率 / 人口增长率，世界公认的合理限度 1.12。

⑤ 成艾华、魏后凯：《中国特色可持续城镇化发展研究》，《城市发展研究》2012 年第 11 期。

以上海市为例，和世界先进水平相比，上海市全市建设用地的产出率大概是纽约的 1/29、香港的 1/14；[①] 在土地使用结构中，中国工业用地太多，城市人居或环境空间偏少，居住用地和工业用地之比是 1.5：1，而日本这一比例是 6：1，法国巴黎大区是 5：1；[②] 国家土地督察系统 2011 年例行督察中发现，43 个城市 918 个项目存在土地闲置，涉及面积 8.84 万亩。[③] 城镇化进程中的土地扩张、土地闲置、占优补劣，已经触及到中国 18 亿亩耕地红线的底线，提高土地的集约利用水平刻不容缓。可供借鉴的是，西方城市发展有两种模式：一种是以欧洲为代表的紧凑型模式，集约节约利用城市原本十分稀缺的土地资源；另一种是以美国为代表的松散型模式，人口密度偏低，但消耗的能源要比紧缩型模式多。[④] 随着中国大规模基础设施建设的逐步完成和新型公共交通技术的广泛应用，城市综合承载力大幅提升，构建紧凑型城市空间结构的基本条件已经具备，有助于中国城镇化逐渐摆脱土地依赖。

3. 生态文明

生态文明就是走一条资源节约、环境友好、气候安全的城镇化道路。城市是化石能源消耗、温室气体排放、环境污染形成的主要区域。国际能源组织的数据表明，目前大概 67% 的能源是城市消耗的，城市因此排放了约占总量 70% 的 CO_2，其中城市建筑排放了占总量约 40% 的 CO_2；到 2030 年，城市能源使用将增加到 73%。[⑤] 中国的能源利用率

[①] 《新型城镇化亟待提高土地利用效率》，《中国建设报》2013 年 6 月 26 日。

[②] 李铁：《走中国特色新型城镇化道路》，《时事报告：大学生版》2013 年第 1 期。

[③] 《国家土地督察公告（第 5 号）》，中华人民共和国国土资源部网站，2012 年 4 月 28 日，http://www.mlr.gov.cn/zwgk/zytz/201204/t20120428_1091878.htm。

[④] 仇保兴：《美模式耗能多　中国城市发展应坚持紧凑型》，《解放日报》2006 年 11 月 4 日。

[⑤] 王红霞：《住宅建筑的低碳化设计》，《山西建筑》2010 年第 7 期。

低，2008 年每万美元能耗是世界平均水平的 2.6 倍，是美国的 4 倍、德国的 4.4 倍、日本的 8 倍、英国的 5.7 倍，甚至是巴西的 2 倍；[①] 北京、上海、天津的人均碳排放已经跃居全世界前列。在传统城镇化模式下，中国的城镇化付出了高昂的代价。据测算，中国的城镇化率每增加 1%，约需要 4940 万吨标煤予以支撑，增加城镇居民生活用水量约 11.6 亿立方米，增加钢材消耗 645 万吨，水泥 2190 万吨，增加城镇生活污水排放量 11 亿吨，生活 COD 排放量 3 万吨，生活氨氮排放量 1 万吨，生活氮氧化物排放量 19.5 万吨，生活 CO_2 排放量 2525 万吨，生活垃圾产生量 527 万吨。[②] 这样的代价与中国人均淡水资源占有量仅为世界平均水平的 25%，人均石油、天然气可采储量仅为世界平均水平的 7% 的现实极不匹配。在快速城镇化进程中，骤然增长的能源消耗与集中爆发的环境压力将使中国的城镇化难以支撑。因此，在城镇化进程中，必须加强制度建设和能力建设，促进城市产业、建筑、交通、照明的节能减排，治理城市大气污染、水污染和固体废弃物污染，建设城市生态文明。

4. 四化同步

四化同步就是走一条信息化和工业化深度融合、工业化和城镇化良性互动、城镇化和农业现代化相互协调的城镇化道路。信息化和城镇化深度融合的选择之一就是建设智慧城镇。这一概念源于 2008 年 IBM 提出的"智慧地球"，是以物联网、云计算等新技术为基础，形成智慧交

---

① 《环保部课题组：城镇化与环境污染矛盾将越发尖锐》，经济参考报，2011 年 9 月 19 日，http://news.xinhuanet.com/politics/2011-09/19/c_122052425_2.htm。

② 《未来五年生态环境承载力将是城镇化最大挑战》，上海证券报，2013 年 2 月 27 日，http://finance.eastmoney.com/news/1346,20130227275296150.html。

通、智慧购物、智慧安防、智慧就医等新型城镇生活方式、产业布局方式、公共服务方式和城市管理方式。"十二五"期间，中国智慧城市建设投资 2 万亿元，这使当前集中到大城市的产业趋于分散，形成一大批产业小城镇。这也为当前大力推进的产城融合（非农产业与城镇融合发展）和产村融合（农业与农村融合发展）奠定了新的科技基础。此外，四化同步也是解决城乡居民就业，促进农民非农化转移的根本途径。目前中国城镇化率已超过 50%，但农业人口仍达 6.7 亿人，而英国、巴西同一城镇化水平时期，农业人口仅为 1300 万人和 4500 万人。[①] 这一方面需要在城镇大力发展工业和服务业，为农业转移人口提供就业"蓄水池"；另一方面需要提高农业现代化水平，建设社会主义新农村，以现代要素改造农业产业，提高农民的增收能力。近年来的实践证明，农业的信息化和自动化提高了农业的经营管理水平，农业电子商务的广泛应用拉近了农业生产与市场需求的距离，信息化与农业现代化的融合有力地促进了现代农业的发展。

5. 复合形态

复合形态就是根据城镇化规律和中国区域差异，走一条大中小城市和小城镇协调发展、最终形成梯级城市群的城镇化道路。区域经济发展一般是由重大项目投资、重要市场机遇、重点创新创意触发，生成一些促进资本形成能力和生产效率提升的增长点，并进一步从中形成多个具有乘数效应、集聚效应、扩散效应的增长极。形成增长点、增长极的过程总是以城市发展为依托，伴随城市经济的崛起，相应形成中心都市、次核心城市、重点城镇的城镇等级体系。按照这一规律，城镇化进

---

① 朱晒红：《新城镇化背景下失地农民补偿安置问题——基于政府公共性缺失的视角》，《农村经济》2014 年第 2 期。

程中本来就会形成等级分明、形态各异、功能互补、协同发展的各类城镇。作为大国经济，中国拥有辽阔的国土面积，城市空间密度极不均衡，大城市主要集中在东南沿海地区，西部地区主要以小城镇为主，其中西北地区城镇将沿河、沿江、沿交通干线呈串状分布，空间形态稀疏。由于各地资源禀赋、人文历史、产业基础、增长潜力差异较大，城镇化速度、发展阶段也呈现多样化状态。受地形地貌、城市文脉、产业分布等制约，中国城市的空间形态也不尽相同，包括点轴结构、组团结构、"摊大饼"扩张等。因此，依据城市承载能力，确定城市最优规模，加强要素和产业集中，疏散城市功能，形成既有有机联系又有主体功能的、大中小城市和小城镇复合构成的城市群。

6.多元治理

多元治理就是走一条强调政府、市场与社会的互动，不断优化城市治理结构，提升城市管理水平的城镇化道路。现代城镇的治理是以政府为主，企业、居民等各种市场组织、社会组织协同的治理；城镇化是各种利益相关主体共同推进的结果，在城镇化进程中会不断涌现各种问题，甚至扩大为各种城镇化风险，也需要利益相关主体相互博弈或者共同应对。城镇化过程是一个物流、信息流、资金流充分流动，资源优化配置的过程。在城镇化过程中，必须要发挥市场机制的决定性作用，自发形成健康有序的城镇化格局；要积极培育、有效管理各类社会组织，发挥行业协会在维持市场秩序、开拓国内外市场上的协调作用，发挥其他社会组织在繁荣社会事业、参与公共管理、开展公益活动、扩大民间外交上的补充作用；避免政府利用行政手段"揠苗助长"，将政府的主要职能从推进城镇化逐渐向保障城镇化转变，着力应对城镇化风险，着力加强社会管理、社会保障、环境治理、资源节约、公用事业发展等城市民生领域。在多元治理中，实现科学决策、有效管理、利益共享。

三、中国特色城镇化的内在要求

中国特色城镇化是中国特色社会主义在空间开发和人口布局上的具体表现。中国特色社会主义是一个具有特定内涵的名词，中国特色社会主义坚持了科学社会主义的基本原则，但它有别于马克思、恩格斯当年所设想的社会主义；中国特色社会主义借鉴了发达资本主义国家发展市场经济和组织现代化大生产的文明成果，但它不是欧美国家的资本主义或别的什么主义；中国特色社会主义是科学社会主义基本原理与当今时代特征和我国国情相结合的产物，是一种特殊的社会形态。它凝结了几代中国共产党人带领人民不懈探索实践的智慧和心血，是马克思主义中国化的最新成果。[①]"消灭剥削、消除两极分化、最终实现共同富裕"是中国特色社会主义建设的落脚点和最终目标；"解放生产力，发展生产力"，是要夯实"共同富裕"，提高人民群众富裕水平的物质基础。中国特色城镇化必然是在中国共产党的领导下，立足社会主义初级阶段的现实国情，针对我国城镇化发展过程中出现的突出问题，借鉴吸收人类文明发展的先进成果的基础上，选择的能够有效推动社会生产力发展、实现共同富裕的城镇化。

据此，本书认为，在未来较长的历史时期内，我国城镇化道路的突出特征与内在要求，必然要体现在城镇化与民生改善和民生发展的内在统一、城镇化与工业化和农业现代化的统筹协调等方面。

---

① 吴元梁：《比较视野下的中国特色社会主义》，《中国社会科学》2008年第1期。

（一）中国特色城镇化是城镇化与民生改善和民生发展的内在统一

民生事业与群众福祉息息相关，它有助于实现人的全面、自由发展。不断改善民生，是提高人的全面发展水平的着力点和抓手，也是践行党"全心全意为人民服务"宗旨的重要表现。人的全面发展的具体内容和功能随着时代的变迁而发生变化，马克思和恩格斯认为，人的全面发展包括"每个个人"平等发展、人的类特性应有发展、人的社会特性和谐发展、人的个性自由发展四个方面的内容[1]，人发展的阶段性和人全面发展内容以及要求的多样性决定了民生需求的层次性。低层次民生需求满足人的生存欲望，高层次民生需求满足人的发展诉求。当代社会发展中，社会救济、最低生活保障、义务教育、基本公共卫生服务、保障性住房等低层次民生保障人的基本生存需求；劳动就业、职业培训、社会交流等较高层次民生为民众有尊严地生存提供发展机会，并让民众在获取这些发展机会的过程中形成持续稳定的发展能力；养老服务、高层次的文化娱乐服务、晋职晋升等高层次民生为民众追求享受和实现自我价值提供机会。[2] 中国特色城镇化之所以能够为人的全面发展搭建空间载体，就在于城镇化与民生发展的内在统一。

"民生"涉及最广大人民群众的基本生活权益；改善民生，是执政党执政合法性根基；改善民生，直观地表现为不断增长的民生需求得到有效的满足。中国特色城镇化与民生改善和民生发展的内在统一，一是表现为城镇化和经济发展方式转变的协同，满足民生改善的物质保障诉

[1] 杜黎明、高苹：《马克思主义人的全面发展视域下的民生经济研究》，《天府新论》2012 年第 6 期。
[2] 同上。

求；二是表现为城镇规划的创新、城镇内部空间格局的优化，夯实城镇文化发展的空间载体，推动文化发展以满足民生改善的精神文化诉求；三是通过城镇布局和城镇建设方式的创新，以及资源节约型和环境友好型城镇建设，实现城镇化与生态环境建设的协同，以满足民生改善的生态环境诉求；四是通过体制机制改革，推动城市管理创新和城市基层治理创新，以满足民生改善的政治权利诉求。

（二）中国特色城镇化是城镇化与工业化和农业现代化的统筹协调

世界经济发展的历史已经表明，工业化是推动生产力发展的重要动力，而农业是国民经济的基础产业，农业现代化是工业化深入推进的基础和动力。因此，中国特色城镇化，必然是与工业化和农业现代化统筹协调，实现城镇化、工业化和农业现代化多赢的城镇化，是城镇化、工业化和农业现代化协同推进的城镇化。科学发展观，第一要义是发展，核心是以人为本，基本要求是全面、协调、可持续，根本方法是统筹兼顾。中国特色城镇化建设是贯彻落实科学发展观的现实要求。城镇化与工业化和农业现代化统筹协调的核心在于，以工业化创造供给，以城镇化创造需求，以农业现代化创造条件，实现三化协调推进、深度融合、互动发展，为经济发展方式转变、城乡和经济社会全面协调一体化发展注入动力。

目前，我国经济进入新常态，增速有所回落，投资驱动和出口驱动这"两驾马车"后劲不足，而庞大的国内市场需求仍有待挖掘，经济社会结构全面转型时期正在到来。作为结构调整、经济再平衡的基本平台，城镇化也就成为经济增长的内在动力，促进城乡一体化的重要引擎。在此背景下推进城镇化，要以提高城镇的产业和人口承载能力为核心，以提升城镇品位、改善人居环境、改善民生为根本。"三化统筹"推进城镇化，不再是单纯地依靠土地城镇化的方式进行，而是在改善民生、改善人民的生活水平的前提下，推进户籍制度、医疗、生育及社保等各方面配套政策来完善人口城镇化的质量。"三化统筹"推进城镇化，要在追求"安居乐业、衣食无忧"的过程中增强人民群众的稳定感，在追求"公平正义、安定有序"的过程中增强人民群众的安全感，在追求"实现自我、享有尊严"的过程中增强人民群众的成就感，在追求"环境优美、生态良好"的过程中增强人民群众的舒适感，在崇文尚德、友好互助的过程中增强人民群众的归属感。

第二节 中国特色城镇化道路的探索历程回顾

城镇化本质上是人类生产活动类型和生活方式的变迁，以及人口、资源、资本等要素的再次分配过程，其间城乡体系趋向更加合理。城镇化是一个漫长的过程，我们不仅需要密切关注城镇化水平提升，而且更应关注城镇化所带来的经济社会效应。[①] 分析和回顾我国城镇化发展历程对于探索中国特色城镇化道路，对于新时期探索新型城镇化推进机制具有一定的启示意义。

一、中国城镇化的发展阶段及其阶段性特征

中国是世界六大城市带发源地之一，城镇建设历史悠久，在很长时

---

① 叶耀先：《新中国城镇化的回顾和启示》，《中国人口·资源与环境》2006 年第 2 期。

期内都居于所处时代的前列，出现过当时享有世界盛誉的大都市。比如，宋代都城汴梁人口 100 多万，是 10—12 世纪世界上最大的城市之一。在明代，全国共有大中城市 100 个，小城镇 2000 多个，农村集镇 4000—6000 个，仅上海境内就出现了 210 余座工商业城镇。[①] 然而随着近代以来饱受帝国主义列强入侵和殖民掠夺，我国社会发展严重滞后，城镇建设和城镇化进程基本上处于停滞状态。中华人民共和国的成立标志着我国近现代史上真正意义的城镇化的开始。中国的城镇化过程十分曲折，但总体上看保持着不断向上的发展趋势。根据城镇人口和城镇数量的变化特点，自 20 世纪 50 年代以来我国城镇化进程经历发展阶段如表 2-1 所示。

表 2-1　新中国成立以来中国城镇化发展阶段一览

时间	阶段划分	阶段特征
1952—1957	起步发展阶段	工业化的推进带动城镇化水平的提升，城镇发展及城镇人口增长与国民经济发展基本适应，属于正常和健康的城镇化阶段
1958—1965	大起大落阶段	受"大跃进"思想的影响，经济发展起伏波动很大，城镇化发展也表现出大起大落的特征
1966—1977	徘徊停滞阶段	"三线"建设使得对原有城镇的基础设施投入不足，从而导致城镇建设大大滞后，城镇发展明显萎缩
1978—1992	恢复发展阶段	家庭联产承包责任制的实施和乡镇企业的迅猛发展有力支持城镇化发展，放松户籍制度的管控加速不同地区人员的自由流动
1993—2002	加速发展阶段	城镇人口以超过全国总人口增速的态势在不断增加，城镇化水平年均提高 1 个百分点

---

① 杨风、陶斯文：《中国城镇化发展的历程、特点与趋势》，《兰州学刊》2010 年第 6 期。

续表

时间	阶段划分	阶段特征
2003—2012	稳步发展阶段	城镇体系规模结构、空间结构和智能结构趋于合理，城市群发展形态逐渐呈现
2013—今	健康发展阶段	以人为本、四化同步、优化布局、生态文明、文化传承，更加注重城镇发展质量

（一）城镇化起步发展阶段（1952—1957 年）

新中国成立初期，中国还是典型的农业社会，城镇化水平仅为 10.6%，而同时期世界平均城镇化水平达 28%，中国远远落后于世界城镇化水平。随着国民经济的恢复发展，自 1952 年起，我国的国民经济各项事业步入正轨，由此也进入了城镇化起步发展期。1953 年，国家实施"一五计划"，开始了大规模的工业建设。工业化的推进带动了城镇化水平的提升。这一时期，城镇人口的自然增长已经满足不了新兴工业项目对劳动力的大量需求。内地和边疆等新工业重点建设和发展地区，迁入了大量外来人口。与此同时，农村妇女和地主阶层广泛参与到社会生产活动中，带来了大量的剩余劳动力，这类群体中有相当一部分流入城市寻找出路。

1957 年，"一五"计划的提前完成使得我国具备了初步的工业基础，城镇化水平明显提升。就城镇人口看，6 年间城镇人口数量从 5765 万人增加到 9949 万人，城镇化率由 10.6% 提高到 15.4%，相当于年均增长 0.59 个百分点。[①] 从城镇数量看，新建一批工矿业城市并且改建扩建了一批重点城市，城市数量从 1949 年的 136 座增加到 1957 年的 176 座，

---

① 金花：《我国城镇化发展的阶段性特征与主要矛盾》，《经济纵横》2011 年第 11 期。

年均增加 5 座。[①]总体看，这段时期的城镇发展及城镇人口增长与国民经济发展基本适应，属于正常和健康的城镇化阶段，为长远的工业化和城镇化发展奠定了良好基础。

（二）城镇化大起大落阶段（1958—1965 年）

"一五"计划的提前完成，使得一些领导人对我国的经济形势估计过于乐观，提出了一些不切实际的设想。受"大跃进"思想的影响，这一时期经济发展起伏波动很大，城镇化发展也表现出大起大落的特征。1958—1960 年，全民展开轰轰烈烈的大炼钢铁运动，一大批项目纷纷上马，短时间在城镇范围内聚集了大量人口。三年内，城镇人口净增了2352 万，年均新增城市约 8 个，城镇化水平迅速提高到 19.75%。[②]此后，我国遭受了严重的三年自然灾害，中央被迫对国民经济政策进行调整。在城镇化方面，相继停建或缓建了一大批工业项目，提高新增城镇设立标准。城市数量有了较大幅度的减少，城镇化率降为 17.29%，城镇人口不增反降。此后两年，国民经济调整为经济社会发展注入了新鲜动力，城镇的吸引力进一步增强。到 20 世纪 60 年代中期，城镇人口稳步上升，达 1.3 亿人，城镇化水平也恢复到 18% 左右。

（三）城镇化徘徊停滞阶段（1966—1977 年）

受"文化大革命"的冲击，这一时期我国经济社会秩序走向紊乱，过度强调工业化的物质积累，忽略城乡配置结构的改善，致使稍有起色的城镇化进程徘徊不前。在这一特殊历史时期，诸如"上山下乡""扎

---

① 刘新卫：《中国城镇化发展现状及特点》，《国土资源情报》2007 年第 12 期。
② 金花：《我国城镇化发展的阶段性特征与主要矛盾》，《经济纵横》2011 年第 11 期。

根边疆"等口号深刻地影响着全国人口的流向，数以千万的人民群众深入农村从事一线生产甚至安居下来。此外，由于我国当时面临严峻的国际形势，"三线"建设更多地以备战为指向，导致城镇基础设施投入严重不足，城镇建设大大滞后，许多小城镇的生存发展遭受严峻考验和重大打击。十余年间，总体来看城镇总人口从 1.3313 亿人增加到 1.7245 亿人，但全国总人口也基本保持着同样的增长速度，城镇化水平几乎停滞，仅增长了 0.06 个百分点，为 17.92%，城市数量同样增长缓慢。

（四）城镇化恢复发展阶段（1978—1992 年）

党的十一届三中全会以来，党的工作重心逐步转移到社会主义现代化建设上，开启了全新的时代，城镇化发展也迎来了新契机。首先，家庭联产承包责任制适应了当时的国情、解放了农村生产力，大量农民摆脱了土地的束缚成为自由劳动者，而乡镇企业的迅猛发展为这类群体的非农就业提供了广阔空间，有力地支持了城镇化发展。其次，国家降低了设立城镇的标准，一些城市和城镇相继升级或成立，全国城镇数量迅速增加。再次，国家还放松了对户籍制度的管控，允许农民进城创办第三产业，城镇暂住人口大量出现。1978—1992 年，全国总人口由 9.6259 万人增加到 11.7171 万人，年均增长 1.5%，城镇人口由 1.7245 万人增加到 3.2175 万人，年均增长 4.9%；城镇化率从 17.9% 提高到 27.5%，年均增长 3.4%，年均提高 0.74 个百分点。① 城镇数量也呈现迅速增加态势, 14 年间城市总数增加了 301 座，年均新设市 23 座，

---

① 杨风、陶斯文：《中国城镇化发展的历程、特点与趋势》，《兰州学刊》2010 年第 6 期。

建制镇的数量从 1979 年的 2851 座增加到 1992 年的 11985 座，总计增加 9134 座。[①] 在经历了近 20 余年的停滞期后，我国城镇化进程终于踏入恢复性发展的正轨。

（五）城镇化加速发展阶段（1993—2002 年）

1992 年党的十四大召开，表明我国进入了全面建设社会主义市场经济体制新时期，经济社会发展速度不断上升。国家经济发展驶入快车道，工业化加速推进，城乡之间要素的流动与转换更加频繁。城镇人口以超过全国总人口增速的态势不断增加，城镇化水平呈现出加速推进态势。

（六）城镇化稳步发展阶段（2003—2012 年）

进入 21 世纪，国家经济社会持续稳定发展，与之相应，我国城镇化稳步推进。2011 年年底，我国在编城市数目和建制镇分别达到了 657 个和 33981 个。城镇人口数量急剧攀升，由 2003 年的 52376 万人增长到 2011 年的 69079 万人，数以亿计的流动人员在中国的大地上不断迁徙。这一时期，城镇化率达到了 51.27%，年均增加 1 个百分点，彻底改变了以农业人口为主体的社会格局。就城镇化发展的城镇规模结构看，大中城市和特大城市继续繁荣发展的同时，小城市和小城镇加快发展，城镇体系不断优化；就城镇空间格局讲，城市群、城市圈和城市带的发展态势逐渐明显，城市群逐渐成为城镇化的主体形态；就城镇职能结构看，城镇之间的协同能力和职能互补性有所增强，城镇职能结构趋于合理。

---

① 刘新卫：《中国城镇化发展现状及特点》，《国土资源情报》2007 年第 12 期。

（七）城镇化健康发展阶段（2013年至今）

党的十八大和十八届三中全会都明确提出构建"以工促农、以城带乡、工农互惠、城乡一体"新型工农城乡关系，特别是中央新型城镇化工作会议召开和《国家新型城镇化规划（2014—2020年）》颁布以后，我国城镇化进入走"以人为本、四化同步、优化布局、生态文明、文化传承"的中国特色新型城镇化道路阶段。最新公布的国民经济和社会发展"十三五"规划纲要提出我国推进新型城镇化要坚持人的城镇化为核心，推进城乡发展一体化。这一阶段，按照国家新型城镇化规划，我国城镇化要坚持走一条更加注重城镇发展质量和有助于人的全面自由发展的道路，具体说就是要以人的城镇化为核心，有序推进农业转移人口市民化；以城市群为主体形态，推动大中小城市和小城镇协调发展；以综合承载能力为支撑，提升城市可持续发展水平；以体制机制创新为保障，通过改革释放城镇化发展潜力，最终促进经济转型升级和社会和谐进步，为全面建成小康社会、加快推进社会主义现代化、实现中华民族伟大复兴的中国梦奠定坚实基础。[①]

二、中国城镇化道路的基本主张

中华人民共和国成立之初我国城镇化率仅10.6%，到2016年我国城镇化率达到57.35%，城镇化进程突飞猛进，仅用几十年的时间便走过了西方国家几百年的路，并且在推进城镇化的实践中，针对中国不同历史时期的发展现状摸索出中国特色城镇化发展对策及模式。总的来看，

---

① 来源于《国家新型城镇化规划（2014—2020年）》。

关于中国城镇化道路主要有以下四种发展观点：大城市论、中小城市论、小城镇论和均衡论。纵观世界各国城镇化发展历程，风格各异，一个国家的成功经验或范例也许并不能复制到其他国家或地区，因此各种发展模式没有好坏之分，在选择自身的城镇化发展模式时，应当因时因地制宜而不是因循守旧、固步自封。在不同历史时期，各种城镇化模式各有千秋，应辩证看待。

（一）"大城市论"与大城市优先模式

"大城市论"是依据大城市在城镇化中的特殊重要作用而提出的。大城市依据其自身经济实力或掌握资源的丰裕程度而优势明显，经贸文化往来频繁，服务业相对发达，众多非农业人口在这里聚集，对商业、服务业为主的第三产业发展意义重大；人口集聚提高了配套基础设施的使用效率，发挥了公共资源的最大价值，极大程度地杜绝了公共资源的闲置和浪费现象；同时，充分活跃的经济活动也带来了就业岗位的增加，加速高素质人才快速流动。在享受大城市带来诸多便利的同时，大城市自身的"城市病"问题也不容忽视。大城市作为区域经济增长的中心，一般会对周边区域形成强大的吸引力，尤其是外围地区本就缺乏的各种生产要素，这种"剥夺式占有资源"的方式使大城市沦为"孤岛式"的发展，而欠发达地区陷入经济发展的恶性循环，造成城乡差距进一步拉大。"城市病"造成的后果十分普遍，主要包括几个方面：城市道路的超负荷承载造成的交通阻塞问题；土地资源的短缺和浪费造成的高房价问题；城镇公共基础设施、公共物品供给的资金巨额缺口问题；等等，这些方面不利于城镇化的可持续健康发展，使得大城市的发展空间备受挤压，亟须走上内涵式的发展道路。

（二）"中小城市论"与中小城市优先模式

中小城市隶属于整个城镇系统中大城市、中小城镇和农村建设的中间层次，发挥着统筹城乡发展、促进区域经济增长的积极作用，在承接大城市产业转移和农村富余劳动力人口流动等方面扮演着重要角色，与大城市之间产业互补、经济交融，与此同时，又对乡镇企业的发展以及新农村建设起到了指向作用。在大城市发展日益饱和和困难的局面下，大力培育并发展中小城市成为我国城镇化发展的主要模式之一。

一个城市的规模大小并不必然决定着当地市民所享受城镇化福利水平的高低。随着城镇化的发展，中小城市逐渐具备一套完整的经济系统，在城市环境质量、公共基础设施、生活舒适度等方面有了全面的提高。目前的划分方法普遍认为，中小城市人口规模在 20 万—50 万人，按照这一标准，我国 200 余个中小城市占到了全国城市总量的三成左右。因此，我国中小城市的发展目前还有很大的成长空间，全国各地正在实践并加快推进省直管县改革的步伐，合并中小城镇数量，着力培育人口规模适度的中小城市，完善相关配套设施建设，尤其是注重缩短大城市与中小城市的时间通勤成本，提高居住在中小城市居民的生活便利指数。

（三）"小城镇论"与小城镇优先模式

早在 80 多年前，著名社会学家费孝通先生即提出关于城镇化发展的小城镇论观点，在 20 世纪八九十年代引起了学者们的广泛讨论。此后，小城镇风暴迅速席卷全国，这其中一方面与国家的大力支持密不可分，另一方面也与小城镇自身的发展特色和优势分不开。改革开放以来，随着市场经济机制逐步确立，我国社会生产力得到全面解放，企业和人力资本的活跃程度不断增强，乡镇企业的发展成为区域经济振兴的一面旗帜；而在 20 世纪 80 年代我国设市标准调整和户籍制度逐步放开之后，小城镇的发展异军突起。小城镇论的兴起与我国社会现实高度相关，基于我国多半人口集中于农村、农民弱势地位的现状，为缩小城乡发展差距和实现全面建设小康社会目标，于是小城镇建设和推广成为我国城镇化的重要突破口。从实践上看，小城镇的发展主要是依托当地的自然资源、区位条件等优势实现了自身的城镇化过渡。改革开放以来，在我国东部沿海地区形成了各具特色的城镇化推进方式，例如以乡镇企业为特色的苏南城镇化方式、以民营资本为特色的温州城镇化方式和以外国资本为特色的南粤城镇化方式等，这些模式虽然有着多样化的表现形式，但它们都是结合地区发展实际探索的城镇化发展模式，在发挥区域比较优势的基础上，最终打造成为地区就地城镇化发展的积极范式。

在中国特色城镇化进程中，小城镇的发展构成了我国城镇体系的重要一环，尤其是在乡镇企业、村镇企业的积极带动下，大量农民开启了"离土不离乡"的生活工作模式，促进了劳动力的就地转移和区域人力资本的积累。但是，随着我国经济由粗放式增长向集约型发展的全面转型，过度依赖优惠政策扶持、自然资源和廉价劳动力等生产部门发展举步维艰，盲目的工业化和城镇化造成耕地资源的大量占用以及城乡生态环境的恶化，在人口流动相对自由的背景下，原本在小城镇落脚的农业人口在大中城市较好工作环境和福利待遇的吸引下，进一步向大中城市转移。目前小城镇建设还面临诸多现实困境。

（四）"均衡论"与协调推进模式

均衡论是一种相对理想化的发展模式，在城镇化演进过程中，依据地域特色和社会现实，对大城市、中小城市、小城镇进行错落有致的均衡布局，体现了较为强烈的政府干预色彩。针对我国幅员辽阔、地区发展差异显著的现状，可将我国东部、中部和西部三大经济板块的城镇化进程进行统一的谋划与布局。在不影响全国城镇化发展战略的前提下，东部地区应着力提升发展的水平与质量，适度分散大城市的规模，提升城市发展的综合承载能力，在小城镇发展方面，应当强化地区的产业支撑和吸引力；中部地区尤其要注重协调好粮食主产区土地集约化利用和城镇土地扩张的矛盾，完善土地流转制度，将区位优势明显、条件成熟、潜力巨大的中等城市逐步培育成区域经济中心城市；广大西部地区在城镇化进程中要加强对生态环境保护和治理的格外关注，顺应自然规律而不能急于求成，依据发展基础和战略布局重点打造若干座大城市，因地制宜地规划小城镇发展。

第三节　中国特色城镇化的推进框架及推进机制

党的十七大指出："改革开放以来我们取得一切成绩和进步的根本原因，归结起来就是，开辟了中国特色社会主义道路，形成了中国特色社会主义理论体系。高举中国特色社会主义伟大旗帜，最根本的就是要坚持这条道路和这个理论体系。"党的十八大明确指出："中国特色社会主义道路，就是在中国共产党领导下，立足基本国情，以经济建设为中心，坚持四项基本原则，坚持改革开放，解放和发展社会生产力，建设社会主义市场经济、社会主义民主政治、社会主义先进文化、社会主义和谐社会、社会主义生态文明，促进人的全面发展，逐步实现全体人民共同富裕，建设富强民主文明和谐的社会主义现代化国家。"在中国共产党领导下，不断完善人的全面发展的保障体系，不断提高人民群众共同富裕的水平，是中国特色社会主义道路的主要使命。城镇化是促进经济持续健康发展的动力，是完善人的全面发展保障体系的重要基础，城镇化战略选择、道路选择直接关系人的发展水平提升。党的十八届三中全会再次强调，要"坚持中国特色新型城镇化道路，推进以人为核心的城镇化"。中国特色城镇化，既要完善人的全面发展的空间载体，又要不断化解制约人全面发展的各类矛盾，还要从政治、经济、社会、文化、生态等多个方面，促进人与自然、人与社会的和谐，使全体国民的发展水平不断得以提升，生活的幸福指数不断得以提高。

一、推进中国特色城镇化的基本框架

中国特色城镇化，一方面需要充分发挥市场在资源配置中的决定作用，借助于市场竞争机制、优胜劣汰机制促进经济发展的效率提升，刺激社会总供给增长，为人的全面发展注入不竭的物质动力；另一方面需要通过改善分配来拉动总需求增长，以社会需求的满足实现民生改善，实现人的发展水平提升。改革开放以来，我国城镇化取得举世瞩目的成就，但城镇化发展中也暴露出人口城镇化和土地城镇化脱节、城市建设和城市产业发展脱节、城市建设规模扩张和城市管理质量提升失衡、城镇发展和农村发展不协调、不同社会群体在城镇化利益分享上失衡等问题，导致我国城镇化发展的人文关怀不够，城镇化对人的全面支撑失衡、支撑不足。

党的十八届三中全会提出要"推进以人为核心的城镇化"，要求城镇化战略选择、政策设计要落实到人的发展。针对我国依靠城镇建设用地和农用地的市场价格差撬动城镇化，土地开发收益分配有失公平，土地城镇化和人口城镇化失衡导致城镇化过程中的利益冲突的现实问题，推进中国特色城镇化，需要形成和完善城镇化的利益协调机制。针对我国城镇化过程中出现的失地农民、农民工的发展权没能得到充分保障，农村居民不能和城市居民平等分享城镇化成果的现实问题，推进中国特色城镇化，需要形成和完善城镇化的包容发展机制，使社会公众共享城镇化的红利，特别是要促进在分享城镇化红利中处于弱势地位的失地农民、城市农民工加快实现市民化。针对我国城镇化面临的资源环境承载力约束的现实，推进中国特色城镇化，需要形成和完善城镇化与生态文明协同发展的和谐共生机制。针对城镇化是社会发展系统的大变革，城市公共治理和农村公共治理有着显著的区别，在农村社会向城市社会的转型过程中往往存在诸多难以预见的风险，推进中国特色城镇化，需要有效提高政府的公共治理能力，形成和完善优化城市管理格局的多元治理机制。

据此，本书提出的中国特色城镇化推进机制的基本框架如图2-1所示：

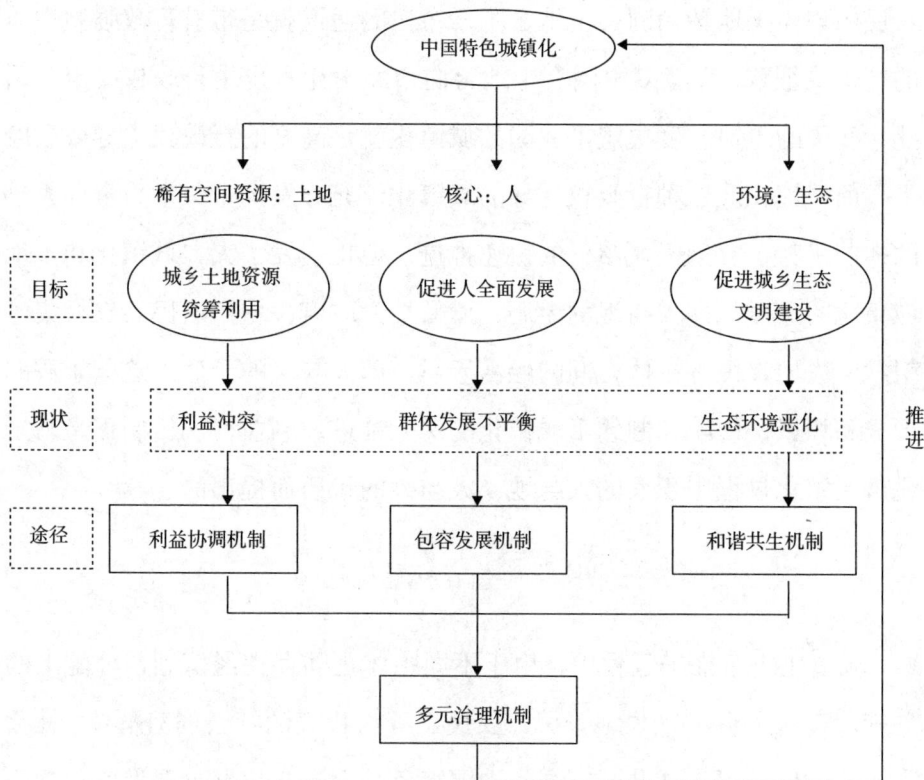

图 2-1　中国特色城镇化推进机制的基本框架

二、中国特色城镇化的推进机制

依据基本框架，中国特色城镇化的推进由四个具体推进机制组成，即利益协调机制、包容发展机制、和谐共生机制、多元治理机制。

（一）完善城乡土地资源合理利用的利益协调机制

在我国，由于城市土地属于国家所有，只有国有土地才可以合法出让，只有政府能够利用征地权，把农村集体土地国有化。原本属于农民集体所有的土地，一旦被划入城市范畴，在法律上就成为国有土地；从农民的集体土地转为国有土地，唯一合法的通道就是带有行政强制性质的征用或征购；究竟多少国有土地可向市场出让，也由行政权决定。因此，我国的土地制度决定了我国的城镇化就是高度的行政权主导或政府主导的城镇化。这种行政权主导的城镇化，充分发挥了集中力量办大事的体制优势，有助于城镇化的快速推进，但也引发了人口城镇化和土地城镇化的矛盾，即人与地的矛盾，以及地方政府、城市居民、农村集体组织、失地农民等主体之间的经济矛盾，即人与人的矛盾。这些矛盾的形成和积累，影响和制约了城镇化的深入推进。利益协调机制正是基于化解城镇化过程中积累的人与地、人与人的矛盾而提出的。

（二）建立促进农民市民化的包容发展机制

城镇化快速推进过程中，由于不同主体之间存在经济利益分配上的失衡，客观上形成以失地农民、农民工等为代表的社会弱势群体；社会主义的本质是要实现共同富裕，中国特色社会主义道路是要保障包括失地农民、农民工等社会弱势群体在内的所有人实现全面发展，中国特色城镇化必须有效解决城镇化成果的公平分享问题。另一方面，由于认识不足、发展方式粗放等方面的原因，我国城镇化快速扩张的过程中，又出现了资源浪费、环境污染等人与自然环境不协调、不包容等矛盾。包容发展机制正是为了促进城镇化过程中弱势群体的全面发展，实现人与自然和谐发展。

（三）形成城镇生态文明建设的和谐共生机制

生态文明是人类在反思工业文明造成生态危机，以及生态危机对人类生存的严重威胁的过程中产生和发展起来的先进文明；它是人类在人与人、人与自然、人与社会和谐共生的生态价值观指导下，追求人与自然和谐共存的自然生态和人与人和谐相处、人与社会和谐共生的社会生态的进步过程，以及在这个进步过程中所取得的积极成果的总称①。党和国家高度重视生态文明建设，党的十七大把建设生态文明与全面建设小康社会的奋斗目标结合起来；党的十八大进一步把生态文明建设纳入中国特色社会主义建设五位一体的总布局，并将其上升到关系人民福祉、国家生计的重要地位，对生态文明建设提出了更高的要求。2016年"两会"召开，生态文明建设被首次纳入国民经济与社会发展五年规划。城镇化显著地改变了社会经济结构，不仅拓展了人类开发利用自然资源的范围，也大大提高了人类开发利用自然资源的水平，使经济社会系统和自然生态系统之间的关系协调面临严峻的挑战。中国特色社会主义的城镇化是一条生态文明的城镇化道路，不能再陷入先污染后治理的"窠臼"，因此城镇化和生态文明融合发展的和谐共生机制，一方面可以大大缓解城镇化快速发展所引发的人与自然生态环境的矛盾；另一方面可以有效促进文明发展从黑色的工业文明向绿色的生态文明跃迁，大大提高城镇发展的文明程度。

（四）健全城镇化的多元治理机制

坚持中国共产党的领导，以政府为主导推进城镇化，是中国特色社会主义道路的基本特征和基本要求；另一方面，过去一段时间内，单一由政府主导的城镇化又引发了许多问题，因此，城镇化的治理方式必须创新。城镇化必然带来人口向城镇集聚，改变人口在城乡的空间分布；

---

① 杜黎明：《推动工业文明向生态文明跃迁的保障体系研究》，《社会科学战线》2013 年第 2 期。

伴随着城镇人口规模的扩张,城镇人口密度增加又必然使既有的城镇治理模式面临新的挑战。中国特色城镇化要为实现人的全面发展提供空间载体,这要求形成和优化城镇治理的多元治理机制,把社会公众的发展诉求有效融入城镇治理之中,推动城镇化朝着健康方向发展。

第三章 完善城乡土地资源合理利用的利益协调机制

伴随着我国城镇化的快速推进，一系列社会问题及利益冲突随之而来，主要表现为人与地的矛盾和人与人的矛盾，前者即人口城镇化和土地城镇化的矛盾，后者即地方政府、城市居民、农村集体组织、失地农民等主体之间的经济矛盾。这些矛盾的形成和积累，与我国现有的土地制度设计紧密关联。在城镇建设用地扩张和实行最严格的耕地保护的背景下，合理设计城镇化进程中的利益协调机制，特别是完善城乡土地资源合理利用的利益协调机制，是化解城镇化过程中积累的人与地、人与人的矛盾的有效途径和抓手，也是推进新型城镇化道路的重要内容。

第一节 利益理论及中国城镇化进程中的土地利益冲突

利益普遍存在并支配着人的各种行为。利益主体间由于利益取向或利益目标的非一致性，往往存在诸多内在矛盾，并成为利益冲突的根源。

一、利益与利益冲突

（一）利益的含义及其表现

通俗讲，利益就是指好处、收益。所谓利益，就是人们在满足生存和发展需要的活动过程中，通过一定的社会关系所体现出的各类价值。人是利益的主体。人从事一切活动的出发点和归宿点都是为了人本身，人与自然界、人与人之间的关系莫不如此。可以从以下三个方面进行理解。

第一，反映了主体、客体之间的关系。人是利益的主体，人有表达意愿和维护自身合法利益的动机，而利益作为客体则是为人的需要服务的。

第二，人是自己利益的主人。作为具有认识能力和实践能力的人，为了实现生存和发展的利益，不会消极等待、不劳而获，而是积极主动地去创造各种财富以满足需求。

第三，利益主体既包括单个的人，也包括特定的社会群体，如家庭、企业组织、阶级和民族等。在具体的利益关系中，利益关系到底涉及哪个人或者哪些人，还要视具体的利益关系而定。

（二）利益冲突

利益能满足人的欲望即需要。马克思曾明确指出，"追求利益是人类一切社会活动的动因，人们奋斗所争取的一切，都与他们的利益有关"。对利益的不懈追求是各利益主体（个人、组织和政府）在自然经济系统中持续发展的内在动力，利益与人的需要存在着必然的联系，可以说，需要就是利益的根源，不同利益主体对同一对象需要的差别是利益冲突的起源。利益主体间由于利益取向或利益目标的非一致性，往往导致各利益主体间的内在矛盾，这对各利益主体发展的积极性和整个经济系统的优化都具有负外部性。

利益冲突广泛地存在于诸多情形之中，拥有一定权利、资源的部门或个人在处理相关问题时，容易产生利益冲突，特别是在竞争关系中表现得更加明显。如法官、律师事务所或律师在处理一些案件时，极可能面临利益冲突问题；医生在为病人开药时，可能会倾向于选择对自己有过"积极影响"的药厂生产的药；编辑在审查来自自己熟知的人的稿件时，可能会和审阅其他稿件坚持不同的评判标准；企业的内部审计部门担任着维护企业自身利益与监督企业财务状况规范运行的双重角色，这种双重角色很多时候是相互矛盾的，角色冲突（conflict of roles）可能会导致内部审计部门出现包庇行为，从而使内部审计职能无法正常发挥。在很多情况下，利益冲突几乎不可避免。利益冲突本身无可非议，只有在利益冲突导致另一方利益受到损害之后，现实的各种问题才会产生。由于利益冲突存在的领域非常广泛，所以，利益冲突问题在社会学、法学、伦理学、政治学和经济学等诸多学科中均有论述。

二、关于利益的理论阐述

马克思及西方不少主流学者针对利益理论都有着精彩的阐述，在分析利益和利益冲突的同时，更多地考察了市场自发机制和政府宏观调控手段在利益协调过程中所发挥的作用。不同阶段人们对利益的追求具有特殊性，这无可厚非，关键是在当时的时代背景下是否采取了恰当的手段或工具将社会利益冲突及风险降到最低。总而言之，关于国家利益、个人利益和企业组织内部利益分配的问题是各个时期社会治理的一大主题。在经济社会全面转型和城镇化加速发展的当今中国，围绕城镇土地开发利用产生了一系列利益冲突，相关主体附着在土地资源上的利益关系错综复杂且更加难以协调。因此，借鉴马克思和其他相关学者们关于利益理论的阐述，对于我们明确政府和市场的定位、妥善处理多元利益关系、及时有效地化解利益冲突具有重要的借鉴意义。

（一）马克思的利益理论

1842 年，在《莱茵报》编辑部工作期间，卡尔·马克思（Karl Heinrich Marx）对物质利益领域的探索逐渐展开，他认为纷繁复杂的利益关系使这个社会充斥着不和谐的因素。由此，马克思正确地诠释了利益的本质及其历史作用，创立了历史唯物主义的利益观。其基本观点如下：首先，利益是社会进步、历史发展的原动力。他在其著作《神圣家族》中指出："思想依附于利益，二者不可分离。物质资料的生产活动即利益活动，促进了社会化大分工的出现和发展；而私有制产生则使社会矛盾愈演愈烈，不同群体利益诉求相互交织碰撞。"其次，利益的本质在于谋求个人与社会的利益和谐。他指出一个国家追求的是包含着特殊利益的普遍利益，因此如果个体利益和全人类的利益产生冲突时，个体利益应做出让步或必要的牺牲。马克思认为个人利益和社会利益是历史的、具体的统一。再次，不同发展阶段内，生产力水平的不同使得人们追逐利益的行为带有历史特色。伴随着不断发展的生产力，人们满足自身利益最大化与落后的生产力之间的矛盾愈演愈烈。与此同时，人们所表现出的对利益的渴求度、表达方式也不尽相同，这符合霍尔巴赫

"利益心"理论的主要观点。最后，为绝大多数人民群众谋福利是无产阶级革命运动的宗旨。马克思、恩格斯指出：过去的一切运动都是少数人的或为少数人谋求利益的运动。无产阶级的运动是绝大多数人的、为绝大多数人谋利益的独立运动。①

（二）斯密的利益理论

亚当·斯密（Adam Smith）建立了个人利益论，强调个人利益的重要性及作用，认为个体追求自身利益最大化是整体利益关系推进的动力，并验证了自由放任的市场"看不见的手"的作用，协调着个人利益与整体利益。斯密在《国富论》一书中，极力主张个人利益，认为个人天生是为自己的利益谋划的。在论述分工理论时，认为分工是个体出于自身利益的打算，这种自觉的动机，普遍产生在人类群体中，也是人类所独有的特征；在分析劳动与资本的投入时，指出人们倾向于选择能够带来更好收益的用途，劳动的乐趣完全在于劳动的报酬，人们多劳多得必然会更加勤勉。这也就是说，斯密经济学的核心是个人利益，但个人利益与整个社会的利益最终是一致的。亦即个人利益在自由竞争条件下会自动均衡为社会利益。斯密还认为交换不是出于双方的仁慈心，而是个人追逐利益的结果。他认为在交换过程中价格的上下波动就是供求双方之间利益冲突的结果，交换的合理性在于它能够促进个人利益与社会利益的和谐。② 因为个人利益不仅使个人的生存和发展得到满足，还促进了国家走向繁荣富裕。

---

① 唐志龙：《价值观的生成机制及实践指向》，《南京政治学院学报》2008 年第 5 期。
② 范铁中、刘志礼、谢永宽：《西方利益协调理论对我国构建和谐社会的启示》，《理论导刊》2007 年第 12 期。

（三）萨伊的利益理论

让·巴蒂斯特·萨伊（Jean Baptiste Say）创立了利益论，从主要内容可以看出萨伊代表的是资产阶级的利益。他认为，政治经济学侧重于宏观经济学中的生产关系问题，分析社会化大生产的整个环节，证明了不同社会阶层、不同国家的利益是趋于一致的，而不是对立的。萨伊认为，在社会各阶层自身利益明确的前提下，通常会形成一种有秩序的分配关系，而这通常符合大众的利益。他用"三位一体"的公式来证明这一观点。比如，他分析了从事生产事业的资本家之间的利益关系，并认为其利益是可以调和的。他认为，需求越多，价格也就越高，因此，社会生产者越多、产品越多样化且经销越快，生产者由此所得到的利润也就越大。在分析城乡之间的双向关系时，他认为城乡互为补充、互为一体；他们各自所生产的东西越多，获得的利益就越多，也就越有能力从对方那里购买更多的东西，由此产生互动协调机制。此外，萨伊还就国际贸易中国外利益的协调问题展开了论述，其后的学者也开始尝试从定量分析的角度进一步论证了资本主义社会利益关系的和谐。

（四）李斯特的利益理论

和斯密不同的是，乔治·弗里德里希·李斯特（Georg Friedrich List）认为没有国家利益就没有个人利益，国家利益是无数个人利益的有机组合，是个体与整体的关系。他的著作《政治经济学的国民体系》重点阐述了这一主张。亚当·斯密认为人类是不同个体的总和，个人利益占据主导地位，个人利益重于群体利益，没有国家利益的概念，而李斯特提出了与斯密主义相对立的国家主义，认为力量的不对等造成了国家之间利益的差异，两个实力相当的国家才有可能和平进入谈判的程序。按生产力水平的不同，国家的成长阶段划分为原始社会阶段、驯化阶段、农耕时代、农业—工业—商业过渡的阶段。只有在进入第四个阶段时，共同利益才会凸显。李斯特认为政治利益是国家利益重要而不可忽视的一部分，特别是对于落后国家来说。一个完整的国家不仅仅是一个经济团体，同时也是道德团体、政治团体，要看到国家政治力量对经济发展、社会和谐的影响。实际上经济发展阶段、经济发展水平一定程度上影响了经济与政治的关系：一个国家的经济发展程度和其对政治的依赖度呈负相关关系，一个国家的经济越是落后，其对政治的依赖性就越大。

（五）凯恩斯的利益理论

1929 年资本主义大危机爆发，分析其产生的背景及原因时，约翰·梅纳德·凯恩斯（John Maynard Keynes）认为在资本主义社会中，个人利益与社会利益是不协调的，且这一对立关系往往是经济危机的导火索。从其著作《就业、利息和货币通论》一书中可以看出，凯恩斯持有的观点是：个人利益与社会利益相背离时，政府必须采取一系列宏观调控的手段予以调整。所以，凯恩斯的利益理论具有很强的现实意义，在统筹兼顾的基础上，以政治利益为中心，当个人利益与社会利益发生冲突从而使市场非均衡时，主张利用政策措施协调二者的关系，使得市场与计划相结合。他在写给哈耶克的信中说："我要说，我们所要的不是无计划，甚至也不是少订计划，实际上我要说的是，几乎可以肯定我们需要更多的计划。"[1]

---

[1]　范铁中、刘志礼、谢永宽：《西方利益协调理论对我国构建和谐社会的启示》，《理论导刊》2007 年第 12 期。

（六）弗里德曼等人的利益理论

利益相关者理论是 20 世纪 60 年代起源于西方国家的一种企业理论。1963 年，美国斯坦福研究院最先提出利益相关者的概念，它的产生是对传统主流企业理论"股东至上主义"的一种反思，特别是近 30 年来影响不断扩大，并促进了企业管理理念和管理方式的创新。米尔顿·弗里德曼（Milton Friedman）对这一问题进行了深入的研究，他认为"利益相关者的内涵十分丰富，通常涉及多个参与主体，如企业职工、消费者、客户、金融机构、公共部门及其他间接参与者。其主要观点是：任何一个企业的发展壮大都离不开各种多元利益主体的支持，企业追求的经营目标是利益相关者整体利益最大化，而不仅仅是某个参与者的特殊利益。利益相关者参与方涉及企业的股东、债权人、职员、消费者、供应商、政府部门、当地居民、新闻媒体、环境保护主义等集团，甚至还包括自然环境、人类后代等受到企业经营活动直接或间接影响的客体。"① 这些利益相关者都发挥了自身的价值，适当的组织结构有助于降低各类风险和提升工作效率，因此必须全面分析企业所处的宏观经济环境和内外部影响因素，并做出恰当的利益制度安排，调动各相关主体的最大化优势，激发出企业更大的发展潜力。

三、中国城镇化进程中的土地利益冲突及其表现

目前，中国的城镇化现实是城镇化明显滞后于工业化、土地城镇化快于人口城镇化，并以抑制"三农"经济利益来支持城市发展、以损害

---

① 乔法容、王丽阳：《论循环经济模式下的企业义利观》，《马克思主义研究》2008 年第 2 期。

生态环境为代价片面追求城市发展的数量和规模、以生产要素的高投入拉动经济增长的非集约型城镇化。[①] 因此，目前的城镇化道路中客观存在着引发各利益相关者之间利益矛盾与冲突的因素。一般地，城镇化进程伴随着非农人口的集聚、城镇建设用地规模的扩张、居民生产生活方式的变迁。而其中，土地作为城镇化的物质载体，在整个过程中扮演着重要的角色。围绕城镇土地开发利用产生的利益冲突主要表现在下列几个方面。

（一）城镇建设用地扩张与耕地保护的矛盾

任何经济社会活动都离不开一定的物质载体，城镇化进程同样如此，城镇化进程的物质载体即为土地。土地性质的变化、用途的变化、负载建筑物的变化，都是城镇化进程的主要表现形式。伴随着我国城镇化进程的快速推进，大量农村人口向城镇迁移，对土地有着非常大的需求，这是一种刚性需求，在我国城市土地存量有限的情况下，大量城郊土地甚至农用耕地被纳入城市建设的版图，这种趋势在短期内还将持续下去，并且很难改变。耕地的减少直接威胁着我国粮食安全以及生态安全，据统计，全国有 70% 的新增城市建设用地来自耕地。城镇化水平每增加 1 个百分点，城市建成区面积将扩大 158 万亩，耕地减少 615 万亩。[②]

就大多数迅速扩张的城镇而言，其在地理位置上多处于河流冲积平原或地势平缓的区域，周边多为农业生产生活用地。但一些地方政府囿于眼前利益，大搞形象工程，突破城乡土地利用总体规划盲目扩展城市规模，占用大量耕地搞城镇开发建设。因此大量失地农民被卷入城镇化

① 周蓓蓓：《新型城市化靠啥走路》，《中华建筑报》2012 年 11 月 23 日。
② 李承煦：《实施土地综合整治，打造城镇化发展平台》，《中国科技投资》2013 年第 8 期。

浪潮，不得不到城镇中寻求新的发展机会，而既有城镇的承载能力又相对有限，在诸多方面无法为新加入人口提供充足的社会保障，于是给整个社会带来了新的不安定因素。

专栏 3-1　增加 2 亿亩怎么看？

2013 年 12 月 30 日，第二次全国土地调查主要数据公报正式发布。数据显示，截至 2009 年 12 月 31 日，全国耕地 20.31 亿亩，比 1996 年完成的第一次土地调查的数据多出 2 亿亩。对此，中国农业大学土地利用与管理研究中心主任张凤荣指出，公众千万不要以为我国耕地面积增加了，这 2 亿亩只是账面数据的变化。事实上，这些年由于建设占用、生态退耕、农业结构调整和自然灾害损毁，尽管各地都在实行占补平衡政策，但耕地实际面积是不断减少的。

张凤荣指出，这 2 亿亩的变化是由三方面原因造成的：一是由于第二次全国土地调查精度的提高；二是第一次调查时出于少交农业税的目的，许多地方上报调查数据时有瞒报耕地面积的现象；三是由于粮食需求加大，价格提升，农民自主开荒。事实上，目前年产的 6 亿吨粮食就是在这 20.31 亿亩耕地上生产出来的，国家粮食安全面临的紧平衡形势并没有改变。因此，不但要坚守"耕地红线"的底线思维，更重要的是确保现有耕地面积的基本稳定。

摘选自：《人民日报》，原题为"耕地其实还在减少"，2014 年 1 月 2 日第 2 版。①

---

① 陈仁泽：《耕地其实还在减少（政策聚焦）》，《人民日报》2014 年 1 月 2 日第 2 版。

（二）土地集约利用与土地资源非市场化配置的矛盾

城镇建设土地高速扩张伴随着土地的粗放低效利用。近十年来，我国的人均城镇工矿用地从 130 平方米提高到 142 平方米，城市建成区人口密度下降，从每平方公里7700人下降到7000人[1]。由此可见，近年来，我国城镇化进程中土地利用粗放特征较为突出，土地集约利用的明显趋势尚未表现出来。大部分城镇用地没有通过市场化手段，如招标、拍卖、挂牌等方式出让土地，相比之下，通过协议出让土地的比例很高，市场配置土地的决定性作用远远没有发挥出来，这主要是由于相关制度不完善及参与主体的惯性行为使然。由于农业收益很低且生产周期较长，每年都有大量的务工农民涌入城市，虽然他们的户籍在农村，但他们每年大部分时间在城市从事生产生活，导致大量农村土地没有人耕作，很多农村耕地被荒废闲置，进而造成土地肥力下降，"空心村"现象比比皆是。长三角地区近期的一项调查就显示，进城打工的农民工中有 86.23% 的人将老人、儿童留在了农村，本人与家乡土地联系的密切度也很低，有将近半数的农民工不直接经营土地，其中还存在着不少的土地撂荒现象。[2] 与此同时，农村宅基地和农村集体建设用地的市场化流转机制并没有建立起来，城乡之间的土地资源流转由政府行政命令主导进行，缺乏合理、完善的激励机制。在缺乏城乡土地资源市场化配置机制的条件下，很难实现空间上的最优化布局，土地要素的市场价格体系也易发生扭曲。因此，集约、节约利用城乡土地资源，必须完善城乡

---

[1]　王妍蕾：《新型城镇化与土地制度改革中的核心问题》，《经济与管理研究》2013 年第 12 期。

[2]　陈志刚、曲福田、韩立等：《工业化、城镇化进程中的农村土地问题：特征、诱因与解决路径》，《经济体制改革》2010 年第 9 期。

土地资源市场化配置机制。

专栏 3-2 莫让流转耕地披上合法的外衣

2008 年以来，河北省廊坊市香河县打着城乡统筹、建设新农村的旗号，通过"以租代征"等方式，大规模"圈占"耕地。通过群众反映及记者调查发现，香河大量耕地被"低价"租用后，经政府层层"包装"、改变土地用途，高价"倒卖"给开发商用于开发。在香河县渠口镇店子务村成片良田上，一幢幢高楼拔地而起，总占地面积超过 500 亩。周围村民说，这些地原来都是承包地，现在被强行征用进行房地产开发。一周姓农民说："俺家 4 口人仅有 3 亩多地，这些地都是'口粮田'，全家人都指望它生活，现在被征用，一亩地只给 1200 元'租金'，说什么也不合理。"类似这样通过"以租代征"的方式征占农民承包地的做法，在香河并非只此一例。

香河县常务副县长凌少奎承认，目前县里确实存在严重的土地违规、违法占用。据保守估计，面积有 4000 多亩。其主要问题有 3 类：一是乡镇企业乱占地或乱搭乱建；二是农村土地流转违规，部分用地出现"以租代征"问题；三是部分工业、物流园区土地利用程序不合法，在未取得土地指标的情况下，大量占用耕地。

摘选自：《京华时报》，原题为"香河圈占耕地高价卖给开发商"，2011 年 5 月 19 日第 20 版。①

---

① 新华社：《香河圈占耕地高价卖给开发商》，《京华时报》2011 年 5 月 19 日第 20 版。

（三）土地流转过程中公共利益与私人权益的矛盾

土地附着综合而庞大的权利体系，而土地权利又牵涉多元利益关系，使得地方政府、土地开发商、失地农民三者的关系微妙化、敏感化，若处理不当，极可能危及社会的长治久安。而城镇化的前提之一是土地生产用途和性质的改变，即土地流转，在我国工业化、城镇化加速推进的过程中，大规模的拆迁将不可避免。在我国广大农村地区，农民最根本的福利保障来源于土地，如果无法充分尊重农民的土地财产权益，失去土地就意味着失去了"一切"，即便能够得到一定程度的暂时补偿，他们也不愿意放弃身后的最后一份保障。拆迁矛盾的核心是土地增值收益的分配问题，各方在补偿标准、补偿形式等方面往往无法达成一致，处于弱势地位的农民无法获得"同权同价"的待遇，进而产生严重的相对剥夺感和社会不公平感。当前的拆迁安置和征地补偿只是针对其中小部分进行补偿，价差意味着较大比例的本应属于农民个体的利益被其他社会行为体以各种显性或潜在的方式剥夺。[1] 据估计，目前全国约有 3500 万农民失去了他们赖以生存的土地，而且由于工业化、城镇化等原因，仅 1979—2000 年间，国家通过征地在地价上从农民那里就拿走了不低于 20000 亿元。[2] 利益分配的不均衡导致土地流转过程中各利益相关者的矛盾不断升级，有些地方甚至升级为群体性暴力冲突。比如，2011 年发生在广东省汕尾市的乌坎事件就是例证。[3]

---

[1] 谢志强、吕鹏：《城镇化进程中的土地政策与路径选择》，《人民论坛》2011 年第 8 期。

[2] 陈志刚、曲福田、韩立等：《工业化、城镇化进程中的农村土地问题：特征、诱因与解决路径》，《经济体制改革》2010 年第 5 期。

[3] 李力哲、任大廷：《农地征收中的利益协调机制构建》，《黑河学刊》2013 年第 4 期。

过去的低价拆迁的确使一些人利益受损，部分农村地区违背居住人意愿的强制拆迁案例更是引发社会舆论的强烈关注与愤慨。新时期以来，征地拆迁形势的社会天平正逐渐向弱势群体一方倾斜，广大拆迁户的维权意识进一步觉醒，然而，个别地区出现了拆迁户漫天要价的现象，也对公共利益的维护造成间接侵害。

（四）土地财政与地方政府城市建设资金短缺的矛盾

自 1994 年分税制改革以来，地方财政收入的相对短缺导致地方政府被迫寻找新的收入来源，以此弥补城市社会保障和城市硬件建设的支出，从而引发了土地财政这一带有新时代背景的社会经济现象。土地财政是地方政府财政收入的来源之一，指的是各级地方政府运用其行政权力，通过对土地这一稀缺资源实施一系列的非市场行为操作而进行的财政收支以及利益分配活动。[1] 事实证明，地方政府过度依赖土地财政收入，往往会引发诸多社会经济运行风险。北京、上海、广州等中国一线城市每年的土地出让金金额巨大，占据当地财政收入相当大的比例，已经成为推动其财政收入增长的重要力量。

财税机制与偏重经济增长指标的政绩考核体系共同作用，导致城市功能的过度集中和城市政府的"亲商"重于"亲民"。[2] 事权与财力不相匹配的"集权分散型"的中央地方财政关系，往往导致政府更倾向于实施经济带动能力显著的大项目，而不愿在民生领域做太大的投资。这种财政关系促使地方政府更趋向于寻求新的财政收入来源。主要包括通过

---

[1] 谢志强、吕鹏：《城镇化进程中的土地政策与路径选择——基于属性与权利的视角》，《人民论坛》2011 年 8 月 15 日。

[2] 林家彬：《我国"城市病"的体制性成因分析（二）》，《中国经济时报》2012 年 6 月 12 日。

土地出让获取收益、拍卖转让城市公共设施的特许经营权、出售政府拥有的办公楼等固定资产、以 BOT 等方式吸引民间资本进入基础设施建设与运营领域等，其中又以征收农地后拍卖出让获取巨额收益为核心。[①] 这极易成为土地城镇化矛盾爆发的"导火索"。

专栏 3-3　警惕！风险正在逼近

2013 年 8 月初，广州市财政局公布了 2013 年的"债务明细"，GDP 在全国城市排名第三的广州市，已经被庞大的债务余额逼向风险警戒线。与此同时，广州依然豪气冲天地宣布 2014 年将有 11 条（段）地铁全面开建，全年计划完成新线建设投资超过 170 亿元。一方面债台高筑，一方面大搞轨道交通建设，这里面有没有过度建设的问题？就以地铁为例，广州一口气上这么多地铁项目，财力可以承受吗？

数据显示，广州去年卖地收入 838 亿元，超过全市财政总收入的 1/3。估计很多人都会大跌眼镜，号称千年商都、华南地区经济中心的广州在财政总收入方面居然让卖地收入占了 1/3，这说明什么？说明财力吃紧。既然财力吃紧，为什么又要投入巨资继续大搞基础建设呢？显然，为了政绩而拉动 GDP，是其中一个主要原因。广州疲态尽显，本该喘口气，与民休养，认真反思发展中面临的问题。但是，从近期主政官员的一系列言论和某些政府部门的表态来看，规模宏大的基建难以停下脚步，正在加速推进，既然财政收入不振，那么，广州在今后几年将更加倚重土地财政的收入来还债已

---

① 林家彬：《我国"城市病"的体制性成因分析（二）》，《中国经济时报》2012 年 6 月 12 日。

经成了唯一的选项。

摘选自：《证券时报》，原题为"土地财政难持续、广州发展临大考"，2014 年 2 月 19 日第四版。①

第二节 中国特色城镇化进程中土地利益协调机制

我国在推进城镇化的进程中，围绕城乡土地的利益协调机制客观存在利益的引导机制不合理、利益诉求机制不畅通、利益整合机制不完善、利益约束机制不健全和利益补偿机制不到位等诸多现实问题，亟须对其加以优化和完善。

一、利益协调机制的内涵及构成

（一）利益协调机制的内涵

所谓利益协调，就是指在对相关主体利益分析的基础上，综合考虑，统筹各方，协调好多个利益追求者和多个利益目标之间的矛盾，处理好公与私、远与近的关系。机制一词最早源于希腊文，原指机器的构造和动作原理。在经济学中，通常用"经济机制"来表示一定经济体内各构成要素之间相互联系和作用的关系。"机制"在社会科学领域中有两种含义：第一种是指从事某种活动的某一组织结构框架；第二种是指事物在背景条件发生变化时的相互联系、相互影响和发挥功能的方式。

---

① 广州政经评论人士：《土地财政难持续、广州发展临大考》，《证券时报》2014 年 2 月 19 日第 4 版。

机制一般隐藏于各种社会表象之后，本身是抽象的，通过一定的制度、法规、政策等形式表现出来。协调机制则指通过一系列制度安排、法律法规形成的利益主体间相互联系、相互作用的方式。利益协调机制是指在社会组织单元中能够改善各方参与者利益分配关系的规范、制度或组织结构。这一协调机制体现了自发性和自觉性的统一，基于"响应—反馈—调节"的作用机理，利益相关者能对系统中各要素主体的利益行动进行自发和自觉的有效反馈，把这种自发性和自觉性贯穿到利益协调机制运行的全方面和总过程中。

（二）利益协调机制的构成

关于利益协调机制的构成内容，学者们从不同的视角进行了研究，主要有两种分类方法。一类如四川大学蒋永穆（2008）从和谐社会的高度出发，认为利益协调机制是包括经济利益协调机制、政治利益协调机制、文化利益协调机制以及社会利益协调机制在内的一系列机制的总称。另一类如中共上海市委党校刘红凛（2012）则认为利益协调机制是利益协调所需的各个要素（如利益协调的主体、客体、依据与目的、内容与范围、方式与手段、环境与条件等）的互相联系与有机统一，据此划分为利益表达机制、分配机制、平衡机制、矛盾调处机制以及约束引导机制。本文出于论述的需要，更倾向于后者，即把利益协调机制看作是诸要素构成的有机整体。

结合城镇化进程中利益协调的特征，本书在此基础上将利益协调机制进一步分解为以下5个子机制，[①] 即利益引导机制、利益诉求机制、利

---

① 李静：《我国社会利益协调机制创新研究》，大连理工大学 2008 年硕士学位论文。

益整合机制、利益约束机制和利益补偿机制（见表 3-1）。

表 3-1　利益协调机制的构成

机制名称	基本内容	作用途径
利益引导机制	运用舆论宣传、教育教化等方式对社会多元的价值观念进行引导，从而使主流价值观为广大民众所接受，进而内化为思想和外化为行为的一系列机制和措施	舆论宣传、媒体引导、教育感化
利益诉求机制	社会主体借助于一定的途径和渠道，把自己的意愿和需要向社会公众进行公开的机制和过程	各类媒体、各级人代会和工会、信访渠道、听证会等
利益整合机制	能够协调不同利益之间以及不同利益主体的利益的矛盾与冲突，形成和谐统一、具有明确一致利益追求的整体的各种方案或制度性安排	税收、第三部门
利益约束机制	通过加强法制和道德建设，建立对各利益主体获取利益的行为进行约束和规范的管理机制和制度体系。通过对利益主体求利行为的规范和调节来协调利益关系	法律约束、纪律条例、道德约束
利益补偿机制	针对部分利益受损群体的利益缺失现象，以政府利益补偿机制为主导，各社会组织为依托的一系列补偿机制和制度，从而达到协调利益关系，维护社会稳定的目的	社会保障制度、行政补偿

二、完善土地利益协调机制的意义

（一）保障土地需求，拓展城镇化发展空间

党的十八大报告提出要优化国土空间开发格局，形成合理的城镇化空间布局，增强中小城市和小城镇的就业支撑、产业集聚、人口集聚

和公共服务的能力。① 党的十八届三中全会提出要建立城乡统一的建设用地市场，明确了深化农村土地制度改革的方向、重点和要求。② 国家"十三五"规划纲要提出，要优化城镇化布局和形态，加快城市群建设发展，增强中心城市辐射推动能力，加快发展中小城市和特色镇。目前，我国各中小城镇处于迅速扩张时期，城镇建设用地缺口极大，解决土地资源紧张的问题是现阶段地方政府及国土资源部门推进新型城镇化建设的重中之重。完善土地利益协调机制，有利于保障土地需求，拓展城镇化的发展空间。一方面，有利于优化国土空间开发格局。完善的城乡土地流转制度可以推动土地高效、快速流转，减少城镇化进程阻力，从而使得更多的城镇建设用地被"解放"出来，城镇化进程有了更为广阔的空间支撑。另一方面，促进更加集约节约地利用土地。由于土地利益协调机制建立在充分尊重市场机制的基础之上，为了发挥土地资源的最大化效益，各利益相关者通常会自觉遵守资源节约集约利用的有关政策制度，实施土地专项整理、开发复垦等项目，提高城乡空间土地要素的使用效率，使有限的土地流向地均产值更高的生产用途或领域。引导农民逐步向中心村和中心镇集聚，制造业和服务业逐步向工业园区集中，在确保耕地面积数量和土地质量的基础上充分挖掘现有土地的潜力，为城镇化建设腾出更广阔的建设空间。

（二）缓解土地财政，保障城镇化建设资金

新型城镇化强调人的城镇化，告别了低成本的土地城镇化时代。在巨额资金支持城镇扩张建设的同时，城镇公共物品供给和社会福利保障

---

① 谢景峰：《激活土地要素加快邵阳城镇化》，《国土资源导刊》2013 年第 4 期。

② 《2013 中国土地政策蓝皮书》发布，《城市规划通讯》2014 年第 1 期。

事业一样需要同步推进，而这更显著地加剧了地方政府的财政压力。完善土地利益协调机制，市场机制必须扮演关键性的角色，而这对建立持久、稳定、健康的城镇建设资金保障机制有着不可忽视的实践意义。一方面，规范政府对土地资源的调控行为；政府一般通过高度垄断土地一级市场，实行严格的土地调控制度，防止国有土地资产流失，实现城乡土地资源的保值增值；完善政府对土地储备的管理机制，对于城镇新规划开发用地，实行政府统一调配、统一监管，将土地溢价的全部税费纳入公共财政，并以城镇建设支出、城镇医疗保障支出等形式用之于民。另一方面，促进土地市场制度建立健全。健全土地市场制度是规范土地市场秩序和创造良好的市场环境的重要途径。随着国有建设用地、农村集体土地流转方案的出台，各种类型的用地需求，如工业用地、商业地产、住宅项目等逐渐转变为由市场机制主导土地要素的流向，明确土地收益来源及渠道，为新型城镇化建设提供充足的资金保障。

（三）明确土地权益，平衡城镇化红利分配

党的十八大报告明确指出，要完善城乡土地流转的手续及合法性，在市场机制的作用下，明确居民附着在土地上的财产权利。十八届三中全会进一步提出，要进一步扩大土地的权能，拓宽农村集体建设用地财产权利的实现渠道。土地利益协调机制有利于明确各利益相关者对土地的权益诉求，为每块土地建立相应的"身份信息"或"归属信息"，明晰责权界限。这将极大程度减少城镇化进程中的社会成本和利益冲突现象。在明确土地权益分配的基础上，推进城乡土地使用权适当流转，提高土地的流动性及收益，赋予土地财产"归属人"以合法权益，增进土地资源配置的帕累托效率。借助建立有效的利益补偿机制，保障城镇化进程中弱势群体的切身利益，真正实现"同权同利"。健全的利益协调机制能够兼顾城镇居民、农民等利益相关者的合法权益诉求，解决其在土地流转过程中的后顾之忧，平衡城镇化的红利分配。一方面，建立农村宅基地流转试点方案并加以推广，赋予农户更多的财产处分权利，采取实际措施引导部分有条件的农民离乡离土，使其真正融入新型城镇化的过程。另一方面，在平衡各相关利益主体的利益关系下，大力推进城乡建设用地增减挂钩工作，对农村宅基地和建设用地整理所节约的土地，先复垦为耕地，通过增减挂钩调剂到城镇使用，获得的土地增值收益反哺农村。[1] 严格规范征地拆迁流程管理，强化土地流转过程中各环节补偿资金监管，避免盲目追求眼前利益，从长远角度出发，让城镇化进程中弱势群体同享城镇化成果。

（四）保障土地生态，统筹城乡一体化发展

目前，我国工业化、城镇化处于快速推进阶段，农业用地特别是耕地保护的形势日趋严峻，建设用地的供需矛盾日益突出，统筹协调土地利用、保障土地生态的任务相当艰巨。而城乡收入差距的不断扩大，不仅影响城乡资源的公平、高效地流动，而且还有可能影响整个社会的平稳安定，引发诸多社会矛盾。遵循新型城镇化的客观要求，积极稳妥推动城镇化健康发展，保障土地生态质量与生态效益，妥善解决社会矛盾及争端，离不开完善的利益协调机制。这不仅有利于促进城乡统筹发展，而且有利于推动整个社会产业结构优化升级，改善土地生态环境。具体讲，一是强化耕地保护的意识。坚守 18 亿亩耕地红线、维护国家粮食安

---

[1]　谢景峰：《激活土地要素加快邵阳城镇化》，《国土资源导刊》2013 年第 4 期。

全。新型城镇化必须十分重视土地资源的集约节约利用，注重协调人与自然、人与生态环境的关系，符合全体国民的共同利益。二是树立大局观、整体观。协调土地利用与生态环境保护的关系，在土地污染重灾区着重加大土地生态环境的整治力度，根据不同地区差异制定差别化政策以改善土地生态环境。另外，要基于优化国土资源开发格局，因地制宜划分各地区土地利用的强度及范围，促进国家整体发展战略的实施。

三、中国特色城镇化进程中土地利益协调机制主要内容

党的十八大报告明确提出："统筹各方面利益关系，充分调动各方面积极性，努力形成全体人民各尽所能、各得其所又和谐相处的局面，……畅通和规范群众诉求表达、利益协调、权益保障渠道。"在利益主体多元化的背景下，构建一种符合经济社会发展、能够在土地开发利用过程中使得各方利益合理分配的利益协调机制，是当前城镇化进程中亟待解决的紧迫任务。土地利益协调机制是城镇化背景下的一种特殊利益协调机制。它能够妥善规范土地开发利用过程中各利益主体的利益诉求，协调多方利益关系，使得各利益主体能够合理地参与城镇化红利分配的机制。其主要包括以下内容：

（一）利益引导机制

利益观念的引导，建立在市场机制的基础之上，实际上是利用舆论宣传、媒体引导、教育感化等手段，使人们明确自身在追求利益过程中的行为边界，正确处理个人与他人、个人与集体以及短期利益与长期利益的关系。一般而言，完善的利益引导机制包含以下两方面内容。

一方面，市场机制扮演着主导性的角色，有助于为多元利益主体创

造公平的市场竞争环境和规则制度，减少土地流转过程中的阻力和压力，使经济社会运行有章可循。

另一方面，利益协调必须遵循社会主义核心价值观、基本舆论指向，使全社会树立科学合理的利益观。在城镇化进程中，土地开发利用涉及多重利益群体，进而衍生出多重利益关系。利益引导机制就是要使各方利益主体树立全局意识，正确认识和处理土地开发利用过程中政府、村集体和居民之间的利益关系，使各自的利益诉求同城镇化这一大趋势相融相促，进而通过建立协调各方利益关系的舆论引导机制、充分发挥正确合理的价值观念在利益协调中的导向作用，使全体社会成员的价值判断标准、道德准则等与社会前进的步伐保持相对一致，从而推动城镇化进程健康有序推进。

（二）利益诉求机制

20 世纪 90 年代以来，随着我国土地要素市场化改革，土地作为生产要素的地位越来越重要，尤其是在近几年城镇化加速推进的背景下，城乡土地流转已成为一种不可逆转的趋势，城镇建设用地缺口巨大，土地市场价格节节攀升。而这改变了原有的土地利益格局，农民逐渐意识到这种改变，开始强烈要求重新界定土地产权，并参与土地要素的分配，形成新的利益主体。广大失地居民作为土地流转进程中的弱势群体，通常无法找到代表其自身利益的社会组织或团体。如现存制度下，农村土地归集体所有，但实际上，村集体组织并不完全与农民的利益保持一致。在缺少利益代言人的情况下，一旦这部分弱势群体合法利益遭受侵犯时，他们更多地采取消极抵抗，不懂得或较少通过正当的利益表达渠道来表达自己的利益诉求，甚至采取极端的方式来维护自身的权益，对我国社会主义和谐社会造成极大的负面影响。

当前我国弱势群体作为利益表达主体存在利益表达欠缺、利益表达渠道不健全、利益表达方式不合理等诸多缺陷①。因此要从根本上解决土地开发过程中产生的各种问题，必须进行社会利益表达上的科学制度设计，使各方利益主体能够通过合法的、正当的、顺畅的多种渠道如实反映自身的利益诉求，使作为利益协调者的各级政府、组织、团体能够掌握充分的诉求信息，减少信息不对称、信息冲突带来的经济成本、社会成本，进而构建反应迅速、沟通灵活、运转顺畅的利益诉求机制。随着社会主义民主制度的不断完善，土地开发利用过程中利益表达渠道不断扩展，数量逐渐增加，包括各级人民代表大会、各级工会、各类听证会、媒体、信访等渠道，这对于及时、准确、充分反映各相关主体的利益诉求发挥了积极作用。②

（三）利益整合机制

土地开发利用过程中，利益博弈主要在地方政府、土地开发商、居民户之间展开。1994 年分税制改革以来，地方政府承担更多的事权而财权的比例大大降低，为了维持其日益庞大的社会保障支出、城镇建设支出，地方政府被迫寻求新的收入来源，土地财政逐渐兴盛起来。政府管控土地一级市场交易，代表国家分享土地的级差地租，他们有强烈的内在冲动去征用土地；土地开发商作为一类营利性的企业组织，其最终目的是实现自身利益的最大化，即以尽可能低的价格从政府那里得到土地，进而从事各类开发建设，一般其"院外"政治活动能力较强，在土

---

① 胡勇、雷雨若：《土地纠纷中的利益协调与公共政策选择》，《太平洋学报》2009 年第 9 期。
② 胡勇：《农村土地纠纷及其化解研究》，南京农业大学 2009 年博士学位论文。

地交易过程中容易与政府形成一定的"默契"；家庭联产承包责任制赋予了农民基于土地的处分权和使用权，极大调动了农民的种粮积极性，而近年来随着农业比较收益的下降，农民务农的机会成本不断上升，他们更倾向于抛下土地进入城镇生活和打拼，于是大量农村宅基地、农用地被闲置，同时有效土地流转机制尚未建立，农民通常不能从土地流转过程中得到应有的财产收益。与此同时，广大进城务工人员在各种制度藩篱下无法真正融入城市社会，其诸多利益得不到有效的保障和维护。因此，面对纷繁复杂、矛盾交织的利益关系，建立有效的利益整合机制就显得十分迫切和必要。在当前的城镇化实践过程中，应当在各种利益主体目标取向的差异中寻求最佳结合点。尽管这些利益诉求各不相同，但都是全社会成员利益的重要组成。我们要在根本利益一致的基础上，对各种具体的利益关系进行调节，寻求到最佳结合点以实现利益格局的平衡。[①] 政府作为利益协调的主导方，要进一步深化税收制度改革，扩大税收来源，设立财产税、土地增值税，适当提高对土地开发企业的税率；减轻对土地财政的依赖，依法规范土地流转市场，严厉打击土地腐败现象；此外，还要发挥第三方部门如农民工协会、行业组织等社会组织的积极作用，形成不同主体的"利益代言人"，整合不同的利益关系。

（四）利益约束机制

法律、法规和伦理道德是利益约束的两个有效武器。法律是刚性的社会规范，它规定了人们的行为方式，维护了社会的基本秩序。道德是引导人们合理确定利益目标、自觉调整利益需求、选择利益行为的内在

---

① 浦湛：《城镇化过程中药均衡社会利益关系》，《中国建设报》2005 年 1 月 7 日。

约束力量。①

　　加强土地法制建设，严格遵循城乡土地利用规划，依法开展土地整治管理，规范土地流转过程中的手续，严格执法，宣传、鼓励各利益主体以正当的渠道谋求自身利益，以减少城镇化进程中的利益矛盾和冲突。如在耕地保护过程中，严格恪守 18 亿亩耕地红线标准，限定耕地流转的用途，防止良田变商用地，增强土地产权的排他性，防止占优补劣，保证占补平衡，占优补优。加强土地伦理道德建设，树立节约集约利用土地的观念，构建和谐的人地关系、人际关系，使参与者正确评估自身的利益诉求点并在制度规则内办事，从利益动机的角度进行考察，防范不合理、不合法的利益主张，使各方参与者构成一个有机统一的整体，从而促进人地和谐共生、彼此依赖，保障土地生态。

（五）利益补偿机制

　　目前我国正处于经济社会全面转型的关键时期，多元价值观和多元文化的碰撞使得社会矛盾交织和利益冲突不断。土地流转过程中利益分配失衡表现得尤为突出。土地流转过程中通常会伴随其自身价值的增值，主要表现为农用地生产用途及性质的转换、城乡土地利用规划的调整、城镇基础设施的改善等引起的土地市场价格的波动。目前土地的增值收益大部分归政府所有，土地出让金是地方政府主要的财政收入和城市建设资金的来源之一。② 通常情况下，土地征用的补偿标准低于市场交易价格，失地居民无法得到充足的补偿。随着居民维权意识的觉醒，

---

① 党淑芳：《新形势下利益协调机制重构的几个问题》，《兰州交通大学学报》2008 年第 4 期。

② 楼戡：《建立平衡的利益协调机制——中国土地制度变迁的方案选择》，《中共中央党校学报》2005 年第 1 期。

这种现象引起社会成员的强烈不满。广大弱势群体希望在土地收益的分配中占据更大比例的份额，以补偿其为城镇化进程所作的贡献或牺牲。政府也正在为完善利益补偿机制进行积极探索，例如，开征财产税或物业税，这不仅是为了体现社会公平原则及缩小贫富差距，而且还影响着城镇的可持续健康发展。但与此同时，我国各地区发展条件和发展现状差异巨大，各个地区地价差相对悬殊，税率的设计和征收的方式不能"一刀切"，而是要因地制宜地进行合理选择。

在制度设计上要按照"公平正义"的补偿原则，保障广大弱势群体的利益公正。在具体操作过程中应着力从几个方面构建利益补偿机制：一是加快制定土地征收补偿办法，规范征地补偿行为；二是确立科学合理的补偿标准和相关利益受损群体的补偿条例；三是改革和完善土地城镇化进程中的补偿费的补偿形式，实现补偿方式多样化；四是明晰各利益群体的产权边界，合理分配利益增值收益和补偿收益；五是有效规范补偿资金的筹措来源和分配补偿基金的实施机构。

四、中国当前城镇化进程中土地利益协调机制存在的主要问题

城镇化进程中的土地利益协调机制包含丰富的内容，即利益引导机制、利益诉求机制、利益整合机制、利益约束机制、利益补偿机制。这些利益协调机制在我国目前的现实环境中运行或多或少地都存在一些问题。

（一）利益引导机制不合理

利益引导主要通过舆论宣传、媒体引导和教育感化等方式展开，其目的是促使全社会在获取利益时形成合理、合法、公平、公正的观念，

进而规范自身追求利益的各种手段及行为。在当前城镇化快速推进的过程中，难免会出现利益偏差和利益分化。政府作为利益协调的主导者，在引领全社会健康风尚、主流价值观及利益观等方面发挥着积极作用。但是，政府作为区域整体利益代言人的同时，其本身有着自己的利益，而这经常与社会成员的利益相背离，这一点在城乡土地流转过程中表现得尤为明显。在增加财政收入的刺激下，地方政府有着扩展城镇规模、买卖土地的强烈冲动，于是在利益引导的过程中难免会带有某种不利倾向。与此同时，社会组织及相关团体大都相对弱小，其引导、教育功能无法得到有效的发挥。

（二）利益诉求机制不畅通

利益诉求机制指的是社会成员凭借一定的媒介工具或平台组织，将与自身利益密切相关的想法、主张等公之于众的过程。其借助的主要表达平台有人民代表大会制度、信访制度、听证会制度等。下面本文将分别讨论三大主要平台的运行状况。

1.人民代表大会制度存在运行上的瑕疵

人民代表大会制度是公民表达自身合法利益的制度化渠道之一。但是，该制度在运行上还存在一定瑕疵，比如在人员构成上，弱势群体成员的比例还比较低。第十二届全国人大代表共有 2987 名，其中一线工人、农民代表共 401 人，占总数的 13.42%，总体比例还是较低。人大代表主要通过多层级的间接选举产生，在履职的过程中，存在难以反映选民真实意愿的问题。这些方面直接导致城镇化进程中部分群体关于土地合法利益诉求不能得到充分及时反映。

2.信访制度的职权有限

信访制度是社会主义民主特性的集中反映。由于针对性强，信访制度成为最接近弱势群体的利益表达方式。近年来随着土地流转过程中矛盾不断升级，社会成员的维权意识不断增强，上访涉及的范围越来越广泛、手段越来越多样化。然而目前我国的信访制度仍存在较大缺陷。主要表现在：信访部门负责收集群众意见或投诉，是现代社会的"传达器"，但作为批转部门并无多大权限，工作效率低下，致使上访人员的利益诉求无法得到及时反馈或解决。

3.听证会流于形式

听证会设立的目的在于听取民意，保证决策的科学性、公正性，减少决策实施的阻力。目前的听证制度有着多种形式，但是我国目前的听证制度仍存在诸多不足，影响其功能的有效发挥。主要表现在：听证会各方代表比例不协调，各方掌握的信息有多有少；听证制度流于形式，一般而言，并不能因为听证会的举行而改变或调整决策。听证会侧重于"听"和"证"，往往缺乏具有实质内容或前瞻意义的讨论，不能很好协调少数既得利益集团与全社会大多数成员之间的利益平衡。

（三）利益整合机制不完善

1.第三部门的发展缺乏自主性

第三部门在城镇化进程中发挥着越来越重要的作用。第三部门组织可以最大范围地整合城乡社会资源，从而实现城乡居民在共同利益基础上的自愿团结和凝聚；同时，第三部门组织可协调土地流转过程中农民与政府的关系，在双方之间搭建沟通与互动的平台。然而，有关报告显示，我国的第三部门受到政府、地产开发商及其他利益团体等方面影响，整体实力相对弱小，属于"依附式发展"，越来越多的第三部门为政府、企业"跑龙套"，丧失了自主性，不能有效发挥利益整合者的作用。

2. 与土地收益有关的税收体系相对混乱

税收是调节国民收入再分配的主要工具，有助于社会财富的均衡合理配置。然而，在当前土地税收体系中，以费挤税现象严重，如政府性基金中的土地复垦基金、农业重点开发基金都具有税的性质。[1] 这类名目的费用大多以缓解地方资金紧缺、增加财政收入的角度来征收，而不是依据土地本身的价值或价值增值。由于地方政府没有税收立法权，各类名目繁多的费用成为其财政收入的一大来源。而土地费的征收程序不够完善、随意性较大，没有统一的征收标准或征收程序，通常会造成正常的土地税收受到质疑或抵制，同时引起城乡土地资源的过度开发，不利于土地资源的可持续开发与利用。

（四）利益约束机制不健全

1. 市场盲目竞争带来秩序失衡

目前我国的社会主义市场经济还有待确立，某些明显不符合市场竞争规则的现象时有发生。一些社会成员或组织打着追求自身利益的幌子，通过钻法律空子，打擦边球，实现其合法或非法的目的，如一些地产开发商与地方政府"强强联合"，不断抬升土地交易价格，致使弱势群体在城镇中的生活成本不断上升，其生存状况更为堪忧。

---

① 马志峰、王会欣、马喜珍：《河北省农地流转利益分配机制研究》，《农业经济》2012 年第 9 期。

2.缺乏约束利益主体的相关法律法规

到目前为止，缺乏有针对性的法律体系和制度规范对土地开发利用过程中利益受损状况进行惩处。由于法律的缺位，利益纠纷出现时往往无从参照，从而使矛盾面临着难以统一协调的困境。同时，利益约束机制尚没有作为一种制度化的形式被固定下来，主要是借助相关主体功能的发挥，如人民代表大会、政治协商会议等具有监督或建议权力的部门；而其他利益主体，如第三方部门、新闻媒体和人民大众的监督或约束，作为非正式组织实际发挥的效果并不理想。

（五）利益补偿机制不到位

1.社会保障制度的覆盖率低

社会保障制度直接反映了一个国家或地区社会福利水平的现状，是经济社会利益的再分配。完善的社会保障制度，能够有效解除城乡居民生产、生活方式转变过程中的后顾之忧。但目前来看，我国社会保障事业落后于城镇化发展水平，远不能满足所有社会成员的切身需求，且推进城乡居民基本公共服务均等化还需较长的道路要走。城镇居民享有失业保障、最低生活保障等福利待遇；而农村尤其失地农民，基本保障很少，土地依然是其主要生活来源。

2.利益的行政补偿无法满足现实要求

在我国城镇化进程中，利益补偿机制主要涉及两类利益群体，即政府和公众。城中村拆迁改造、农村土地流转、土地整治等都绕不开补偿问题，而这都属于行政补偿的范畴，关系到国家利益、集体利益及个人利益的妥善处理。现实情况是，由于土地流转、土地开发利用中补偿标准、补偿形式等不合理引发的社会集体性事件多次见诸报端。如2007

年发生在重庆的"钉子户"事件，虽然过于极端，但实质上反映了目前我国的利益补偿机制运行状况不容乐观。总体而言，城镇化进程中一方面客观存在行政补偿的补偿额度低、补偿形式单一、对居民的持续补偿关注不够等问题，同时行政补偿存在强制性，没有充分尊重城镇化进程中弱势群体的真正需求；另一方面，也客观存在由于缺乏科学合理的补偿标准，因而部分被补偿对象漫天要价，影响城镇化合理进程等问题。这些问题都亟需尽快建立健全补偿机制加以解决。

第三节　完善土地利益协调机制的着力点与对策

完善土地利益协调机制，政府干预和市场机制扮演着各自的角色，两者缺一不可。城镇化进程中利益协调机制的完善应当从以下方面寻求突破：建立和谐共赢的利益引导机制，构建丰富多样的利益表达机制，构建兴强扶弱的利益整合机制，建立严格规范的利益约束机制，建立合理适度的利益补偿机制。完善土地利益协调机制的对策建议也必须紧紧以此为基础展开。

一、优化着眼点与切入点

（一）强化政府引导并充分发挥市场的决定性作用

市场经济环境是城镇化良性发展的重要依托。资本、劳动力、技术等要素在市场机制作用下，不断向城镇集聚，成为城镇化向前推进的动力源泉。从西方发达国家城镇化进程中可以看出，遵循市场经济规律，发挥市场对资源配置的决定性作用，是有效缓解协调城镇化进程中多种利益矛盾的有效做法。例如，美国政府适时提出"精明增长"理念来应对自由放任城镇化带来的重重利益冲突，着力在发挥市场机制作用的前提下，利用价格手段的引导作用，发挥政府财政税收政策的指向作用和土地综合利用法规的控制作用，编制科学合理的土地利用规划有序引导土地城镇化的地域空间推进，并通过联邦政府、州政府和市政府的三级联动响应来践行"精明增长"理念。我国推进新型城镇化也必须首先更进一步明确政府与市场的关系，政府对推进新型城镇化起引导作用，市场发挥对新型城镇化进程中资源配置的决定性作用。

（二）加强制度管理和政策创新

利益协调机制的构建离不开制度管理和政策创新。按照制度经济学者的论述，制度具有内在约束利益相关者行为，规范利益收入来源，平衡利益结构，推动构建平衡的利益协调机制的突出作用。改革不适应利益协调的土地利用体系、土地权利体系[①]、土地市场体系和土地管理体系。中共十七届三中全会发布的《中共中央关于推进农村改革发展若干重大问题的决定》指出，着力将"两个制度"（最严格的耕地保护，最严格的集约用地制度）、"两个市场"（农村土地承包经营权流转市场、城乡统一的建设用地市场）机制纳入土地管理体制与制度创新体系。土地利益协调机制的具体实施均离不开政策制度体系的切实保障。概括起

[①] 根据谢志强、吕鹏（2011）发表的《城镇化进程中的土地政策与路径选择——基于属性与权利的视角》一文，土地是一个综合而庞大的权利体系，当前的拆迁安置和征地补偿只是针对其中一小部分进行补偿，价差意味着较大比例的本应属于农民个体的利益而被其他社会行为体以各种显性或潜在的方式剥夺。土地的权利系统是由对应的属性系统决定、引发和延伸的，包括了土地的自然权利、经济权利、心理权力和社会权力。

来，支配土地利益协调机制的制度主要包括财税制度、户籍制度和土地制度。制度的规范化和法治化是制度系统得以运转的核心动力，是制度体系得以发挥作用的灵魂。

（三）规范政府行为

规范政府行为是缓解土地开发利用中利益冲突，构建和谐利益共同体的重要举措。城乡土地流转过程中政府往往牺牲农民的部分合法权益，采取一系列不利于补偿资金及时流转的手段。据统计，近30年来，有将近15万亿元的资金通过远低于市场价格的渠道被筹集，其中得到合理补偿的农户比例不超过5%。土地在流转过程中的增值收益大幅上涨，而农民的土地使用权被禁止进入市场。农村集体土地、宅基地等在转变为国有土地过程中的增值收益主要被各级政府和开发商企业无偿或低价占有。地方政府在征地拆迁、补偿方式等方面的工作方式简单粗暴、不够灵活，造成了社会关系呈现紧张的局面，农民的正当利益无法得到有效保障。这激化了农民与政府和开发商之间的矛盾，农民成为土地城镇化战略的最大利益受损者，由此导致的群体性事件和上访事件层出不穷，在城镇化进程不断提速的同时，围绕土地问题的上访事件比例一直高居不下。一项来自基层的调查报告显示，近年来广大农村地区针对土地流转过程中纠纷的上访比例占到了近四成。规避上述矛盾的重要契合点在于规范政府行为，政府在推进城镇化进程中必须以满足人民群众的根本利益为出发点和落脚点，寻找不同利益群体的最佳利益结合点，关心、关爱农民，使全体人民共享城镇化进程中的福利、成果。协调地方政府的财权与事权，对于政府财政收入的来源严格把关，从制度层面解决要素供需不均衡的问题。不断强化上级财政对政府收入的监督约束，优化土地出让金的投资渠道。建立与土地利益协调机制相配套的政绩考核评价指标体系，着力剥除土地城镇化进程中政府官员的短期逐利行为，可以有效规避短期利益取向引致的长期利益损害。

二、完善土地利益协调机制的方向

社会转型、利益分化、治理危机的叠加，使当今我国的城镇化进程正经历一个利益矛盾和冲突的多发期，而围绕土地开发利用的矛盾则最为凸显，构建起行之有效的利益协调机制是缓解利益冲突，加快社会主义和谐社会构建的必然要求。一个好的制度、机制并不意味着不存在矛盾或冲突，而在于将矛盾或冲突的负面效应降至最低，最终形成利益总体均衡的局面。大体上看，可以从以下几个方向寻求突破进而构建完善的利益协调机制。

（一）建立和谐共赢的利益引导机制

城镇化进程伴随着社会转型，在这一转型的关键时期，各种不同价值理念或利益观相互交织、相互碰撞。尤其在城镇化土地开发利用过程中，存在多元利益主体及利益关系。围绕以土地问题为核心的相关利益，各主体对经济、社会资源等都在进行激烈争夺，使得矛盾或冲突的局面进一步加剧。目前我国土地利益冲突主要表现为：一是城镇建设用地扩张与耕地保护的矛盾，二是土地集约利用与土地资源非市场化配置的矛盾，三是土地流转过程中公共利益与私人权益的矛盾，四是土地财政与地方政府城市建设资金短缺的矛盾。抛开具体形式来看，上述利益冲突可进一步抽象为个人利益、集体利益与国家利益之间的冲突、短期利益与长期利益之间的冲突以及经济效益、社会效益与生态效益之间的冲突。

因此，协调好这三对利益关系是当前构建利益协调机制的关键所在。

首先，加强政府对主流利益观的引导。政府作为城镇化进程中的利益相关者之一，要顺应城镇化进程的总体趋势，保持中立性，回归"服务者""保障者"的角色，并注重加强对社会舆论的引导，积极整合社会上纷繁复杂的利益观念。一方面，在统领城镇化全局利益的背景下，倡导公平、正义的价值准则，开展以爱国主义、集体主义为核心的主题宣传教育活动，提高全体公民的思想觉悟；另一方面，要切实保障相关利益主体，尤其是弱势群体的合法利益，反对"利益至上、不择手段"的错误观念，通过大众传媒、社会组织等途径促进全社会形成正确合理的利益观。

其次，加强对利益主体的心理干预，形成互利共赢的局面。应该清醒地认识到，现存的土地利益差别是由多种原因造成的，并非一朝一夕就能解决。在协调利益冲突的过程中，关键在于摆正自身的心态，形成相对合理的心理预期。这就要求我们在构建利益引导机制的过程中，从利益主体的心理需求出发，营造和谐健康的心理环境。此外，引导各主体追求自身利益的同时，尊重他人的合法诉求，形成均衡的利益协调关系，进而实现各方的互利共赢。

（二）构建丰富多样的利益表达机制

首先，发挥人大代表的积极作用。从近几年的数据来看，虽然来自基层的代表比例有所上升，但与其代表的人口数量相比依然存在着不小的差距。因此，应当优化人大代表结构、合理分配社会各阶层中人大代表的比例，大幅度提高弱势群体尤其是农民工群体的代表比例。人大代表还应当深入实际，与广大选民积极沟通，把握矛盾的争议点，了解城镇化进程中弱势群体的生存、生活状况，承担起选民赋予的神圣使命；与此同时，在部分地区适当扩大人大代表的直选范围，密切利益诉求者与人大代表的关系，减少信息沟通交流的成本和阻力。其次，有效发挥媒体平台"广而告之"的积极影响。作为一种公开表达言论或主张的平台，新闻媒体同人民群众的生活紧密相关。发挥好媒体平台的"喉舌功能"，就必须公平、公正、客观地反映利益分化的现状及民众的真实意愿，避免成为某些强势群体的"代言工具"。再次，完善信访程序、简化工作流程。信访制度是我国社会主义民主制度的一个重要组成部分。针对目前信访工作的缺陷，我们要适当扩大其工作范围及权限，进而提高工作效率，减少部门之间互相推诿、扯皮的现象。加强信访制度建设，规范上访程序，保障上访人的合法权益及人身安全。最后，建立科学的听证会制度。适当增加弱势群体的参与比例，同时将听证会这一工作方式贯穿于决策的整个过程，增加决策程序的透明性，保障社会各界的知情权及表达权。

（三）构建兴强扶弱的利益整合机制

在一对具体的利益关系中，总是存在着若干地位不对等、利益分配不均衡的主体，其中居于主导地位、拥有绝对利益的群体称为强势群体；而处于附属地位、利益时常受侵损的群体称为弱势群体。在利益协调机制的构建过程中，妥善处理好两大群体之间的利益矛盾或冲突至关重要。土地利益整合机制的构建，一方面要保护土地开发利用过程中强势群体的合法权益，另一方面要关注弱势群体的合理利益诉求。这不仅直接体现了社会主义"共同富裕、先富带动后富"的思想，还正是"以人为本"的我国新型城镇化建设的真实写照。在土地利益整合机制构建过程中，政府要履行好公共管理职能和社会服务职能。尤其要利用好税收这一再分配工具，调节税收来源、优化支出结构，维护社会公平，保障土地开发利用过程中各类群体的合法权益。另外，充分展示出第三部门等社会组织在利益整合中的积极作用。首先，适当降低第三部门等社会组织成立、经营的门槛，必要时给予一定的税收减免等优惠措施。其次，加强具有相同利益诉求主体之间的联合，形成强有力的利益集团，以组织或集体的形式参与利益竞争。实际上，第三部门的完善、健全与否，直接关系到利益分配格局的形态。

（四）建立严格规范的利益约束机制

一方面是加强法制化建设，规范利益主体的逐利行为。当前，我国社会主义市场经济仍未完全建立，一些市场规则还有待完善，社会上存在大量不当得利的现象，针对城镇化进程土地开发利用而言，这种现象更是比比皆是。例如，地产开发商通过不合法或有欠公平的形式取得建设用地、拆迁户为了个人利益不惜采取报复社会的极端形式等。因此，应当强化对利益主体的法律约束，为土地交易市场的良性运转提供法律保障，营造公平竞争、有活力的市场秩序。清晰界定产权归属范围，规范土地流转程序，制定并严格实施关于土地开发利用的总体规划，严厉打击处理各类土地违法犯罪行为，使市场交易的活动在法制化的范围内得以顺利实施。另一方面是要充分发挥道德、习俗、社会心理等非正式制度的积极作用。目前，土地开发利用过程中的矛盾与新中国成立之初的敌我矛盾、阶级矛盾有着本质的区别，这些矛盾属于人民内部矛盾，是在城镇化加速推进过程中不可避免的一个阶段，具有可调和性，并且全体公民的基本利益一致。因此，除了借助法律工具约束之外，还应利用道德、习俗、社会心理等非正式制度加强对全体公民的精神感召，广泛宣传社会主义核心价值观，并使其逐步内化为人们面对利益纠纷的价值准则。

（五）建立合理适度的利益补偿机制

首先，完善社会保障体系，推进基本公共服务一体化。目前我国的社会保障事业还很不健全，主要集中在社会保险领域，而在社会救济、社会福利和公益事业等领域还有待完善，城乡社会保障水平差距依然很大。在城镇化的背景下，伴随着失地农民、农民工等职业、身份转换，他们并没有真正享受到同权同利的待遇，而围绕土地利益为核心的利益分配更是显著失衡。因此，应当扩大社会保障的领域和范围，形成覆盖面广、种类齐全的社会保障体系，全方位保障全体国民的切身利益。使广大农民工群体能够体面地进城，解除后顾之忧，加强户籍制度改革和流动人口管理，在财政税收等方面加强对输入地政府的资金支持，使社会公共产品和服务覆盖到城市的每一处角落。其次，建立合理适度的利益补偿机制。当前，社会群体性事件频频发生，其中相当大比例都是因为失地农民的合法权益或生活保障无法得到满足。因此，在地方财力允许的情况下，应该要尽可能地满足公众的利益需求；当然，在进行积极补偿的同时，也要正视利益补偿过度造成的投机行为以及对其他利益群体的侵害。

三、完善土地利益协调机制的若干对策建议

（一）严格按规划利用土地

以统筹规划为契机，构建并完善城镇化土地利益协调机制。首先，以统筹规划为抓手，着力破除城乡土地二元体制，妥善协调好土地城镇化进程中人与人、人与地、地与地之间的矛盾；其次，以利益格局优化和利益协调为出发点，着力构建起衔接土地利用规划、产业发展规划、城市建设规划、生态规划为一体的规划体系，加强多规划间利益的协调一致性，有效处理好土地城镇化与人口城镇化之间的平衡；最后，加强对规划实施的监督和管理，维护规划的严肃性和权威性，根据规划制定土地利用计划，通过妥善安排土地利用的规模和类型，控制城乡用地增减情况，调控城镇化的进程和建设。

（二）统筹推进农民工市民化

推进农民工市民化是新型城镇化的核心。致力于完善大城市、中小城市、小城镇为主体的城镇体系格局，尤其注重强化城镇化区域的产业支撑，积极推进户籍制度改革，进一步提升城乡之间各种生产要素的流动程度，吸收并接纳更多的农村富余劳动力。着力破除城乡二元制度障碍，推进城乡公共服务均等化和全面提升农民工就业质量。一方面，要逐步完善户籍制度引致的身份差异和机会不均等，让进城务工人员和流动人员平等享有城市居民待遇。不断缩小城乡基本公共服务配置状况的差距，加大对农村社会公共事业的资金支持和政策引导，鼓励农村剩余劳动力到城市打工、创业以及定居。另一方面，加强保障农民工合法劳动权益的立法工作。民政部门等相关职能部门要及时向社会发布用人单位的职位缺口信息，不定时地举办各种从业人员相关技能培训，致力于提升农民工的实际本领和业务素质，创造相对公平的就业环境，切实保障进城务工人员的合法权益，解决农民工进城谋生的后顾之忧。

（三）规范政府收入来源结构

规范政府收入来源结构，破解地方政府过度依附于土地制度①的土地财政收入问题。加强存量利益调整和加快制订征地制度改革方案的工作势在必行，农村集体土地征用制度改革的核心在于土地财产权的归属及保障，尤其是妥善处理好城镇化进程带来的增值收益分配问题，着力体制机制创新，祛除土地财政带来的"转手利差"顽疾，建立起公开透明、合理合法的土地征购和拆迁补偿标准。以加强地方政府财权与事权相顺应为原则，规范土地征收行为、用好土地出让金等土地城镇化带来的"外溢"性收入，将其更多地用于城乡医保、公共教育、社会管理等公共服务支出领域。统筹考虑区域差别和家庭收入结构差异，因地制宜地制定差别化的征地补偿或拆迁补偿标准，规范各项补偿办法和实施细则，妥善处理好政府与失地农民的利益协调，处理好失地农民生产生活水平与地区经济发展水平的关系，解决好失地农民的民生保障和发展需求问题。以新型工业化为抓手，优化政府收入结构，实现集约集中用地，着力产业支撑，带动土地城镇化与人口城镇化的协调推进。

（四）加快城乡土地交易市场建设

完善的土地交易市场必须建立在产权明确的基础之上，否则市场交易将很难进行下去。就土地性质而言，我国土地分为国有土地和集体土

---

① 土地制度包含两方面：一是城镇土地国有和农村集体土地公有，意味着土地所有权具有不可分割性，限制了要素的市场化流动；二是农村集体土地必须通过政府低价征收为国有才可以进入城镇的开发，意味着中国的城镇化进程是以牺牲农村集体土地所有权益为代价的。

地。在城镇化进程中，应注意区分国有土地和集体土地的产权，并采取相应的有差别的流转方式。针对国有土地而言，应当主要采取出让和划拨的方式，农村土地使用权应主要采取出租的方式，赋予农民完整的土地发展权，解决失地农民的安居乐业、长远发展问题。营造公平竞争、有活力的市场竞争环境，对于非公益性用地，尤其是城镇工业用地，严格按照市场供求状况所确定的价格和租金进行配置，政府则逐渐走向中立，改革不适应城镇化利益协调的土地利用体系、土地权利体系、土地市场体系和土地管理体系。

（五）推进土地资源集约节约利用

目前，土地短缺问题正逐渐成为制约我国城镇化进程的一大因素，推进土地资源集约节约利用的任务十分繁重，一方面我们要继续实行最为严格的土地调控政策，另一方面也要不断创新工作方式，大力开展土地资源整理工作，发挥土地资源利用的最大化效能。而土地流转、土地开发利用是土地资源整理的具体体现。土地资源整理涉及土地利益主体的利益变动，包括政府、土地所有者、土地使用者、投资者等，也包括当前利益和长远利益，还包括人与社会、自然的利益等，都需要利益协调机制加以调节。[①] 推进土地资源的集约节约利用，首先必须加强与土地整理相关的法律法规建设，从制度层面使土地开发利用中的成本或收益显现化，约束利益相关者的心理及行为；其次，要切实提高土地资源的利用效率，在城镇地域空间上合理布局生产、生活活动，特别是对于工业生产，确保土地资源稳定供应的同时，更加注重提高土地开发利用

---

① 李长健、伍文辉：《土地资源可持续利用中的利益均衡：土地发展权配置》，《上海交通大学学报（哲学社会科学版）》2006 年第 2 期。

强度，提高单位土地承载的经济效益。例如，通过建立产业集聚区、产业园区等经济载体促进土地资源等稀缺要素的集聚，尽可能发挥每一寸土地资源的最大效能。

第四章 建立促进农民市民化的包容发展机制

改革开放以来，我国城镇化的快速发展主要得益于市场经济体制的确立和工业化的发展，一定程度上也是以农村居民、失地农民和进城务工人员分享城镇化成果的制度性缺失为代价的。弥补这些制度性缺失，构建一种包容性的城镇化发展机制，使农村居民、失地农民和进城务工人员都能够公平地分享城镇化成果，真正实现农民的市民化，是落实以人为核心的城镇化，实现社会主义共同富裕的本质要求，也是全面推进小康社会建设和社会主义和谐社会建设的关键。

第一节 包容性发展理论及其意义

包容性发展作为一个理论命题引发学界关注的时间并不长，但是"包容性"这个概念并不新鲜。追踪包容性概念的形成和发展历程，是理解包容性发展理论的要旨及其时代价值的基础和前提。

一、包容性发展概念的由来

作为一个引发世界各国广泛关注的话题，包容性发展理念最早出现在联合国千年发展目标中。2000 年 9 月，在联合国千年首脑会议上，

与会者们针对国际社会普遍存在的食品短缺、环境污染的难题，商定
了一套有时限的目标和指标①；让世界经济发展成果惠及全球所有国家、
所有民众的包容性发展诉求就体现在这些目标和指标中。2003 年 12 月，
世界银行在其报告中首次提出世界各国包容性增长的命题；而亚洲开发
银行则在长期的反贫困事业中不断摸索，于 2007 年正式提出"包容性
增长"的真正内涵；此后，越来越多的研究团体加入到如何"实现包容
性增长"的讨论中来。2008 年世界银行的报告将包容性发展由理论探
讨上升到战略高度层面。与此同时，联合国发展计划署已经将其国际减
贫中心改名为国际包容性增长政策中心②，以便于推进世界经济包容性
发展。2011 年的博鳌亚洲论坛，时任国家主席胡锦涛发表了题为"包
容性发展：共同议程与全新挑战"的主旨演讲，详细阐述了中国视角
的包容性发展以及中国推进"包容性发展"的实践与思考。从使用"包
容性"这个词的场景及其所要表达的内容看，倡导、强调"包容"，重
点是强调强势群体对弱势群体、先发达者对欠发达者、富裕者对贫穷
者的关注和帮助，强调经济社会发展的各领域、各方面的和谐共存、
协同发展。

倡导包容性发展也有深刻的现实背景。包容性发展是针对经济发展
不均衡、社会贫富分化加剧、经济社会发展过程中隐藏的各种与民权、
民生密切相关的社会矛盾日渐凸显，经济社会持续发展面临的风险剧增
的现实提出的，是对经济社会发展模式认识的提炼和升华。在包容性发

---

① 即消灭极端贫穷和饥饿，普及小学教育，促进男女平等并赋予妇女权利，降低儿童死亡率，
改善产妇保健，与艾滋病毒／艾滋病、疟疾和其他疾病作斗争，确保环境的可持续能力，全球
合作促进发展。

② 朱春奎、严敏、曲洁：《包容性增长的由来与理论要义》，《东岳论丛》2012 年第 3 期。

展逐渐成为社会共识的背景下，加强城乡不同空间、不同利益主体、不同产业领域等的协同性与包容性发展，理应成为推进中国特色城镇化发展的重要内容。

二、包容性发展的主要理论

包容性发展问题虽然引发了广泛的关注，但学界尚未对其形成一种能够得到广为认同的权威性认识。不同学者从自己的角度，对包容性发展进行了不同的阐述，提出了一些非常有见地的理论观点。如一些学者提出的包容性发展注重结果，主要关注收入的包容性增长，强调结果的公平；一些学者提出的包容性发展强调平等，强调机会的公平，把包容性发展界定为不平等减少、发展机会及发展成果分配向弱势群体倾斜的发展。综观这些研究，学术界对包容性发展所形成的理论论述主要表现在以下几个方面：

（一）参与和共享发展论

参与和共享发展论是从发展过程的参与性和发展成果的分享性这个角度所形成的理论论述，其理论研究的对象客体是人，关注的是人与人之间的包容和不同社会主体在获取发展机会上的公平。它一方面强调发展过程的融合性和发展权利诉求表达的广泛性，社会成员可以充分表达自身的利益诉求，并在彼此利益交织的过程中谋求最佳的利益结合点；另一方面强调发展结果分配的公平公正性，使经济社会发展成果公平地惠及每个社会成员。在城镇化过程中，参与和共享发展论直观体现为城乡居民既是城镇化的平等参与主体，又是城镇化发展和改革红利的直接受益者。

（二）经济社会发展协调论

经济社会发展协调论的对象客体是包括人类社会和自然生态环境系统在内的人与物的统一体，包括经济发展系统、社会发展系统、自然生态系统在内的复杂巨系统。它同时从生产力和生产关系两个角度考察，注重经济社会的全面进步和人的自由发展；认为包容的实质在于经济、政治、文化、社会、生态等各个方面互相协调，它既包括国内的科学与和谐增长，财富的公平分配，也包括国际上国家之间的协调与和谐增长，实现共赢和多赢。[①] 在城镇化过程中，经济社会发展协调论直观体现为城市经济发展和社会建设同步推进，城市建设和城市管理的协调发展。

（三）低收入弱势群体受益论

市场经济条件下，不同社会成员在竞争机会获取、竞争条件选择、竞争起点等方面存在较大的差异，价值规律、竞争规律的作用必然会导致低收入弱势群体的产生。低收入弱势群体受益论的对象客体集中于社会弱势群体，对弱势群体与其他群体间的权利同质、机会均等和公平竞争提出了更高的要求。从我国的实际情况看，不同的经济社会发展现状和制度设计造成了区域发展机会和条件的差别，经济增长过程中的内部发展不平衡，不同群体所分享的社会公共服务明显不均，收入分配不公问题突出，特别是贫困人口和农民的收入占整个 GDP 的比重低，在收入分配中处于弱势地位，劳动者收入有待增加[②]。由此，低收入弱势群

---

① 陆岷峰、张惠：《"包容性增长"的内涵辨析及实现要点》，《江南论坛》2010 年第 11 期。

② 同上。

体受益的包容性发展论就显得更具有现实意义。在城镇化过程中，低收入弱势群体受益论直观体现为对失地农民、城市进城务工人员等弱势群体给予特别关注，一方面从职业培训、就业倾斜等方面给予其更多的人文关怀，另一方面从增强社会保障、提高工资福利待遇等方面给予其更多的物质优惠。

（四）全球包容发展论

全球包容发展论的对象客体定位于经济全球化、世界经济一体化背景下的世界各国，强调包容性发展理念和要求的国际扩展。国家之间的发展条件和发展背景差距较大，且存在一定程度的竞争性，但依然存在合作的可能性。经济社会发展的基本规律有章可循，全球包容发展论着眼经济社会发展过程中的共性难题并予以化解，对世界范围内经济贸易的自由化和投资成本的降低意义重大，旨在构建繁荣稳定、和谐有序、共同富裕的国际经济社会新秩序。在经济霸权大行其道，国际政治经济秩序严重背离公平、公正的背景下，全球包容发展论有着重要的现实价值。在城镇化过程中，全球包容发展论直观体现为中国特色城镇化必然是一种具有全球视野的开放型城镇化，积极利用国际先进的城市建设技术，提高城市经济的开放水平，增强城市主动分享世界经济发展成果的能力。

三、包容性发展理论的意义

包容性发展理论强调包容和发展的统一，核心是要回答包容什么，如何包容，如何在包容中实现有序发展的问题。第一，包容性发展提倡机会均等，抛开由个别因素的差异所造成的收入不均等。这是实现包容性发展的首要前提。第二，包容性发展注重发展状态的和谐。一是强调可持续的经济发展对所有社会成员的包容、平等的机会利用；二是强调人口、自然环境和经济社会的和谐，短期目标和长期目标的协同推进，人性化与共性化的有机融合，效率与公平的包容和谐。第三，包容性发展的出发点和落脚点是实现最广大人民群众的普遍获益。一是要求特别注意让低收入人群受益于经济增长；二是要求人们平等、广泛地参与经济增长的过程并从中受益；三是要求更加关注民权民生，满足民众权利发展的制度公平诉求①。第四，包容性发展强调经济社会发展必须为人民过上幸福的、有尊严的生活提供全面保障。一方面制定有效的政策向社会弱势群体适当倾斜；另一方面要保障先富者的正当权益并发挥其模范带头作用。就我国当前经济社会发展形势看，包容性发展理论的意义具体表现在其对发展主体全民性、发展内容全面性、发展过程公平性、发展结果共享性的强调。

（一）发展主体全民性

相对于传统的以追求经济增长为核心的发展目标，包容性发展更加强调柔性和公平，同时体现了以人为本、科学发展的思路主张。包容性发展强调发展主体的全民性。第一，要为生产力的发展注入持续动力。人是生产力系统的能动性构成要素，强调发展主体全民性，就是要通过制度安排和政策设计，通过人力资本投资和再教育培训，使各类社会弱势群体获得参与经济社会发展的能力和机会，充分发挥其作为生产力系统能动性要素的作用，为生产力系统注入不竭的动力。第二，包容性发

---

① 张国献：《当前国内包容性增长研究述评》，《现代经济探讨》2011 年第 2 期。

展强调发展主体的全民性，也是实现人的全面发展的现实要求。实现共同富裕是社会主义的本质要求，也是包括各类弱势群体在内的民众实现全面发展的重要体现。让每个社会成员实现全面发展，让一切发展的动力、活力竞相迸发，是彰显社会主义本质、实现共同富裕的必经途径。包容性发展规避养懒汉经济现象的发生，重在通过为每个社会成员提供发展机会、搭建发展平台，保障基本的社会公共服务需要并强化激励约束机制，在促进社会成员全面发展的过程中实现共同富裕。第三，包容性发展强调发展主体的全民性，是社会成员公平地参与发展成果分配的保障。唯物辩证法强调，任何发展都是发展过程和发展结果的有机统一；没有全民共同参与，利益共享也便失去其社会公正性和现实可能性；社会成员只有公平地参与经济社会发展过程，才可能公平地分享发展成果。第四，包容性发展强调发展主体的全民性，是防止出现社会阶层分化、阶层固化的重要保障。社会阶层分化主要源于社会成员参与发展的机会不公平、分配发展成果的不公平，阶层固化源于不同社会成员发展条件、发展环境、发展能力的固化。包容性发展致力于扭转不同阶层居民享有的社会福利呈现的非均等化发展格局，重点突出对社会弱势群体的关照，强调社会弱势群体和强势群体在发展机会获取和发展成果分配上的公平、公正、均衡，以构筑阶层分化、阶层固化的防护网。

（二）发展内容全面性

包容性发展涉及的参与主体十分广泛，内涵丰富。如果说发展主体的全民性是包容性发展的逻辑起点，那么发展内容全面性则是包容性发展的基本特征。包容性发展体现在多角度、多领域，包括不同竞争主体

的包容、不同经济社会领域的包容、人口资源与环境的包容、发展过程
和发展结果的包容、社会共同富裕和扶贫减贫的包容、社会整体进步和
民众个体发展机会增加及机会平等的包容、经济社会发展质量与速度以
及效率与效果间的包容等诸多方面。

综观包容性发展的构成要件，推进包容性发展战略的核心在于经济
社会发展和人民生活水平和幸福指数增长的协调。为此，一是要促进有
效、持续的经济增长，积极调整经济结构，重点提升科技创新能力，积
极发展绿色循环低碳经济，促进实体经济和虚拟经济、内需和外需的均
衡协调发展；二是确保竞争机会公平，确保人们在新的机会中平等参与
及受益，把发展经济和改善民生紧密结合起来，实现经济社会协调发
展；三是建立并完善维护社会安全的网络，建立针对突发事件的应急机
制，保障弱势群体的基本生活权利，提供有效的社会保障措施防止弱势
群体被剥夺[1]；四是不同团体、不同部门之间通力合作，不断延伸包容
发展所涉及的范围；五是包容发展所涉及的多个维度要增强彼此之间的
相互适应性，实现有效的、可持续的、环保的经济增长，保障社会公众
有公平机会实现政治诉求，同时提供有弹性的、能够使社会各基层和谐
共处的社会安全系统。

（三）发展过程公平性

发展过程的公平性是保证内容全面性和发展成果共享性的必要前
提，实现发展过程的公平性是包容性内核的必然要求。公平不等于平
均，平均是对现状的描述，而公平则是主观评价和感受，因此绝对的

---

① 刘嫦娥、李允尧、易华：《包容性增长研究述评》，《经济学动态》2011 年第 2 期。

公平是不存在的，公平是相对的，它因时、因地、因人而异，求得对
公平认知的共识是推动包容性发展的必要前提。尽管难以找到一个绝
对精确的方法来衡量属于价值判断范畴的公平，但美国学者约翰·罗
尔斯对正义观、正义原则的阐述至少为保障发展过程的公平性确定了
基本准则。[①] 其中，第一正义原则即平等自由原则，要求每个人对于
所有人拥有的最广泛平等的基本自由体系都应有一种平等的权利；第
二正义原则对社会和经济的不平等安排要符合正义原则的条件进行了
规定，具体内容包括两个方面：其差别原则规定，在两个原则大体一
致时，同样要保障少数群体的最大化利益；其机会的公正平等原则规
定，在机会公平平等的条件下职务和地位向所有人开放[②]。按照罗尔斯
的理解，包括自由和机会，收入和财富、自尊的基础在内的所有的社
会基本价值都要平等地分配，除非对其中一种或所有价值的一种不平
等分配合乎每一个人的利益。如果在推进包容性发展过程中不平等现
象不可避免，那么这种不平等一是要有利于最少受惠者的最大利益，
二是要满足机会公平平等的前提，确保民众在需求满足上的不平等不
是因为社会提供的机会不公平，而是因为自身素质、能力、兴趣爱好
等个体性因素所导致。[③] 公平正义是任何国家或地区都向往的一种理
想状态，然而种种迹象表明由于社会历史和现实因素的不利影响，公
平正义的实现通常难度较大，而包容性发展正是要致力于化解这种
阻碍。

---

① 杜黎明：《效率与公平协调视域下的民生供给研究》，《中州学刊》2014 年第 5 期。

② [美] 约翰·罗尔斯著，何怀宏、和包钢、廖申白译：《正义论》，中国社会科学出版社 2009 年版，第 6 页。

③ 杜黎明：《效率与公平协调视域下的民生供给研究》，《中州学刊》2014 年第 5 期。

（四）发展成果共享性

不同发展主体公平地共享发展成果，是包容性发展的目标所在。在我国经济总量持续攀升的同时，社会矛盾与利益冲突日益凸显成为不争的事实；究其根源，一个重要的原因是改革发展成果共享不足导致社会不公。[①] 包容性发展强调成果共享性，就是要力求化解这种不公，缓解社会矛盾冲突，促进社会和谐。尽管包容性发展从结果上相对容易衡量，主要考察成果分配上的公平性、利益分配上的共享性，但由于发展成果的利益共享建立在广泛的前提和基础之上，[②] 因此不能脱离这些基础和前提而泛泛谈论、简单评价和考察发展成果共享性。发展主体的全民性、发展内容的全面性和发展过程的公平性为包容性发展成果共享打下基础，发展成果共享也因此成为包容性发展的必然要求[③]。没有经济增长就没有机会，没有机会，机会平等也就成为"空中楼阁"；而如果机会不平等、社会不公，增长就缺乏共享性，经济也不可能保持高速而持续的增长；[④] 包容性发展强调经济快速增长的同时实现公平正义的发展目标。在包容性发展过程中实现机会均等、成果共享，调动人民群众参与生产、生活活动的积极性，最终实现人的全面而自由的发展。要实现发展成果共享，一是必须以法律形式对责权利进行划分，明确界限。二是要积极推行相应的配套制度建设，建立健全社会保障体系、推进基

[①] 张贤明、张平：《论改革发展成果共享权及其实现》，《湖北社会科学》2013 年第 10 期。

[②] 高传胜：《论包容性发展的理论内核》，《南京大学学报（哲学·人文科学·社会科学版）》2012 年第 1 期。

[③] 张明斗、王雅莉：《中国新型城市化道路的包容性发展研究》，《城市经济》2012 年第 10 期。

[④] 杜志雄、肖卫东、詹琳：《包容性增长理论的脉络、要义与政策内涵》，《中国农村经济》2010 年第 11 期。

本公共服务体系建设，实现公共资源和公共服务的可持续供给，并保证适当程度的竞争性；针对具体问题做出相应的政策安排，尽可能照顾到全体社会成员的切身利益。三是要重视权利的补偿与救济，对那些由于先天条件不足、自然环境影响、政策不均衡等原因而形成的弱势群体和落后地区给予相应的扶持和补助，积极缩小和修复社会发展过程中形成的裂痕。[①]

第二节　城镇化包容发展机制的主要内容

我国的城镇化存在诸多的失衡、不公平现象，比如人口城镇化和土地城镇化失衡，城市建设规模扩张和城市发展质量及城市管理水平提升的失衡，城市建设规模扩张和城市产业发展的失衡，城市经济增长和居民收入增长的失衡等。这些失衡其实是城镇化进程中各部分之间发展缺乏包容性或者包容性不足的结果和表现，需要通过构建包容发展机制逐步加以解决。

党的十八届三中全会强调要坚持以人为核心的城镇化，构建城镇化包容发展机制。这里提到"以人为核心"，其中的"人"既指整体的人类，又指具体的人。因此，以人为核心的城镇化包括两个层面的内涵：一是城镇化发展要符合人类持续健康发展的要求，促进人类整体利益的发展，城镇化包容发展机制要为促进人类整体发展所需的良好经济发展、社会进步和生态循环提供制度保障；二是城镇化发展要使每一个社会成

[①]　张贤明、张平论：《改革发展成果共享权及其实现》，《湖北社会科学》2013 年第 10 期。

员都能平等分享城镇化发展的成果，城镇化包容发展机制要为生活在不同地域空间的人实现公平发展，为生活在同一地域空间内的不同社会群体间实现公平发展提供制度保障。因此，促进农民市民化的包容发展机制既包括城镇化中不同发展主体之间的包容，又包括城镇化不同领域间的包容，由农民权利保障机制、发展机会和发展平台共享机制、能力提升机制等有机构成。

在城镇化包容发展的诸多内容中，农村居民、失地农民、进城务工人员与城镇居民之间的包容发展最为重要；城乡之间的包容发展，城镇化各领域之间的包容发展，都是在为实现具体人主体的包容发展营造环境、创造条件。城镇化包容发展机制也因此被看作是促进农民市民化、促进农民与城镇居民共享发展成果、促进共同富裕和民众发展水平提升的共享发展机制而受到广泛关注。

一、城镇化中不同发展主体间的包容发展

依据城镇化中具体的人的职业身份类型，可以将城镇化中的发展主体分为农村居民、失地农民、进城务工人员、城市居民等。同时，由于承载人的两类地理空间是城市和农村，从而城市和农村本身也可以作为两类空间主体而存在。因此，城镇化中不同发展主体的包容发展具体表现为城市和农村的包容发展，农村居民、失地农民、进城务工人员、城镇居民等之间的包容发展。

（一）城市和农村的包容发展

彻底破解城乡二元经济结构，实现城市和农村这两类空间以及生活在两类空间上的人的包容发展，是新型城镇化的重要任务。城乡包容发

展的基础和前提是消除城乡二元对立，"城乡之间的对立是个人屈从于分工、屈从于他被迫从事的某种活动的最鲜明的反映，这种屈从把一部分人变为受局限的城市动物，把另一部分人变为受局限的乡村动物，并且每天都重新产生二者利益之间的对立"①，因而消除这种对立就成为城市和农村包容发展的重中之重。城市和农村的包容发展，一是依据优化城镇化发展空间布局的要求，充分发挥城市发展对农村发展的带动作用，构建大中小城市和小城镇协调发展的格局，实现以城带乡、城乡一体的城乡融合发展。二是要统筹城乡资源配置，推进城乡要素平等交换和公共资源均衡配置，彻底打破城乡孤立资源配置的格局，在协调推进城镇化和新农村建设中实现城乡统筹发展。三是彻底化解农村人口进城、城市人口下乡的制度性约束，在城乡人口的双向流动中促进资源优化配置，实现城乡和谐发展。

（二）失地农民与城市居民间的包容发展

失地农民补偿不足，曾是制约失地农民融入城市发展的重大障碍。近年来，虽然国家加大了对失地农民的补偿力度，但失地农民市民化仍然面临职业转型、生活方式转变、社会身份转化等方面的难题，这些难题也只有在构建包容性城镇化发展机制的过程中逐步加以解决。推进失地农民与城市居民的包容发展，不仅要加强对失地农民的就业培育，完善失地农民的就业扶助体系，使失地农民能够在离开土地后，在非农领域稳定就业；而且要加大对失地农民居住社区的基础设施建设，完善失地农民公共服务，引导失地农民接受生活方式的转变；还要立足失地农

---

① 吴学凡：《马克思恩格斯消灭城乡差别思想及其现实意蕴》，《社会主义研究》2008 年第 1 期。

民的文化需求，繁荣社区文化，使失地农民在社区文化建设中重建社会联系，强化社会认同，实现就业方式、生活方式与城市居民的深度融合，并在新的城市社区中建立、丰富和完善自己的社会关系网络。

（三）进城务工人员与城市居民间的包容发展

进城务工人员已经初步具备在城市里就业、生存和发展的能力，但由于其受到就业准入、社会保障等方面的制约，进城务工人员市民化仍然面临诸多困难。推进进城务工人员与城市居民间的包容发展，一是要彻底破除针对进城务工人员设置的就业准入限制，拓展进城务工人员的就业领域，使进城务工人员享有与城市居民一致的就业权利和就业机会，而不是仅仅局限在特定的领域，同时使进城务工人员能够依据自身的技能，根据社会需求灵活选择就业领域和就业方式；二是在收入分配制度改革中体现进城务工人员与城市居民的同工同酬，完善进城务工人员工资的集体协商机制，改变进城务工人员在工资协商、工资获取中的弱势地位；三是清理进城务工人员社会保障接续、流动的制度性障碍，使进城务工人员能够享受与城市居民等同的社会保障；四是全面清除针对农民落户、子女上学、申请社会救助等方面的歧视性政策，使进城务工人员能够享受到与城市居民相当的公共服务，真正共享应有的城市基本公共服务。

（四）农村居民与城市居民的包容发展

农村居民是指那些仍生活、居住在农村，以农业生产为职业的农民。失地农民问题、进城务工人员市民化问题已经引起了广泛的关注，但农村居民如何分享城镇化发展成果问题仍未得到足够的重视。农村居民与城市居民的包容发展的核心就在于，让农村居民与城市居民一道，公平分享城镇化发展成果。实现农村居民与城市居民的包容发展，一是要以人的发展水平和发展能力提升促进城乡人口双向流动，通过人口流动带动城乡文化碰撞和居民思想观念交流，扫清城乡资源流动的观念障碍，为城乡资源优化配置注入不竭的活力；二是完善城市反哺农村的渠道和方式，通过加大对农村的扶持力度，促进农村居民发展生产，改善生产生活条件，使农村居民得以分享城镇化成果；三是通过政府加大对农村居民社会保障投入的方式，使农村居民能够通过享受与城市居民一致的社会保障权利，得以享受与城市居民基本相当的基本公共服务。

二、城镇化不同发展领域之间的包容

城镇化包容发展要求城镇发展必须符合人类持续健康发展的长期利益，城镇化不同领域间包容发展，正是从人类可持续发展的角度体现新型城镇化以人为本的核心要求。当前，一些城市发展之所以遭遇日益严重的资源环境承载力约束，就在于在快速推进城镇化的过程中对城镇化发展与资源环境的包容重视不够。城镇化是一个涉及城市经济发展、社会发展、城市建设、城市管理等领域的复杂系统工程，城镇化健康发展，不仅要求实现城市经济发展和城市社会发展的包容，而且要求实现城市建设和城市管理的包容。

（一）城镇化发展和资源环境的包容

新型城镇化要求城镇化发展与资源环境承载力相协调。资源环境承载力之所以会对我国城镇化发展形成约束，一是因为人口的空间分布不合理，经济聚集区没有成为人口的聚集区，还有为数众多的人口分布在生态脆弱、生态敏感区；二是因为区域经济活动的种类和强度超过区域资源环境承载力的范围[①]。城镇化发展和资源环境的包容，实际上是要求城市发展规模、城市布局与区域资源环境承载力协调。

推进城镇化发展和资源环境包容发展，一是依据资源环境承载力的空间布局与空间差异，合理确定城镇体系；依据具体城镇的资源环境承载力大小，合理确定城市建设规模和承载人口规模；二是通过人口转移，引导人口在空间内合理流动和合理分布，促进人口超载城市向外转移人口，而不是简单依据人口膨胀释放的空间需求来确定城市规模拓展空间；三是依据不同的城市化地区的主体功能定位，对城市经济活动的种类和强度施加限制，加快推进城市功能、城市经济转型升级，从而缓解资源环境对城市经济社会发展的约束。

（二）城市经济发展和城市社会发展的包容

城市经济发展和社会发展失衡往往会引发不同社会群体之间的敌视和对立，这不但会直接摧毁经济发展成果，而且会给城市文明带来毁灭性的打击。城市经济发展和城市社会发展包容，重在彻底破除孤立推进城市经济发展和城市社会发展的惯性思维，从统筹资源的生产性配置和消费性配置的角度推进城镇化。城市经济发展过程中的资源配置，一方面要服从于资源配置效率的提升，竭力提高资源的投入产出率，另一方面要服从于城市社会发展环境的优化，坚决杜绝因追求经济发展而牺牲社会发展。鉴于许多社会服务的生产过程同时也是社

---

① 杜黎明：《主体功能区配套政策体系研究》，《开发研究》2010 年第 1 期。

会服务的消费过程，城市社会发展过程中的资源配置，不能仅是着眼于社会财富的消费，而要从社会的生产和服务的消费有机统一，避免社会服务的生产和消费脱节，在促进城市社会发展中优化城市经济发展环境。

（三）城市建设和城市管理的包容

城市建设和城市管理的脱节，一是表现为城市规模迅速扩张与城市管理水平提升形成强烈反差，特别是城市新区的基础设施的运行效率差，城市管理和公共服务供给严重不足；二是主要依靠行政动员推进的城市建设和主要依靠市场推进的城市产业培育脱节，城市规模扩张缺乏相应产业的支撑，有城无业、城市建设过度超前现象明显。城市建设和城市管理的包容发展，重点在于重塑政府和市场在城市化进程中的角色定位，优化政府和市场的职能。

十八届三中全会强调，政府负责制定发展战略、实施规划和优惠政策，加强市场活动监管，加强各类公共服务提供，以引导市场对资源的配置。城市建设和城市管理的包容，首先，要求政府从具体的城市建设活动中解脱出来，切实履行好城市战略制定者、城市规划提供者的职能，通过城市发展战略、城市规划引导市场主体参与城市建设，把具体的城市建设活动留给市场，避免政府以行政动员的方式过多地直接参与城市建设活动；其次，加快推进从命令—管理型政府向服务型政府的转变，在提高城市公共服务质量的过程中加强城市管理；推行政府公共服务的成本—效益核算，政府直接提供公共服务主要限于效益广泛，但难以准确计量的领域；成本—效益明确的事务性公共服务要借助市场竞争机制，主要通过政府购买、政府委托的方式供给。

三、城镇化包容发展机制的主要内容

以人为本推进城镇化发展，是实现共同富裕的重要途径。针对被动参与城镇化的失地农民、主动参与城镇化的进城务工人员在发展权方面的缺失，可以从保障、共享、提升三个层次，从促进失地农民和进城务工人员市民化以体现社会主义共同富裕和人的全面发展要求的角度，探索城镇化包容发展机制的建设重点。由于城镇化是过程和结果的有机统一，因此还需要从过程参与和成果共享两个角度促进农民市民化，促进共同富裕和人的全面发展。综上，城镇化包容发展机制的内在结构如图4-1所示：

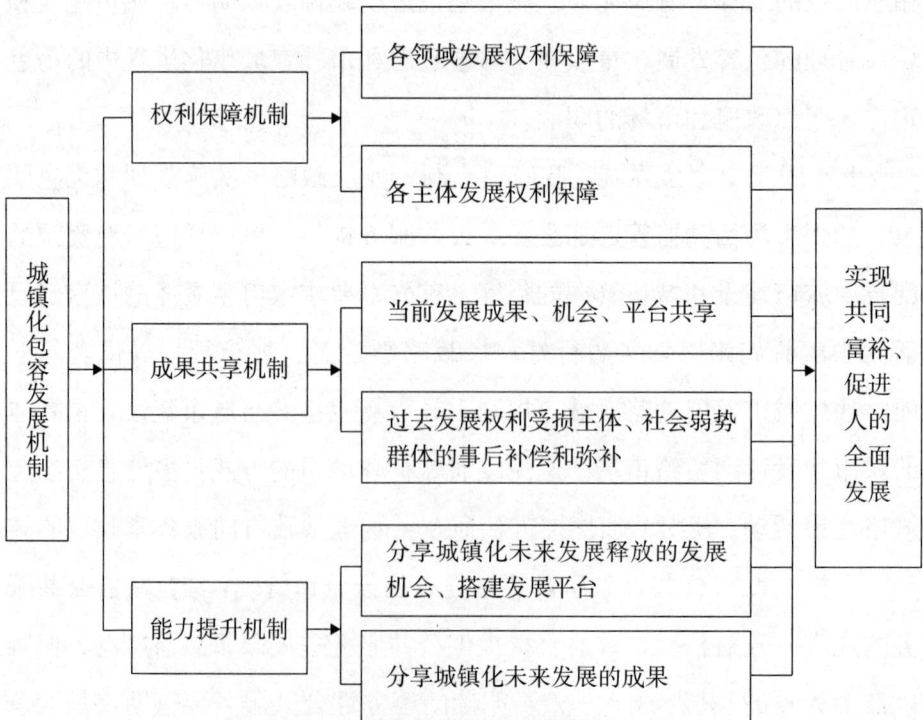

图4-1 城镇化包容发展机制主要内容示意

（一）促进城镇化包容发展的权利保障机制

包容发展的权利保障机制既要着眼于城镇化过程、也要着眼于城镇化的结果；既要保障城镇化中的各类发展主体平等获得参与城镇化过程的权利，也要保障各发展领域在参与城镇化后获得相对公平的城镇化成果分配。

中国特色社会主义城镇化，不仅强调城镇化作为经济增长的发动机功能，而且强调城镇化对共同富裕和人的全面、可持续发展的空间承载和保障功能。城镇化各领域发展权利保障，直面的是人作为抽象的类主体实现全面可持续发展所释放的诉求；城镇化各主体发展权利保障，直面的是具体的个体人，以及所形成的具体人集体实现共同富裕，实现全面发展所释放的诉求。在我国城镇化快速发展的过程中，不同地区、不同群体、从事不同职业的社会成员间在发展水平、富裕程度上出现了显著的分异，城镇化各主体包容发展是城镇化包容发展的重中之重。

人本身处于不断的发展变化之中，不同的人发展变化的方向、速度和结果都存在显著的差异，城镇化包容发展机制的核心和重点不是致力于消除不同人在发展方向、发展速度和发展结果上的差距，而是以消除一部分人凭借对他人发展的阻碍、限制而实现超常发展、快速发展的不合理现象为中心，形成不同人协同发展、和谐发展的格局，并把不同人之间发展方向、发展水平、发展结果的差距控制在社会成员普遍能够接受的范围。失地农民、进城务工人员虽然已经被动或主动地深度介入城镇化之中，但失地农民、进城务工人员实现市民化、与城镇居民包容发展仍面临诸多束缚。因而，尽快解决城镇化中的失地农民与进城务工人员问题，实现失地农民、进城务工人员的市民化，使失地农民、进城务工人员实现与城镇居民的包容发展，成为当前推进城镇化包容发展的重点。

（二）促进城镇化包容发展的共享机制

包容发展的共享机制包括各类主体共享城镇化发展成果、共享城镇化释放的发展机会、共享城镇化搭建的发展平台三个方面的内容。

城镇化发展成果共享机制，既包括各类主体对城镇化当前发展成果的共享，也包括对过去的城镇化过程中发展权遭受损失的发展领域、发展主体，以及弱势群体的事后弥补和事后补偿。发展成果共享不是简单的社会财富分配，更不是在财富占有上简单地均贫富，而是通过发展主体的发展权利保障，不同发展主体共享城镇化释放的发展机会，共享搭建的发展平台而实现的。城镇化发展机会和发展平台共享，是城镇发展成果公平共享的基础和前提，为实现共同富裕营造良好的环境，奠定坚实的基础。城镇化发展主体的发展权利保障为各发展主体共享城镇化释放的发展机会、搭建的发展平台提供法律及制度依据；城镇化发展机会和发展平台共享，一方面是政府主动作为的结果，另一方面也是发展主体积极主动利用保障发展权利的法律及制度的结果。

（三）促进城镇化包容发展的提升机制

包容发展的提升机制是指着眼于城镇化的未来发展，使各类主体在城镇化发展过程中都能有效提高发展水平和发展能力，以便其能更加有效地分享城镇化未来发展释放的机会、搭建的平台和取得的发展成果。城镇化成果、机会和平台共享，既是城镇化发展主体发展能力提升的起点，也是其发展能力提升的重要保障。据此，促进城镇化包容发展的权利保障机制，同时也是城镇化发展能力提升的保障机制。

第三节　包容发展机制化解农民市民化难题的主要途径

21 世纪以来，我国城镇化快速发展，城镇化率也随之大幅度提高。在此过程中，人口城镇化和土地城镇化的失衡问题日趋严重，其造成的失地农民和进城务工人员的身份问题、居住问题和社会福利缺失等问题日益突出，逐步成为制约我国经济社会发展的难题。从 2002 年到 2015年，我国城镇常住人口由 5.0212 亿人增长到 7.7116 亿人，城镇人口比重由 39.09% 提高到 56.1%，人口城镇化率增长 17 个百分点，但城市建成区面积则由 2002 年的 2.597255 万平方公里，扩大到 5.21 万平方公里，扩大了近 50%，土地城镇化的速度大大快于人口城镇化的速度。这一方面使失地农民的规模迅速扩张；另一方面使大量参与城镇建设的进城务工人员始终游离在城市边缘，不能有效融入城市发展，实现向城市居民的身份转化，从而对和谐社会和全面小康社会建设，对经济社会持续健康发展形成严重的制约。妥善处理失地农民和进城务工人员问题，成为推动城镇化包容发展的重点和难点。

一、失地农民和进城务工人员市民化难题的本质

失地农民，是在工业化和城镇化的快速推进中，因吸纳其就业的农用地被转换为非农用地，与土地的依附关系被强制割断，但又没有完全融入城市发展的特殊社会群体。进城务工人员是指在本地乡镇企业就业或者虽已进入城镇务工、但尚未在城镇长期立足、安家的农业户口人员，他们构成了规模宏大的流动大军，是我国城乡二元结构和户籍管理

制度的必然产物。进城务工人员生活、工作在城市，为城市的发展作出了巨大贡献，却不能融入城市发展，与城市居民一道平等地享受城市发展成果。失地农民和进城务工人员市民化难题是我国工业化和城镇化过程中暂时存在的现实问题，其产生有着复杂的社会背景，对其本质的客观认识有助于有序解决这一难题和顺利推进城镇化。

失地农民市民化难题的本质在于，在城镇化持续加快推进的过程中，由非农用土地的规模快速增长而衍生出的农民生产资料丧失、社会保障缺失、难以融入城市发展等问题。首先，政府对土地级差地租推进城镇化过于依赖，城镇化过程中土地利用效率低下，而规模则在持续扩张，由此导致的失地人口规模也在迅速膨胀，超过城市发展释放的人口吸纳能力。其次，政府参与城镇化过程的范围过于广泛，直接参与微观经济活动规模过于庞大，这迫使政府不得不把更大份额的城镇化发展成果用于支撑城市规模扩张、城市建设，实际用于保障失地农民发展的城镇化成果难以满足失地农民正常的发展诉求。最后，部分失地农民难以适应从农村生活方式向城市生活方式的转变，或主动、或被迫游离于城市发展之外，导致失地农民市民化难度的人为增加。

进城务工人员市民化难题的本质在于，进城务工人员离开土地就业，游离在城市和农村之间，在失去依附于土地的权利的同时，不能享受城市居民固定享受的权利，人生发展受到多种制约。进城务工人员问题的产生，一是源于大量农用地转为非农用地，耕地规模缩减，失地农民不得不到城市谋求生存和发展，但又无法有效融入城市发展；二是源于农业科技进步、农业劳动生产率的提高，农业吸纳就业的能力下降，产生和积累起来的农村剩余劳动力只能到城市谋求发展，进而产生的身份和职业分离；三是在城市发展的过程中，城市建设和城市产业发展释放出了巨大的廉价劳动力需求，对农村劳动力形成强大的吸引，农村人口过多地涌向城市，超过城市政府的公共服务供给能力。

二、城镇化包容发展机制化解失地农民市民化难题

土地是农民赖以生存的基本条件，对农民而言，它具有就业岗位、经济收益和社会保障三项基本的社会功能。在工业化和城镇化同步推进过程中，工业用地需求和城镇基础设施建设用地需求十分旺盛，城市不断向城市规划边界之外和郊区扩张。因此，从土地用途转换的角度看，失地农民的产生本是一个正常的社会现象。我国的失地农民问题之所以凸显，一方面是因为以土地经营推动的城市化过度激发了土地需求，而城镇化缺乏产业支撑，无法完全解决所有失地人群的生计问题；另一方面是由于城乡分治的社会管理制度，失地农民补偿不足、社会保障不够，从而使失地农民沦为城市弱势群体。

（一）失地农民市民化难题的成因

失地农民规模迅速扩张，与我国推进市场化改革中的征地补偿制度变迁有着紧密的关联，失地农民市民化难题有着复杂的成因。

1. 法律及制度成因

新中国成立初期，我国为了完成工业化积累，中央政府逐步建立了高度集中的计划经济体制，最终形成了城乡分割对立的二元体制[1]，具体表现为户籍制度、城市居民就业计划制度、城市居民社会福利保障制度等具体制度。二元经济社会结构导致农民基本处于国家的社会保障体

---

① 杨晓玲：《城市化进程中失地农民问题的思考》，《农村经济》2008 年第 1 期。

系之外，只能享有附着在土地上的生存和就业保障。改革开放以后，随着家庭联产承包制的推行，农民获得了土地的使用权，农民依靠土地保障自己的基本生活并在此基础上尽可能提高自己的收入。土地成为绝大多数农民赖以生存的"命根子"，在农民生活中扮演着生产资料、社会保障、繁衍发展等多种角色①。近年来，虽然城乡二元制度安排在很多方面都得以改革和突破，但农民对土地的依赖仍然存在，失地农民融入城市发展的门槛依然存在，失地农民进城，往往会遭遇始料不及的"玻璃门"。失地农民市民化难题直接源于农民与其赖以生存的土地之间的强制性剥离，我国土地法律以及有关农地征用的制度安排，是造成失地农民市民化困境的更深层次原因。

我国《宪法》规定，"城市的土地属于国家所有。农村和城市郊区的土地，除由法律规定属于国家所有的以外，属于集体所有；宅基地和自留地、自留山，也属于集体所有。国家为了公共利益的需要，可以依照法律规定对土地实行征收或者征用并给予补偿。任何组织或者个人不得侵占、买卖或者以其他形式非法转让土地。土地的使用权可以依照法律的规定转让。一切使用土地的组织和个人必须合理地利用土地"②。按此规定，农村集体土地在被政府征用后转换为城市土地，其所有权应该转为国有，但政府征地权的行使只有在符合公共利益的前提下才是合法的。法律对"公共利益"缺乏明确的界定，导致地方政府能够较为方便地将其意图上升为"公共利益"，以便征用农用土地。另一方面，我国法律虽然明确规定，农村集体土地归农民集体所有，由村集体经济组织或村民委员会经营、管理，但由于对集体定义极为模糊，事实上存在

---

① 杨晓玲：《城市化进程中失地农民问题的思考》，《农村经济》2008 年第 1 期。
② 摘选自《中华人民共和国宪法》，《司法业务文选》2004 年 3 月 19 日。

土地所有权主体不清，归属不清晰的问题。因为土地归集体所有，农民只有承包经营权没有产权，"集体"可随时把经营权夺走。农民在法律上没有资格作为土地交易的一方[1]，村集体反而有更大的自主权。农民在土地权属规定中处于弱势地位，以及地方政府在土地征用中的强势地位、农村基层组织负责人在土地征用中的有利地位，是导致失地农民补偿不足，陷入失地又失业的尴尬困境的制度性成因。

我国《土地管理法》第四十七条规定"征用土地的，按照被征用土地的原用途给予补偿"，政府通过低价补偿或强制征地之后，凭借自己对城市建设用地市场的垄断地位，采取拍卖、协议等方式将土地使用权有偿出让、转让给土地使用者。但征收后转让所得却远远高于补偿价格，政府可以获得垄断利益，并长久形成制度租金[2]。尤其是1994年分税制改革以来，中央政府的财政集中能力与集中比例不断提高，地方财税收入比例相应持续下降，形成了中央财政富裕、地方财政吃紧的局面。为满足财政支出需要，地方政府主要依靠乱卖土地，乱收费和乱挪用专项基金来满足支出需要。[3] 在巨额利益驱动下，地方政府往往以"公共利益"之名，行"与民争利"之实，低价征之于民，高价卖之于商，既违背了《宪法》和《土地管理法》为公共利益而征用的立法宗旨，也激化了政府与农民之间的矛盾[4]。

2. 失地农民安置补偿不足

我国《土地法实施条例》设计了三种安置失地农民的途径：一是传

---

① 陈涛：《失地农民问题浅析》，《重庆邮电大学学报（社会科学版）》2007年第1期。

② 王凯：《关注城市化背景下农民失地现象》，《经济导刊》2006年第4期。

③ 周天勇、谷成：《中央与地方：财权再分配》，《南风窗》2009年第7期。

④ 董鹏鹏、刘锐：《城市化背景下失地农民问题：现状、成因、对策》，《唯实》2007年第11期。

统的"土地换就业"，即由征地单位吸纳被征地农民就业；二是由失地农民所在乡村集体负责安置，即征地单位把征地款付给当地乡村组织，由乡村集体妥善安置被征地农民就业；三是对被征地农民进行一次性货币补偿。[①] 在城市扩张的过程中，广泛采用的是对失地农民进行一次性货币补偿。由于征用或使用土地的补偿办法主要还是沿用计划经济时代强制性的补偿办法，而相关法律规定的补偿标准较低，结果导致失地农民的补偿不能有效保障其融入城市发展，也不能保障其实现从农村生活方式向城市生活方式的转变。

《中华人民共和国土地管理法》第四十七条规定，征用土地的补偿费用包括土地补偿费、安置补助费以及青苗和地上附着物补偿费，同时规定"征用耕地的土地补偿费，为该地被征用前三年平均产值的六至十倍。但是，每公顷被征用耕地的安置补助费最高不得超过被征用前三年平均产值的十五倍。土地补偿费和安置补助费的总和不得超过土地被征用前三年平均产值的三十倍。"[②] 农业本身是个弱质产业，受自然条件变化的影响较大，再加上启动我国工业化和城市化的工农产品价格剪刀差至今仍未完全消除，以过去的农地产出作为失地农民的补偿的基准客观上有失公允，难以补偿失地农民的全部损失。

按照土地管理法规定的失地农民补偿办法，土地的原有用途是补偿标准的主要依据，针对农业用地流转而言缺乏一定的合理性，广大失地农民无法分享到由土地用途转换而带来的级差收益。征地补偿通常只涉及货币资金的发放，对失地农民的后续生计问题缺乏足够的关注。《土

[①] 姜太碧、梅胜全：《城市化进程中失地农民问题的成因及对策——对双流县失地农民调查的实证分析》，《西南民族大学学报（人文社科版）》2005 年第 10 期。

[②] 同上。

地管理办法实施条例》规定："土地补偿费归农村集体经济组织所有"，而不是直接归农民。这实质上是对农民本该拥有的土地发展权的漠视，极易造成公共权力寻租、贪污腐败案件的发生。

3. 失地农民社会保障不充分

在城乡二元体制的背景下，失地农民的合法权益难以得到保障。在这种条件下，国家在把土地的使用权以承包的方式转给农民的同时，也将社会保障的功能一同转嫁到土地上面。而政府在征用土地的时候大多采取的是一次性买断的方式，缺乏对农民的妥善安置。[1] 在城乡分割的社会保障制度框架下，城市居民能够享受失业、医疗和养老保险等社会保障制度，基本实现了"应保尽保"，而农民的社会保障则主要依赖于土地。进入 21 世纪以来，我国加大了农村社会保障制度建设力度，对农民的各项社会保障投入快速增长，尽管如此，由于农村社会保障制度建设太滞后，农民在社会保障上与城市居民存在的差距依然较为明显。失地农民是不同于"农民"（纯粹意义上的以耕种土地为生的农民）又有别于城市居民的边缘性群体。[2] 他们失去了赖以生存的土地要素，却无法享有最低的城市生活保障。由于农民在失去土地的同时又不能享受与城市居民同等的国民待遇，再加上在过去相当长的一段时间内，农村公共物品，如教育资源、基础设施等的供给严重不足，结果导致许多农民事实上陷入一种务农无地、上班无岗、低保无份的"三无"境地。

4. 农民自身因素

农民失地作为一种现象，是城市化进程中资源配置发生变化的结

---

① 陈涛：《失地农民问题浅析》，《重庆邮电大学学报（社会科学版）》2007 年第 6 期。

② 王凯：《关注城市化背景下农民失地现象》，《经济导刊》2006 年第 4 期。

果。在市场经济制度下，如果农民失地是一种自愿行为，那么农民失地过程至多是一种现象，而不是一个严重的问题。失地农民现象之所以演化为问题，① 一方面是因为地方政府对城镇化进程的引导甚至是过度干预，导致了"与民争利"的现象；另一方面是因为大多数农民对土地表现出较强的依赖性，这种依赖性不仅体现出农民自身素质的单一，更表达出农民生存的局限。农民一旦失去土地，这仅有的单一素质和生存条件也将立刻消失。因此，具有多种生存发展的本领和技能，是农民自身应对问题应该有的储备②。

(二) 失地农民市民化难题的不良影响

在工业化和城镇化的快速推进中，因农用地被转换为非农用地，农民与土地的依附关系被强制割断，但他们又没有完全融入城市发展，由此产生三个方面的突出问题：一是土地征占规模过大、速度太快，失地农民群体不断增多；二是对失地农民补偿不足，难以解决他们的长远生计；三是失地农民的社会保障不充分，再就业面临的困难很多。③ 失地农民难以实现市民化，严重影响社会主义和谐社会建设，也影响着城镇化的顺利推进。

1. 失地农民引发群体性事件成为影响社会稳定的重要因素

农民失地又失业，失地补偿金又不足以保障农民职业转换和生活方式的转变，往往成为一些上访事件、群体性事件的导火索。农村征地等问题涉及广大农民群众的切身利益，他们因共同的利益诉求而成为一个

---

① 孙文华：《失地农民问题：本质、成因与政策涵义》，《唯实》2007 年第 12 期。

② 同上。

③ 韩俊：《保障农民土地权益需要迈出更大步伐》，《金融经济》2006 年第 11 期。

临时性的团体，往往由于缺乏正规的反映渠道或上访程序，再加上个别极端分子的煽风点火，很容易升级为群体性的社会事件。失地农民的不满情绪集中爆发，加大了失地农民问题演化为大范围社会动荡的风险，对社会稳定构成严重威胁。

2.失地农民职业虚化埋下社会无序化发展的隐患

失地农民再就业难的现象客观存在，随着"上岗无位、转业无能、发展无力"，职业虚化的失地农民规模的扩张，社会发展无序化的隐患也在积累。首先，农民失地引发传统家庭结构变异，进而埋下社会发展无序化的隐患。固有的社会关系变化往往是以家庭为中心的，因此，家庭稳定是社会稳定的基础。失地农民的身份转变往往需要一定的适应期，而职业结构的转换又对长期形成的家庭结构造成冲击，生活方式动荡化，家庭关系疏远，传统伦理体系瓦解，使得留守儿童成长环境恶化，造成孩子健全心理与人格塑造的困难，老人晚年生活缺乏关怀。其次，不同社会成员的关系发生微妙的变化，呈现多维冲突，具体表现为邻里关系日趋紧张、人与环境之间的关系难以调适、失地农民群体分化严重等现象。最后，农民职业虚化使生计完全靠自我能力，借助于市场的选择机制来完成，政府在征地过程中居于主导地位但在农民职业虚化后却缺乏有力作为，这种反差严重加剧了农民与基层政府的疏离感[①]，增加了社会治理的困难。

3.农民失地客观上加大了农村社会治理难度

在我国，土地是农民最重要的物质生活资料，是农民取得粮食收入的重要来源，政府针对"三农问题"的优惠政策也大多围绕土地而开

---

① 张英魁、韩玲梅:《城市化进程中失地农民职业虚化的社会影响及其对策研究》,《大连理工大学学报（社会科学版）》2009年第3期。

展。土地是农民最基本的生产资料，农民失地，往往也意味着失去了获得基本生产资料所承载的政治权利，失去与土地相连的诸多政治经济权利，失去获得与土地相连的政府支持的机会，"他们的政治权力随着它的经济基础一起丧失而告终[①]"。从农村治理的角度看，农民作为产权主体，需要通过村民自治的民主投票和监督来制约村级干部的公共权力，失去土地的农民也就自然失去了村民自治的机会，失去了民主政治权利的实现[②]，这必将对农村治理带来一定的负面影响，加大农村社会治理的难度。

（三）包容发展机制化解失地农民市民化难题的主要途径

形成和完善城镇化包容发展机制，不仅要着力化解失地农民市民化难题的成因，而且要着力消除失地农民市民化难题产生的社会影响。城镇化包容发展的权利保障机制重在化解失地农民市民化难题的法律制度性成因，成果机会平台共享机制重在化解失地农民补偿标准过低、补偿方式不合理等引发的农民市民化难题的风险，发展主体能力提升机制重在化解农民自身素质和能力的原因导致的市民化难题。城镇化包容发展的三个机制相互联系、相互支撑，协同化解失地农民市民化难题。

1. 权利保障机制化解市民化难题的法律制度性成因

近年来，特别是党的十八届三中全会以来，失地农民市民化的制度性障碍正逐步得以清除。权利保障机制化解市民化难题的法律制度性成因的重点在于抓落实，把促进失地农民市民化的改革措施真正落到实处。促进失地农民权利保障机制顺畅运行，不仅要真正兑现党和国家对

---

① 《马克思恩格斯全集（第44卷）》，人民出版社2001年版，第159页。
② 吴丽萍、吴露萍：《中国失地农民的现状和影响》，《经济研究导刊》2009年第1期。

失地农民的关怀，而且要以失地农民权利保障倒逼土地资源集约、节约、高效利用。一是推进失地农民确权工作，从关系失地农民的各项分散的法律、法规中梳理、制作失地农民的权利清单，明确保障各项权利的责任主体以及权利保障流程；二是推进失地农民权利宣传与告知，广泛利用各种媒介公示失地农民的权利清单，使其不仅知晓权利内容，而且了解维权流程；三是推进维权跟踪和侵权问责，完善政府处理失地农民维权的工作流程，加强对侵犯失地农民权利的问责，确保失地农民的各项权利落到实处。

2.共享机制化解安置补偿不足及社会保障不充分诱发的风险

改革开放初期，我国资金缺乏，难以以社会融资的方式筹集推进城镇化所需的资金，以土地级差地租充实城镇化的资金投入在很大程度是一种无奈之举。随着对土地级差地租撬动城镇化的过度依赖，失地农民安置补偿不足，社会保障不充分一度呈现出一种蔓延、恶化的趋势。建立健全促进城镇化包容发展共享机制，正是力图打破依靠土地级差地租筹集城镇化资金的思维定式，消除失地农民补偿不足、社会保障不充分的深层次根源，使城镇化所需的资金投入更多地是以社会融资的方式筹集，以倒逼城镇化投入资金提高使用效益。共享机制运行包括三个方面，一是以土地增值收益分红、贫困农民特别扶助等形式，对过去遭受失地补偿不足的农民的事后弥补，凸显对社会弱势群体的特别关怀；二是以失地农民享受基本公共服务范围拓展、数量扩张、质量提升为载体，理顺失地农民分享城镇化成果、共享城镇化释放的发展机会的渠道；三是消除区域之间、城乡之间的社会保障差异，促进失地农民和城市居民社会保障一体化发展。

3. 能力提升机制化解市民化面临的农民素质难题

失地农民与城市居民在知识、技能上存在的先天差距，在生活习惯上的后天养成差异，也严重制约着失地农民市民化。与进城务工人员主动到城镇求生存、谋发展、主动参与城镇化相比，失地农民往往是被动参与城镇化，融入城镇化的思想准备和能力准备都不充足。形成和完善促进城镇化包容发展的失地农民能力提升机制的重点在于，缩小失地农民与城市居民之间的素质差距，生活习惯差异，使其尽快适应城镇生产、生活对居民素质和能力提出的要求。形成和完善能力提升机制，一是要统一失地农民安置社区和城市居民社区建设，以社区服务引导失地农民养成城市生活习惯，克服参与城镇化、融入城镇化的心理障碍；二是要以失地农民再就业、创业培训克服参与城镇化、融入城镇化的技能障碍，促进失地农民和城市居民融合发展。

三、城镇化包容发展机制化解进城务工人员市民化难题

进城务工人员市民化难题是农民进入城市参与经济活动后涉及的一系列权益保障问题的总称。城乡二元机制使城市居民把握了政策资源获取的先机，进城务工人员在为城镇建设增砖添瓦的同时并没有享受到公平、公正的社会待遇。滋生进城务工人员市民化难题的深层次根源在于长期以来户籍制度和社会管理的弊端，从而产生了对城市系统以外要素的排斥，而单凭农民自身的力量又无法改变这种受歧视的局面，只能被迫忍受城市社会强加给他们的不公正。进城务工人员市民化难题的化解，也必须通过构建城镇化的包容发展机制。

（一）进城务工人员市民化难题的具体表现

与城镇居民相比，进城务工人员市民化不仅要面对发展起点的不公平，还要面对融入城镇发展中的机会不公平。引发社会各界高度关注的进城务工人员市民化难题，主要表现在以下几个方面。

1. 就业歧视

出于对进城务工人员流动的引导和对城市居民的就业保护，很多城市都制定了外来劳动力分类目录，重点对农民工主要从事的职业或领域进行了划分或总结，具体包括工程项目的建筑工人、城市道路清洁绿化的环卫工人、餐厅服务员、临时工等工种。进城务工人员之所以会遭受就业歧视，一是在一些决策者眼里，城市的就业机会有限，应优先满足城市居民的就业需要，进城务工人员的到来会加剧本就严峻的就业形势。二是政府一方面需要进城务工人员参与城市建设；另一方面又害怕"城市病"，试图用较高的城市居民的准入门槛维持其既有规模。三是中国各大城市"隐性超城市化"现象严重，农村剩余劳动力进入城市必然使城市的"超城市化"程度进一步加剧，城市治理成本大幅度增加[1]，限制进城务工人员进城，也就成为治理"超城市化"的理性选择。四是城市居民失业问题将会给地方财政带来较大的压力，而进城务工人员大多有一份可以依赖的田地，出于维护社会稳定的考虑，政府制定实施进城务工人员就业歧视政策也就在情理之中。五是城里人出于文化修养和生活习惯等差异容易对进城务工人员产生歧视心理，还有一部分城里人认为进城务工人员抢了他们的工作机会，因而流露出反感的情绪[2]。

---

[1]　程蹊、尹宁波：《农民工就业歧视的政治经济学分析》，《农村经济》2004 年第 2 期。
[2]　同上。

2. 居住条件差

为了生计问题，进城务工人员远离家乡和亲人，他们是城市建设不可或缺的力量，然而其居住问题令人担忧，只能享有条件较差的临时"栖身权"，他们在城市住房的主要类型为租赁房、工棚和厂家的"公寓"三类。从租赁房看，由于收入水平限制，部分进城务工人员进城后只能居住在价格便宜、位置偏远、条件简陋的房子里，这些地区通常是城中村或者城乡结合部，甚至是工地，社会管理较为落后，治安不稳定，存在极大的安全隐患。① 一些厂家在雇用进城务工人员时，宣称"管吃管住"，出于成本的考虑，这些"公寓"总是拥挤不堪，通常是多人居住在一个狭小的空间，生活起居极为不便。总体而言，进城务工人员的居住条件：一是人均住房面积长期处于明显偏低水平；二是住房设施简陋、环境差；三是大多远离家庭，不能和家人同住；四是居无定所，过着候鸟一样的迁徙生活。

住房权也是每个社会人都应享有的权利，因此保障进城务工人员的住房需要，政府责无旁贷。改善进城务工人员居住条件有助于提升进城务工人员的生活质量，增强城市的吸引力。因此，不应当把进城务工人员排除在保障性住房享有者的名单之外。2008 年，建设部、发改委、财政部、劳动和社会保障部、国土资源部联合下发的《关于改善进城务工人员居住条件的指导意见》，仅就这个指导意见而言，由于责任主体错位、住房保障改革错位、房屋建设样式错位，指导意见的实际功效并不乐观。

3. 权利与权益保障缺失

我国的户口和居民享受的权利紧密关联，进城务工人员到了城市，

---

① 《"民工公寓"何时不再是摆设》，《中国劳动保障报》2005 年 12 月 21 日。

无法真正地融入城市社会，几乎没有归属感可言。首先，无法拥有打工地的选举权和被选举权，我国的人大代表是按户籍分区选举的，进城务工人员在城市没有户籍，不能在其工作地参加选举，其权利自然也就难以找到代表人。其次，工资拖欠原因复杂，成为老大难问题。一是雇主有意拖欠，多见于餐饮、制衣、制鞋等企业；二是进城务工人员就业质量低，往往在一些生产经营管理不善的私营个体企业就业，常常因企业经营管理不善导致工资不能按时领取；三是一些雇主将拖欠工资作为留住人、保持员工稳定的手段；四是进城务工人员依法维权的意识较为淡薄，尤其农民工欠薪问题通常投诉无门。再次，进城务工人员子女教育问题形势严峻。一部分进城务工人员的孩子成为留守儿童，不能在父母的关爱和呵护下接受基础教育，其身心健康和学业进步都遭受严重的障碍；一部分进城务工人员的孩子虽然在父母工作地上学，但其所上的进城务工人员子弟学校的办学条件、师资力量都不能和正规学校相比；一部分进城务工人员子女虽然最终能够在父母工作地的公立学校上学，但由于文化背景、生活学习习惯、学业成绩等方面与城市学生存在较大的差距，难以正常融入校园生活。最后，医疗、失业、养老等社会保障不健全，进城务工人员往往缺乏自我保护和防范意识，这就容易在发生工伤或罹患疾病时，无法享受相应的医疗保险等社会保障服务，现有的社会保障制度往往把进城务工人员排斥在失业保险之外；一些用人单位出于成本节约的考虑，根本就没有给进城务工人员购买养老保险。对进城务工人员来说，"后顾之忧"问题得不到有效解决，就不可能真正被这个城市所接纳并能安居乐业、源源不断地创造财富。

（二）进城务工人员市民化难题的消极影响

进城务工人员从形成的条件来看，是户籍制度的产物；从身份来看，是"两栖"人；从地位来看，是边缘人；从功能来看，对我国现代化建设作出了重大贡献①。同工不同酬、所得和所劳严重失衡，是进城务工人员市民化难题的直观表现，进城务工人员也因此难以形成对城镇化、对社会发展的认同。进城务工人员市民化难题最为突出的消极影响集中表现在以下两个方面：

1.动摇对中国特色社会主义建设的信心

进城务工人员市民化难题既是我国城镇化质量不高的重要表现，也是社会阶层固化的重要诱因。进城务工人员不能有效地实现由农民向城市居民的身份转化，意味着城市中存在大量的不能有效享受城镇化成果的外来人口。这种外来人口在城镇化进程中的境遇是社会不公正最为直观的表现，其规模越庞大，城镇化的质量越低，社会发展的公平公正性也就越低。实现共同富裕是社会主义的本质要求，进城务工人员规模扩张，进城务工人员市民化难题不能得到有效的解决，这与社会主义的本质要求背道而驰。进城务工人员市民化难题如果不能尽快解决，进城务工人员问题的不断积累和恶化，容易引发对社会主义建设的质疑，对坚定中国特色的道路自信和制度自信形成严重的冲击。

2.制约经济社会发展方式转变

进城务工人员市民化难题对经济社会发展方式转变的制约主要表现在以下几个方面。第一，进城务工人员受到就业歧视，难以受到有效的

① 朱秋莲：《我国农民工社会地位与社会资本》，《求索》2012 年第 12 期。

职业教育和技能培训，一方面导致其难以通过就业岗位晋升获得较高的收入，使得庞大的进城务工人员群体对社会消费扩张的贡献大打折扣；另一方面制约社会人力资本结构的优化，导致一些需要较高素质劳动力的高新技术产业、新型产业缺乏劳动力供给。第二，进城务工人员子女遭受教育歧视，不能享受城市优质教育，使其人生发展一开始就处于不利地位，不仅容易形成进城务工人员的子女继续成为新生代进城务工人员的社会阶层固化现象，窒息社会发展的动力，而且也使科学技术发展、人力资本质量改善和结构优化的动力发生衰减，使人力资本和科学技术对经济发展的贡献大打折扣。

（三）包容发展机制化解进城务工人员市民化难题的主要途径

进城务工人员主动参与城镇化过程，是城市建设、城市发展的重要贡献者，尽管其权利屡屡遭受各种有形、无形的侵害，所得和所劳严重失衡，但并没有专门针对进城务工人员权利保障的法律法规。现已经被废止的《城市流浪乞讨人员收容遣送办法》在过去更是对进城务工人员、特别是刚进城的进城务工人员、在城市谋生求发展遭受挫折的进城务工人员的权利的不公正对待。构建城镇化包容发展机制，就是要从进城务工人员权利保障、城镇化发展机会和发展成果共享、能力提升等多维角度，改变进城务工人员所劳和所得严重失衡的格局。

1.权利保障机制化解进城务工人员市民化面临的权利保障不公难题

进城务工人员权利保障的不公平，一是表现为专门的进城务工人员权利保障法律法规缺位，进城务工人员维权只能依据适用全体民众的普通民法，进城务工人员权利、进城务工人员维权的特殊性无法得到法律、法规的保障；二是表现为进城务工人员在权利受损时，法律法规规定的权利受损的事后补偿标准低于城市居民，即所谓的"同命不同价"现象；三是进城务工人员维权往往面临属地化难题，进城务工人员户籍所在地权力机关没有为其主张权利的条件，而其工作所在的权力机关又没有为其主张权利的权限，进城务工人员陷入"求告无门"的尴尬境地。促进城镇化包容发展，建立健全进城务工人员市民化的权利保障机制，一是要针对农民的特殊需求，制定实施专门的进城务工人员权利保障条例，解决进城务工人员权利保障的法律法规缺位问题；二是废止现有的法律、法规中对进城务工人员的歧视性规定，解决进城务工人员权利保障的不公平待遇问题；三是赋予进城务工人员享有其工作所在地的城市居民同等的基本公共服务的权利，解决进城务工人员被视为城市外来人的问题；四是明确进城务工人员维权流程，使进城务工人员工作所在城市权力机关切实担负起为进城务工人员主张权利的责任。

2.共享机制化解进城务工人员市民化面临的"乡下人"歧视难题

多年来，进城务工人员因被城市政府、城市居民有意无意地视为"乡下人"，而被排除在平等分享城镇化发展机遇、发展成果和发展平台的大门之外，因而，建立健全促进城镇化包容发展的共享机制势在必行。进城务工人员在城市居住分散，工作流动性很强，进城务工人员分享城市发展成果、发展机遇和发展平台往往遭遇组织缺乏、载体缺乏的制约。着力解决进城务工人员的居住难题，可以通过失地农民社区与城市居民社区一体发展，以分享城镇化发展成果。建立健全进城务工人员市民化的共享机制，首先要加大宣传力度，营造尊重进城务工人员人格、尊重进城务工人员劳动、尊重进城务工人员对城市发展的贡献的社会氛围，消除城市政府、城市居民对进城务工人员的排斥心理；其次，以"进城务工人员主张就受理、就满足"的方式，落实进城务工人员享受与城市居民同等的基本公共服务的工作机制；最后，以落实用工企业社会责任的方式，明确企业在促进进城务工人员市民化中的责任和义务，着力化解农民分享发展成果不足、发展平台缺乏、载体缺乏制约等矛盾和问题。

3.能力提升机制化解进城务工人员市民化面临的维权主动性不足难题

进城务工人员市民化难题的形成和积累，与其"甘愿"忍受、接受不公平、不公正的社会待遇，权利主张、权利维护的主动性不足有着重要的关联，促进城镇化包容发展的进城务工人员能力提升机制的重点就是要改观这一格局。首先，利用进城务工人员熟悉的媒介，以进城务工人员熟悉的方式，加强对进城务工人员权利主张、维权意识的培育，使进城务工人员了解主张权利、维护权利的流程，唤起进城务工人员主动维权的意识；其次，拓展政府就业培训、再就业和创业培育的覆盖面，把有意愿的进城务工人员纳入参培范畴，畅通进城务工人员技能提升的渠道，提高农民主张权利、维护权利的能力；最后，落实用工企业完善进城务工人员"干中学"机制的责任，推动进城务工人员从打工向追求职业发展的转变，从单纯出卖劳动力、出卖现有技能向在工作实践中积累经验、提高技能转变。

第四节　包容发展机制完善与优化的主要着力点

包容发展机制致力于化解城镇化进程中失地农民和进城务工人员市民化的难题，消除失地农民和进城务工人员公正、平等地享受城镇化发展成果的障碍。为了更好地化解失地农民和进城务工人员市民化难题，包容发展机制本身也需要在科学推进城镇化的过程中，依据中国特色城镇化的实际，坚持以人为本，不断地加以完善与优化，切实促进城镇化中人的全面发展。

一、在城镇化推进过程中完善包容发展机制

城镇化包容发展的核心在于，使包括失地农民和进城务工人员在内的所有进城农民真正转变为城市居民。"从农民变为市民，是一项复杂的社会系统工程，既要解决思想观念、行为方式的问题，又要解决提高素质、社会权利的问题，还要解决提高生产生活质量和社会普遍参与的问题。"[①] 失地农民和进城务工人员社会身份的转变的障碍，一是"城乡分治"的二元社会结构制约，二是社会歧视导致的失地农民和进城务工人员对城市社会的认同，三是城市社会的各种正式组织对失地农民和进城务工人员的关注和容纳不够，四是失地农民和进城务工人员社会网络关系的匮乏，五是失地农民和进城务工人员自身的局限性[②]。

因此，失地农民和进城务工人员市民化的关键是其身份实现从个体劳动者向雇佣劳动者、从农业劳动者向工业和服务业的劳动者、从乡下人向城里人的转变，三重转化必须协同开展、立体推进。在中国特色城镇化道路的推进过程中，三重转化协同开展、立体推进的推手就是城镇化包容发展的权利保障机制、共享机制和提升机制的有机协同和不断完善。

（一）以打破农民身份制约为切入口完善权利保障机制

长期以来，我国的户籍捆绑着居民享受的社会福利、社会权利，城

---

① 文军：《农民市民化：从农民到市民的角色转型》，《华东师范大学学报（哲学社会科学版）》2004 年第 3 期。

② 张时玲：《农民工融入城市社会的制约因素与路径分析》，《特区经济》2006 年第 6 期。

乡分割的户籍制度对城市居民和农民的角色规定，不仅束缚了农民流动，也是农民身份意识自我固化的重要原因。推进城镇化包容发展过程中，权利保障机制建设的重点在于促进户籍与社会福利、社会权利剥离，同时确保农村居民和城市居民基本公共服务均等化，打破农民身份对其融入城市和享受应有居民权利的制约。

党的十八届三中全会对我国户籍制度改革作出了相应的制度安排，旨在适当降低城市的准入门槛，这有助于加快城乡之间人口的流动，解决失地农民和进城务工人员的"落户难"问题，进而顺利实现身份及社会分工角色的转换。

城镇化包容发展，客观上需要依据城市容纳能力，结合城镇化发展规划，稳步推进户籍制度改革，最终剥离附着在户籍制度上的各项特权，建立城乡统一的户口登记制度，真正落实户籍的人口登记功能。以户籍制度改革引导失地农民和进城务工人员有序流动的当务之急和切入口，就是为已经具备在城市生存发展能力和条件的失地农民和进城务工人员办理城市户口，促进其身份角色的转换。

农民承包经营土地所具有的社会保障功能，也是导致农民身份固化的重要因素。一些在城市发展较好的进城务工人员，因其对承包经营土地的挂念而游走在城镇和农村之间。完善城镇化包容发展的权利保障机制，一方面要着力探索现有土地承包关系保持稳定并长久不变的具体实现形式，坚持依法自愿有偿原则，引导农村土地承包经营权有序流转，[①] 加大农业生产经营组织创新力度，完善农业生产经营利益分配机制，使土地承包经营权成为农民获取附着在土地上的财产性收入的凭

---

① 新华社授权发布 2013 年中央一号文件：《中共中央国务院关于加快发展现代农业进一步增强农村发展活力的若干意见》，《农村工作通讯》2013 年第 2 期。

证，让失地农民和进城务工人员能够通过土地承包经营权的转让获得可预期的稳定收益。另一方面要加快完善失地农民和进城务工人员的社会保障制度，引导购买商业保险和用工单位购买社会保险相结合，逐步弱化并最终割断对农村的承包经营土地的依恋，提高融入城市发展的主动性和积极性。

（二）以各类主体协同努力树立公民权为重点完善共享机制

"人们形成什么样的自我概念取决于他们所从事的职业。一般说来，取决于他在社区和社会群体中寻求扮演的角色，同样还取决于社会赋予这些角色的地位和普遍认识。"[1] 推进城镇化包容发展过程中，共享机制建设的重点在于，通过强化社会各界对失地农民和进城务工人员角色转换的认同，促使农村居民能够与城市居民一道，公平地利用城镇化带来的发展平台和共享城镇化释放的发展机会。

建立健全城镇化包容发展的共享机制，需要政府、城市居民、用人单位和失地农民与进城务工人员切实树立"公民权"的概念，包括农村居民、失地农民、进城务工人员和城市居民在内的所有中华人们共和国公民在同一个城市、同一个空间内，享有同等的权利。

首先，政府要把为农村居民和城市居民提供相对均等的基本公共服务作为施政重点，逐步建立城乡一体的劳动力市场，完善失地农民和进城务工人员的社会保障制度，切实解决其子女的教育难题，同时加强人文关怀，逐步培养这类人员的主人翁意识和归属感，引导其主动融入城市社会。

---

[1]　陈菊红：《促进农民工角色转换的途径分析》，《济南大学学报（社会科学版）》2012 年第 5 期。

其次，城市居民要消除对失地农民和进城务工人员的偏见和歧视，尊重其人格，在社会活动中加强与这类人员的互动和交流，增加彼此间的沟通和理解。大众传媒应引导正确、客观的社会舆论方向，改变过去对失地农民和进城务工人员贡献报道少、负面报道多的特点，帮助消除失地农民和进城务工人员长期形成的刻板印象。[①]

再次，用人单位要给予失地农民和进城务工人员必要的关照，不要把录用失地农民和进城务工人员仅当作降低人力成本的手段，要依法给予平等的福利待遇。失地农民和进城务工人员，特别是进城务工人员通常如候鸟般在城乡之间呈现出季节性迁徙，他们对自身的角色定位和职业发展规划存在困惑，也通常游离于社会保障体系之外。

最后，失地农民和进城务工人员自身也要主动融入城市社会，积极参与共享机制建设。一方面要转变观念，提高心理承受适应能力；另一方面要积极主动地享受政府提供的公共服务，强化维权意识，在城市工作、生活中不断地寻求表达自己诉求的合理方式，使政府、城市社区、城市居民能够及时地了解自己的诉求。

（三）以增强失地农民和进城务工人员能力为核心完善能力提升机制

包容性发展要实现对穷人的包容，而穷人真正的贫困不是资源，也不是财富，而是其素质和能力。失地农民和进城务工人员之所以不能有效融入城市发展，平等分享城市发展成果，与其素质不高、能力不强有着紧密的关联。在城镇化和城市现代化进程中，失地农民和进城务工人员不仅是现代化建设的承担者，更是实施者，只有具备了与城市现代化

---

① 陈菊红：《促进农民工角色转换的途径分析》，《济南大学学报（社会科学版）》2012年第5期。

发展要求相适应的素质和能力，才能真正融入城市主流社会，整个社会也才能真正实现全面、协调、可持续发展。推进城镇化包容发展过程中，能力提升机制建设的关键和核心在于，为失地农民和进城务工人员的职业培训、再教育、"干中学"等积极创造条件、提供机会，切实提高失地农民和进城务工人员的科学技术和文化素质，增强其接受城市文明、创造城市文明、分享城市文明的素质和能力，促使其积极主动地融入城市社会，彻底实现由农民向市民的转变。

失地农民和进城务工人员现代素质和能力的形成与提升，是与其担当的城市居民角色能力的提高相伴而生的；失地农民和进城务工人员担当的城市居民角色能力提升，又受到其角色定位的影响，而角色定位又取决于人的观念和价值准则。一般而言，改变一个人业已形成的观念和价值准则必然会遭到强大的反弹，既有的研究也已经表明，价值观和社会习惯需要长期的积累才能成形，同样地其变动也并非一朝一夕所能实现。相对于成年人，未成年人的观念和价值准则尚未定型，成年人的角色转换难度比未成年人的转换适应难度要大。因此，提高失地农民和进城务工人员担当城市居民角色的能力，既寄希望于失地农民和进城务工人员自身，更寄希望于其未成年的子女。

对失地农民和进城务工人员未成年子女而言，提高他们的城市居民素质和能力，最为重要的是让他们接受良好的教育：一是让随父母进城的未成年子女接受到与城市居民子女一致的教育；二是让留守农村的未成年子女能够受到良好的基础教育，能够受到优质的、适应社会用工需求的职业教育是着眼未来的当务之急。对失地农民和进城务工人员而言，其普遍存在受教育程度低、适应社会工作的岗位技能差等问题，当务之急是要通过职业技能培训和再培训，提高其适应和融入城市社会并实现适当就业的素质和能力。为此，公共财政要加大对失地农民和进城务工人员的技能培训支持力度，并有针对性地进行帮扶和指导，广泛提供就业信息和优惠政策，全面提升其的整体素质和技能水平，为城市经济社会发展提供充足且高质量的劳动力资源，这也是实现失地农民和进城务工人员与城市居民包容发展的现实选择。

二、在城镇化发展成果分配中充实包容发展机制

城镇化的外在表现形式是城镇用地规模的扩张和城市居住人口的增加，实质上则是城乡居住和生产空间的变迁、人口生活环境及方式的转变，期间伴随着若干价值观念的变化和利益结构的调整。在过去相当长一段时间内，我国城镇化的快速推进是以排斥农民对城镇化成果的分享为基础和条件的；科学合理推进中国特色新型城镇化，实现城乡居民能够公平地分享城镇化发展带来的各种红利，就必然要求推动实现城镇化包容发展的权利保障机制、共享机制和能力提升机制的有机协同。

（一）合理提高失地农民和进城务工人员分享土地增值收益比例

我国城镇化实践已经表明，"土地依赖"的城镇化之路充满风险，难以为继。包容性发展强调社会弱势群体的最大受惠，农民总体上讲仍属于社会弱势群体，让农民在城镇化发展中更多受惠，是包容性发展的题中之义。在城镇化发展成果分配促进城镇化包容发展的过程中，权利保障机制建设的重点在于，加快推进征地制度改革，把失地农民获取更合理和更高比例的土地增值收益这一诉求融入土地征用方案设计中，使其带着一份较为丰厚的财产融入城市生活，以弥补他们在社会资本积累、人力资本积累等方面的先天性不足。

提高失地农民在土地增值收益的分配比例，首先要合理确定征地补偿标准。确定征地补偿标准，不能再以一定年限的土地农业产值为基础，而是要着眼未来，在全面核算土地权益者各项权利的产能价值，以及因土地用途改变、基础设施建设、区位条件改善等因素所形成的级差地租的基础上，确定征地补偿标准。与此同时，结合经济发展水平的高低及动态变化，形成有弹性、灵活的征地补偿机制，避免曾经一度还算丰厚的补偿因经济发展总体水平提升而显得补偿不足，确保补偿安置标准的合理性长期不变。其次，完善以土地发展权为基础的征地补偿安置机制。切实保障被征地农民的土地发展权，采取多样化的方式予以补偿，赋予被征地农民获取稳定的持久收入的权利，使被征地农民能够凭借新式安置分享经济社会发展的红利，切实保障其持续生存和发展能力。

（二）加快建设民生财政

以民生财政为抓手推进共享机制建设，是确保社会财富再分配向失地农民和进城务工人员倾斜的重要途径。"民生"即"人民的生计"，改善民生，是执政党执政合法性根基所在。不断改善民生，已经成为党中央、国务院以及各级地方政府制定实施经济社会发展战略及相关政策的主旋律。财政是社会财富再分配的重要手段，民生财政要求财政支出都直接或间接地以维护、改善民生为出发点、落脚点，重点投放到科教、文化、卫生、体育及国防安全等领域，民生财政是发展成果由人民共享的最直接体现。城镇化成果分配促进城镇化包容发展的过程中，共享机制建设的重点在于，加快推进民生财政建设，确保财政支出向处于城市弱势群体地位的失地农民和进城务工人员倾斜，使财政的分配职能成为社会财富再分配向失地农民和进城务工人员倾斜的重要工具。

失地农民和进城务工人员所面临的民生问题主要表现在四个方面。第一，就业困难，就业质量不高带来的增收压力。由于城市的就业歧视，再加上自身素质的问题，失地农民和进城务工人员在城镇的就业成为"另类"，难以找到"体面"的工作，不仅待遇低，而且收入的稳定性也很差，面临着生活的持续稳定收入的巨大压力。第二，物价过高、特别是房价过高所带来的生活压力。面对城市物价的攀升，失地农民和进城务工人员生活开支、生活压力必然增加，与之相伴的是其储蓄增长乏力；与居高不下的城市房价相比，失地农民和进城务工人员的住房购买力不增反降；城市保障性住房供应本来就不足，而加上失地农民和进城务工人员，特别是进城务工人员往往被排斥在保障房覆盖范围之外，住有良居也因此成为难以企及的奢望。第三，社会保障不足，抗风险能力差所带来的过度焦虑。失地农民和进城务工人员往往缺乏必要的居住、医疗、工伤等基本保障，这不仅使他们缺乏在城市生活的安全感，也使他们对未来感到迷茫，进而过度焦虑，使生活质量大打折扣。第四，优质教育服务供给不足，引发失地农民和进城务工人员的社会地位和社会阶层固化。城市优质教育本身就供给不足，而城市教育、特别是优质教育又对失地农民和进城务工人员的子女设置了许多有形、无形的门槛，其子女通过接受优质教育跻身城市高收入阶层的通道变得更为狭窄，焦虑极容易产生代际传递。

针对这些问题，建设社会财富向失地农民和进城务工人员倾斜的民生财政，首先要完善失地农民和进城务工人员诉求表达机制，使政府能够读懂民众的社会需求，知晓不同社会群体在民生诉求上存在的差异，才能使财政决策体现民生要求，真正构建民生财政。失地农民和进城务工人员存在权利与权益保障缺失问题，这既与农民政治参与意识不强有关，更与城市基层民主建设落后，失地农民和进城务工人员诉求表达无门有关。民生的实质在于民主，城市政府要切实地把执政为民的理念落实到行动中，一方面要通过基层民主建设广开言路，对失地农民和进城务工人员的民生诉求予以特别关注；另一方面要充分发挥网络媒体、新闻报纸等公共言论平台的宣传及监督作用，完善民意收集、汇总和集成机制。

其次，要构建科学的财政支出体系，确保财政支出向民生倾斜，确保民生财政建设使失地农民和进城务工人员真正获益。我国财政支出存在"越位""缺位""错位"现象，很大程度上是政府职能转变尚未完全到位所致，进而影响财政在支持民生事业发展中的基础性作用发挥。建设民生财政一方面必须明确财政资金的供给范围[①]，明确需要由财政全额供给、需要财政提供补贴、需要失地农民和进城务工人员自己购买的公共产品和公共服务的内容，另一方面要明确财政资金的使用方向，提高财政资金的配置效率，重点投向社会急需、关联重大的民生领域，增进全社会的福利水平和幸福指数。

最后，从制度层面规范政府的行为，监督权力的运行。民生问题解决的关键在于资金的持续充足供应，民生的可持续提升涉及执政理念和权力运行，并不是一个有钱投入就能解决的问题，需有解决民生问题的机制和长期制度安排；要使民生问题的解决具有可持续性，必须从权力运行机制和制度入手。需要将中央自上而下的民生投入和地方自下而上的基层民主建设结合起来，通过扩大基层民主，强化地方权力机关对政

---

① 李塔娜：《论民生财政》，《理论研究》2010 年第 3 期。

府权力的制约，形成"民生巩固民权，民权保障民生"的良性循环。要使政府所拥有的资源最大可能地用于改善民生，地方政府不仅要对上负责，更重要的是对本辖区民众负责①。

（三）科学制定实施包容发展的城乡规划

提高城镇化包容发展能力的活动必然落实到具体的主体、具体的空间，这种落实具体表现在反映了城市发展方向的城乡规划中，包容性城镇化呼唤包容发展城乡规划。城镇化成果分配促进城镇化包容发展的过程中，能力提升机制建设的重点在于，推进包容发展城乡规划的制定和实施，把城镇化各领域包容发展、各类主体包容发展的诉求融入、体现在城乡规划中，以规划实施保障城镇化包容发展能力提升的落实。

从规划对城市发展的影响看，世界范围内，城乡规划先后经历了从"设计蓝图"的控制式规划，到"建立模型"的预测式规划，再到以渐进、倡导、协调等为特色的调解式规划甚至游说式规划的转变②。我国当前的城乡规划主要还是以"蓝图式控制"规划为主，城乡规划普遍存在着重物不重人的"四多四少"问题：一是硬件建设规划多，公共服务体系规划少；二是城乡规划对短期经济效益考虑多，对民生发展考虑少；三是城乡规划对直观可见的地面建筑设施布局考虑多，而对不能直接观察的地下基础设施建设考虑少；四是城乡规划考虑城市政府政绩考核的需求多，吸纳民众意见少，导致城市经济发展和城市生态发展的不包容，城市经济发展和民生发展的不包容。

包容发展的城乡规划首先要描绘城乡统筹的空间蓝图，引导城市和

① 傅道忠：《财政决策的民生导向探讨》，《当代财经》2009 年第 3 期。

② 陈鹏、翟宁：《包容性增长与城市规划范式转换》，《国际城市规划》2011 年第 1 期。

农村之间的协调发展。城乡协调发展并不仅仅只是缩小城乡收入差距，它也包括缩小城乡消费差距、公共服务差距等多重内涵。包容发展的城乡规划科学合理地引导城乡统筹发展，具体包括城乡产业、土地、设施、资金等要素统筹，城乡空间机制、政策机制、保障制度等机制统筹等方面的内容；城乡规划引导城市政府推进土地产权制度改革或土地使用类型的转换，但要警惕任何时候都不能随意侵占民众的合法权益。

其次，包容发展的城乡规划要对失地农民和进城务工人员予以特别关注，城乡规划从高度重视城市生态景观，合理配置生产空间、生活空间、生态空间的结构等方面，为失地农民和进城务工人员营造一个舒心的工作、生活、休闲环境；城乡规划切实体现公交优先的原则，坚持住房多元化，重点是加大保障性住房的供给力度，积极为失地农民和进城务工人员留在城镇发展创造条件。

再次，包容发展的城乡规划要创新规划流程，积极创造条件，广泛吸引社会公众关心规划，参与规划，为规划献计献策，真正实现规划公众参与的全面化与实质化。

最后，包容发展的城乡规划要推进城乡规划重点转变，把城乡规划关注的重点从地上转入地下，从用地转向设施（尤其是社会服务、福利等人力资源型设施），从新建转为更新改造，从拆迁后建设转为拆迁前的政策设计[1]。城乡规划要更具现实意义，与民生热点紧密结合起来以寻求对策和思路，如重点关注城市拥堵问题、城中村拆迁户安置问题、进城务工人员"落户难"问题和人口老龄化问题等社会现象。

---

① 陈鹏、翟宁：《包容性增长与城市规划范式转换》，《国际城市规划》2011 年第 1 期。

第五章　形成城镇生态文明建设的和谐共生机制

近年来，我国城镇化稳步快速发展，城镇成为推动区域经济增长和社会进步的"引擎"；与此同时，城镇也是资源消耗最多、环境压力最大的生态"凹地"。资源环境与经济发展的矛盾在各级城市和城镇特别突出和尖锐。生态文明是我国在实现中国特色社会主义过程中，对工业文明进行生态反思和超越而形成和发展的新的文明形态。2012年中央经济工作会议提出，积极稳妥推进城镇化，着力提高城镇化质量，把生态文明理念和原则全面融入城镇化全过程，走集约、智能、绿色、低碳的新型城镇化道路。中央城镇化工作会议后颁布的《国家新型城镇化规划（2014—2020年）》提出要"走以人为本、四化同步、优化布局、生态文明、文化传承的中国特色新型城镇化道路"，进一步明确了生态文明是新型城镇化必不可少的内容，是系统化解快速城镇化中的环境难题的新路子。推进新型城镇化就必须将新型城镇化建设和生态文明建设融合共建，形成城镇生态文明建设的和谐共生机制。

第一节　和谐共生的发展观及城镇化进程中的环境难题

城镇化与生态文明建设的和谐共生机制是建立在城镇化与生态环境

的矛盾运动之上的，其实质是我国社会文明发展模式的一种现代体现，即通过城镇化发展与生态文明建设的有机融合，实现城镇经济、社会、生态可持续发展。①

一、人与自然和谐共生的发展观

马克思、恩格斯高度重视人与自然的关系，主张人与自然是相互影响、相互制约、不可分割的关系，认为人类必须要与自然共同进化，协调发展。马克思指出："历史本身是自然史的一个现实部分，即自然界生成为人这一过程的一个现实部分。"② 马克思主义关于人与自然关系的理论实质上是人与自然关系的自然性和社会性的统一，是在重视人与自然两者同一性的同时，坚持自然界的优先地位，又重视人与自然关系的社会性，是唯物论与辩证法的统一。③ 其中，人与自然的和谐相处是人与自然关系的主要内容和理想目标。④

马克思曾经指出，人不是万物的尺度，不能主宰和肆意摆布自然。针对资本主义滥用耕地、浪费能源、毁坏森林、污染大气水体陆地等违背自然规律的行径，恩格斯曾严正警告："我们不要过分陶醉于我们人类对自然界的胜利。对于每一次这样的胜利，自然界都对我们进行报复。每一次胜利，起初确实取得了我们预期的结果，但是往后和再往后却发生完全不同的、出乎预料的影响，常常把最初的结果又消除了。"⑤

---

① 李晓燕：《以长效联动的实施机制建设城镇生态文明》，《农村经济》2013 年第 9 期。

② 《马克思恩格斯文集》（第 1 卷），人民出版社 2009 年版，第 194 页。

③ 王红梅：《论马克思主义的生态文明思想》，《河北青年管理干部学院学报》2007 年第 3 期。

④ 张葆春：《科学发展观蕴涵的文化基础》，《求索》2005 年第 12 期。

⑤ 《马克思恩格斯选集》（第 4 卷），人民出版社 1995 年版，第 383 页。

　　马克思主义的这一观点，与我国传统文化中"天人合一"的思想精髓是一致的。人类既不能通过"涸泽而渔，焚林而猎"的方式无限制地掠夺自然，也不能被"自然中心主义"所束缚而"固步自封"。这二者之间如何实现平衡，如何把握其中的度，正是协调经济发展与环境保护关系的一大难题。[1]

　　20 世纪 50 年代以来，世界各国由于追求经济增长而引发的资源枯竭、环境污染、生态失衡等各种资源环境问题，使单纯追求以经济增长为目标的发展观的局限性日益显现。为此，人们在可持续发展观的指导下，提出转变经济增长方式和资源开发利用方式，为应对环境污染制定了大量的治理对策。然而，随着这些措施的实施，其治理成效不甚明显，污染恶化的趋势未得到根本扭转，这就促使一些人从生存的角度对经济增长产生了质疑甚至全盘否定。如"罗马俱乐部"的"零增长"理论，[2]就是试图以经济的"不发展"来维持人类的生存和发展。这种观点显然有失偏颇，也不能从根本上解决发展中的生态环境问题。这是因为，其一，发展是人类社会的第一要义，它不以人的意志为转移；其二，环境问题是发展中的问题，必须在发展中解决，只有发展带来的技术进步和管理创新才能解决环境问题。

　　"和谐共生"的发展观着眼于可持续发展的实现，在满足人类不断发展的需要和愿望的同时，又注重为自然界的发展、他人的发展创造条件。和谐共生，就是不同事物之间或者同一事物内部各个方面之间相互作用、相互融合、取长补短、求同存异，形成适合发展的运动形式和发展机制，实现彼此共同发展，并不断进行优化。它的本质特征

---

① 李晓燕：《以长效联动的实施机制建设城镇生态文明》，《农村经济》2013 年第 9 期。

② 孙宝根：《现代"发展"范畴前说质疑》，《江苏教育学院学报（社会科学版）》1997 年第 4 期。

是通过和谐，实现共生、优化、创新。"和谐共生"发展的发展观认为：发展是"和谐共生"，即通过和谐实现双方的共同发展；发展是"和谐优化"，即发展可以通过事物间或事物内部各发展因素的优化整合来实现的；发展应是"和谐创新"，即通过和谐实现创新，推动事物的可持续发展。[①] 可见，发展选择和谐的形式，使事物在发展中保持共生、优化、创新的统一，是促进事物可持续发展及推动可持续发展战略实现的关键。

二、城镇化与生态环境的矛盾运动——和谐共生的视角

城镇化离不开生态环境的支撑和保障，而城镇化发展又必然对生态环境产生一系列复杂、深远的冲击和影响。

（一）城镇化与城镇生态环境的相互作用

城镇化与城镇生态环境的内在关系，有以下两个方面。

1. 城镇化对城镇生态环境具有决定作用

一方面，城镇化给生态环境带来负面效应。这是推进城镇化过程中备受关注和担忧的问题之一。城镇化包括城镇人口增长、经济发展、空间扩张和民生改善等相互联系的内容。随着城镇化进程的不断加快，城镇经济快速发展，人们生活质量大幅提高，城镇地域空间向外扩张，这也导致城镇环境污染和生态破坏日趋严重，生态环境容量和质量持续下降，自然环境所能够提供的生态服务不断减少。城镇化对生态环境的负面效应表现在多个方面，比如城镇化产生大量的固体废弃物、

[①] 叶飞霞：《"和谐共生"发展思想初探——对发展观的新思考》，《福建农业大学学报（社会科学版）》1999年第2期。

大气污染物、水污染物，严重污染了环境，破坏生态系统；城镇向外急剧扩张占用了大片土地，使城郊地区的自然环境被过度开发；城镇化将城镇内部技术水平不高和环境污染严重的低端产业或产业低端环节向农村转移，客观上将城镇污染向农村扩散、转移，形成新的污染区域①。

城镇化对生态环境产生的负面效应具有累积性和持续性的特征，使生态环境治理成为各个国家和地区城镇化发展中的难题之一。而且，在城镇化的各个阶段，这种负面效应的大小和表现也不同。一般情况下，城镇化推进速度越快，对生态环境的损耗就越多，生态环境面临的压力也就越大。

另一方面，城镇化也会对生态环境产生正面效应。比如，城镇化催生的先进技术和理念能够更好地治理环境污染、修复生态系统。城镇化是经济社会不断发展的必然要求，城镇化的过程就是经济增长、社会进步和技术创新的过程。在城镇化过程中，通过先进的管理理念和技术手段，集中治理污染，修复生态系统；同时通过转变经济增长方式，推广生态经济、绿色经济、循环经济和低碳经济等新的经济形式，推广使用清洁技术和低碳技术，控制企业污染排放总量，能够有效地提高环境的生态服务功能，缓解经济发展对生态环境的压力。

城镇化过程中的环境污染和生态破坏，是发展中形成的问题，应该在发展中得到缓解。污染防治和生态建设所需要的大量投入和先进技术，环境保护意识的提高，都只有通过城镇化发展才能够解决。②当城镇化发展到一定阶段，城市具备较强的环境保护、污染治理和生态恢复

① 姜爱林：《构建中国式生态型城镇化的若干建议》，《贵州环保科技》2001年第8期。
② 李晓燕：《以长效联动的实施机制建设城镇生态文明》，《农村经济》2013年第9期。

综合能力，就可以通过政府干预、市场调节和社会参与等多种渠道，增加环保资金的投入，从而将城镇化快速推进所带来的环境代价降到最低，实现经济、社会、环境综合效益最大化。如西欧发达国家城镇化水平高，同时城镇生态环境建设质量也很高。

2. 城镇生态环境反作用于城镇化

在生态承载力和环境容量的约束下，环境污染、生态系统破坏严重削弱了环境要素对城镇化的支撑和保障能力，同时也降低了人居环境的舒适度和投资环境的竞争力[①]。在城镇化过程中，如果只是经济快速发展而环保问题没有得到有效的解决，那生态环境问题就会成为经济发展的阻力；如果片面强调生态环境保护而导致经济发展放缓，那生态环境问题就会成为一种社会负担，造成社会经济资源的严重浪费[②]。由此可见，如何建设好生态环境，解决城镇化过程中的"环发矛盾"，成为一个非常重要的命题。

城镇生态环境对城镇化具有反作用，它可能更好地支撑起城镇化发展，也可能抑制城镇化进程。从各国城镇化发展实践来看，前者的难度很大，而后者往往是最常见的"发展中的陷阱"，例如巴西、墨西哥等国家就存在这方面的问题，我国的一些大中城镇目前也面临这样的困境。[③]

---

① 官锡强：《广西北部湾经济区城市群资源环境与经济可持续协调发展分析》，《城市发展研究》2009 年第 8 期。

② 胡彧、王红征：《论农村城镇化进程中的生态增殖效应》，《特区经济》2007 年第 5 期。

③ 姜爱林：《构建中国式生态型城镇化的若干建议》，《贵州环保科技》2001 年第 8 期。

（二）城镇生态环境的发展规律

城镇化发展的速度、规模与生态环境消耗的强度、数量密切相关，有些学者认为，从长期的、普遍的视角来看，城镇化与生态环境的关系将经历从协调到不协调、再到协调的三个阶段，分别为初期的低水平协调阶段、中期的对立与抑制阶段、后期的高水平协调阶段。在城镇化过程中，存在着生态环境消耗数量呈 S 形曲线、消耗强度呈倒 U 形曲线的变化特征（见图 5-1、图 5-2），这两个曲线在逻辑上是一致的，是同一过程的两种不同表达[①]。

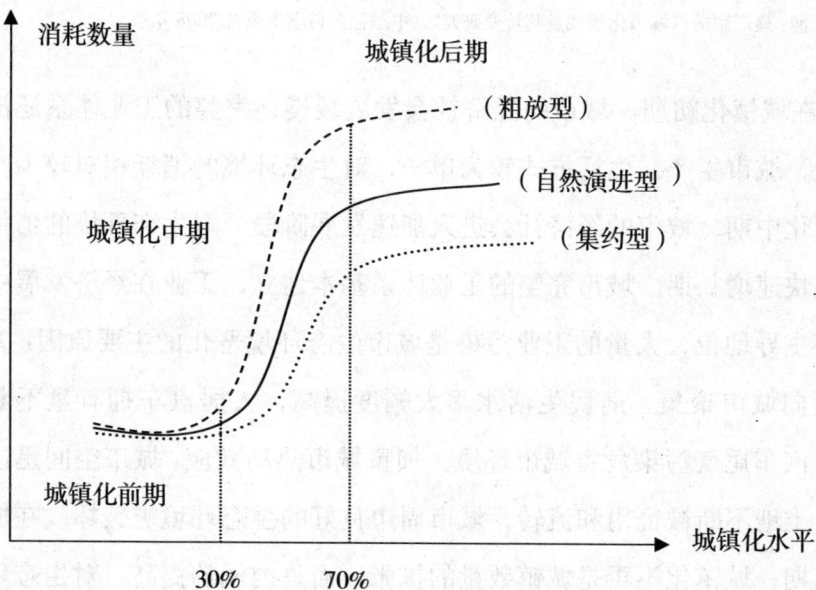

图 5-1　城镇化与生态环境消耗数量变化曲线

资料来源：盛广耀的《城市化模式及其转变研究》，中国社会科学出版社 2008 年版。

---

① 盛广耀：《城市化模式与资源环境的关系》，《城市问题》2009 年第 1 期。

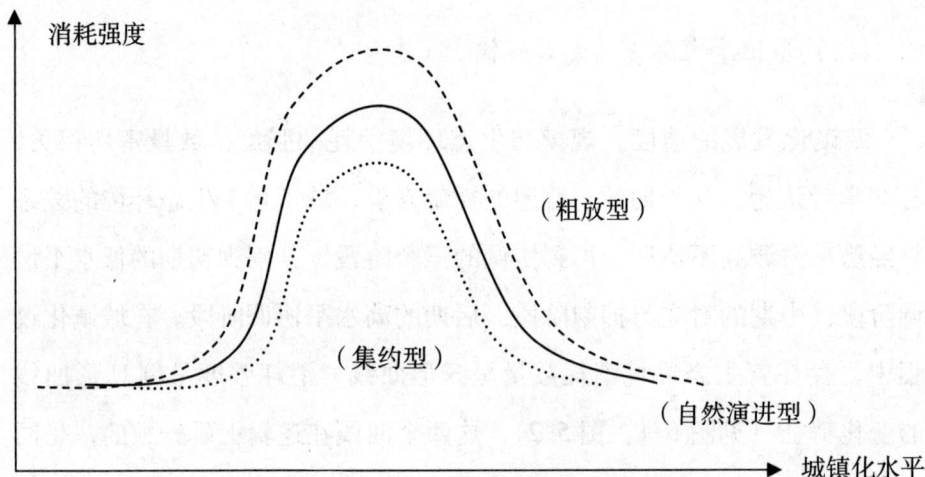

图 5-2　城镇化与生态环境消耗强度变化曲线

资料来源：盛广耀的《城市化模式及其转变研究》，中国社会科学出版社 2008 年版。

　　在城镇化初期，城市的经济社会发展缓慢，完整的工业体系还没有建立，城市生产、生活方式较为单一，对生态环境的消耗相对较少。在城镇化中期，城市的经济社会进入加速发展阶段，对生态环境的消耗也进入快速增长期。城市完整的工业体系基本建立，工业在经济发展中占据了主导地位，大量的工业污染是城市生态环境恶化的主要原因；人口快速向城市聚集，居民生活水平大幅度提高，人居汽车拥有量不断攀升，汽车尾气污染危害城市环境，加重城市热岛效应；城市空间迅速扩张，土地不断被征用和流转，城市周边良好的生态环境被破坏。在城镇化后期，城镇化不再是城镇数量的扩张，而是内涵的提高，对生态环境消耗的强度和数量都会减小。城市转变经济增长方式，优化升级产业结构，工业污染得到较好的控制；城市调整经济结构，第三产业在三次产业中的比重增加甚至超过工业，而第三产业对生态环境的消耗较少，这也在一定程度上缓解了城市的环境压力；另外，技术进步和创新使得污染控制水平和生态修复能力不断提高，这是治理生态环境问题的重要保障。

在城镇化过程中，随着城市生产力不断发展，经济快速增长，城市将不可避免地出现污染日益严重、环境负荷逐渐增大等生态环境问题。正如前面所述，这是城镇化与生态环境消耗关系的一般规律，我们不可能改变。但是，不同的城镇化道路和城市发展模式，实施的发展理念、环境政策和技术水平等不同，产生的生态环境效应也不同。如图 5-1、图 5-2 所示，粗放型的城镇化模式在经济发展中加大了生态环境消耗的强度和数量，并且重开发轻保护、重建设轻管护，生态环境日益恶化，其生态环境消耗的增长曲线上移并且相对陡峭；集约型的城镇化模式在经济发展中降低了生态环境消耗的强度和数量，城镇化对城镇生态环境的负面效应被弱化而正面效应得到加强，城镇经济、社会和生态环境综合效益实现最大化，其生态环境消耗的增长曲线表现为下移并且相对平缓。

由此可见，人类经济社会活动必然会影响自然生态环境，因此城镇化所产生的生态环境问题，关键不在于城镇化本身，而在于选择的城镇化道路和城镇化模式是否能够尽可能地与生态环境相协调。[1] 正如《国家新型城镇化规划（2014—2020 年）》提出的"走生态文明的中国特色新型城镇化道路"，在城镇化过程中转变经济增长方式和资源利用方式，实现人与自然的和谐共生、经济与环境和谐发展，那么即使城镇经济社会快速发展，城镇的生态环境也不会持续恶化，环境污染也可以得到及时有效的治理。

---

[1]　李晓燕：《以长效联动的实施机制建设城镇生态文明》，《农村经济》2013 年第 9 期。

三、我国城镇生态环境建设中的不和谐现象

近十年来，我国城镇化进程持续快速推进，并且取得了巨大成就。城镇化率显著提高，2016年年底我国常住人口城镇化率达到57.35%。城市数量增加、规模扩大，"2011年年底，全国共有657个设市城市，建制镇增加至19683个。据统计，2011年全国有30个城市的常住人口超过800万人，其中13个城市超过1000万人"。[①] 而到2015年，全国共有地级及以上城市291个，县级市361个，建制镇已达到20515个。（数据来源：《2015年城乡建设统计公报》，住房与城乡建设部）

在城镇化快速推进的同时，生态环境问题日益凸显，生态环境压力对城市发展的制约不断增大。随着居民生活水平的提高和消费结构的升级，"2002年至2011年，城镇居民家庭每百户汽车保有量由不足1辆增加到18.6辆"[②]。我国大中城市普遍呈现出生产、生活污染叠加，点、线、面源污染共存，新旧污染物交织，水、气、土污染相互影响的复杂态势，生态系统呈现无序化和非持续性，生态服务功能下降，出现了城镇化与区域环境要素的不协调现象。[③]

除了突出的生态破坏与环境污染问题外，我国城镇生态环境建设中的不和谐现象主要还有以下几个方面：

1.环境治理模式的不和谐

环境治理模式的不和谐突出表现在发展权与生态权的时序错配，边

---

① 张立群：《城镇化进程取得巨大成就》，《光明日报》2012年10月15日。

② 同上。

③ 江易华、鞠欢：《城镇化进程中生态城镇的建设与探析》，《改革与战略》2014年第3期。

污染边治理但却难以及时根治污染。我国环境污染治理是在城镇化快速推进的过程中进行，是一种高污染状态下的治理，一边高调环保一边恣意污染，致使治理成本加大，环境污染问题难以得到根本解决。以大气污染为例，2016 年，京津冀、长三角、珠三角等重点区域及直辖市、省会城市和计划单列市共 74 个城市相继按照新标准开展监测。监测结果显示，74 个城市中，海口、舟山、惠州、厦门、福州、深圳、丽水、珠海、昆明、台州、中山、拉萨等 12 个城市空气质量年均值达标，较上年增加 5 个；66 个城市空气质量不同程度超标。在全国 474 个监测降水的城市（区、县）中，酸雨频率均值为 12.7%。出现酸雨的城市比例为 38.8%，酸雨频率在 25% 以上的城市比例为 20.3%，酸雨频率在 75% 以上的城市比例为 3.8%。[①]

2. 环境利益分配的不和谐

环境利益分配的不和谐突出表现在生态破坏和环境污染的外部性显著，环境利益获得者尚未完全承担起应尽的环境义务，自然环境的补偿不足、环境利益受损群体的补偿不足、社会成本的补偿不足。据《中国环境经济核算报告（2004—2010）》测算，2004—2010 年我国仅因以 PM10 为核心污染物的空气污染导致的早死人数达到 35 万—50 万人，由健康造成的经济损失占 7 年来总 GDP 的 0.8%—1%。自 2004 年以来，基于退化成本的环境污染代价从 5118.2 亿元提高到 9701.1 亿元；2008 年的环境退化成本为 8947.6 亿元；2009 年环境退化成本和生态破坏损失成本合计 13916.2 亿元，较上年增加 9.2%，约占当年 GDP 的 3.8%。[②]

---

① 中华人民共和国环境保护部：《2016 年中国环境状况公报》2017 年 5 月 31 日。

② 王金南、於方、曹东等：《中国环境经济核算研究报告（2005—2006）》，中国环境出版社 2013 年版。

3.污染空间扩散的不和谐

污染空间扩散的不和谐突出表现在不负责任的污染转移和跨界污染。截至 2015 年 9 月底，全国设市城市、县累计建成城镇污水处理厂3830 座，污水处理能力约 1.62 亿立方米 / 日，[①] 然而，城乡污水处理厂集中处理率差距很大，城市污水处理率已达到 87%，但村庄的污水处理率只有 8%。此外，县城的污水处理率接近 80%，但建制镇的污水处理率不到 30%。建制镇未处理而外排的污水总量为城市和县城总量的总和，村庄未处理的污水总量是城市未处理污水总量的 1.5 倍。[②] 然而，在城市产业"退二进三、腾笼换鸟"的政策推动下，大量的污染型产业或产业的污染环节被外移到城郊和农村地区，更使城郊和农村地区的治污能力捉襟见肘。目前，城郊地区特别是大中城市的近郊区，面临着大气污染、水环境污染、土壤污染、固体废弃物污染、生态破坏等日益突出的问题，对城郊可持续发展形成较强的制约。此外，一些地方在规划产业布局时，往往将污染型产业布局在行政区的边界地区，将污染物通过大气循环和跨境水流直接排往邻近地区。以至于行政区边界地区成为环保目标难以企及、环保政策难以惠及、环保责任难以明确的污染累积区，如江浙边界太湖水污染、湘黔渝交界"锰三角"污染、山西陕西内蒙古交界"黑三角"地区污染、豫鄂交界地区白河污染等。

---

① 中华人民共和国住房和城乡建设部：《关于全国城镇污水处理设施 2015 年第三季度建设和运行情况的通报》2015 年 12 月 10 日。
② 赵晖：《我国城市污水处理率已达 87% 村庄仅为 8%》，《新京报》2014 年 6 月 20 日。

第二节　促进城镇生态文明建设的和谐共生机制的主要内容

城镇生态文明建设，是将生态文明建设贯穿在城镇化的全过程，贯穿在城镇经济社会发展的各个方面。这就要求构建具有不同制度层面和相应的政策措施、并且在生态文明建设不同时期体现出不同特征的和谐共生机制。①

一、走生态文明的新型城镇化道路②

《国家新型城镇化规划（2014—2020年）》提出，要"走以人为本、四化同步、优化布局、生态文明、文化传承的中国特色新型城镇化道路"。从我国城镇化实践中经济社会与生态环境的关系来看，经济的快速增长是以牺牲环境为代价的。多年来我国出台了一系列保护生态环境的法律法规、政策措施，投入大量人、财、物进行生态环境建设，取得了显著成效。然而，令人遗憾的是，大量的生态环境项目并没有从根本上扭转生态环境恶化的总体趋势。其症结不在于城镇化本身，而在于我们的城镇化实践与生态环境的自身发展有所脱节，是在工业文明的框架下用单一的生态环境建设解决复杂的生态问题。这具体体现在以下两个方面：

一方面，我国城镇化发展模式是高消耗、高污染的粗放型发展模式，在环境承载力和环境容量的约束下，这种发展模式不能长期维持下

---

① 李晓燕：《以长效联动的实施机制建设城镇生态文明》，《农村经济》2013年第9期。
② 同上。

去。同时，这种粗放型发展模式使得城市始终处于高污染状态，即使有再完善的环保政策和措施、再多的资金投入和再先进的技术，都难以从根本上改善环境质量。

另一方面，我们一直在工业文明的框架下寻求城市可持续发展的途径。在很长一段时期，我们简单地把城市可持续发展等同于城市生态环境建设，试图用单一的生态环境建设措施去解决一个庞大的、复杂的、涉及多方利益主体的城市可持续发展问题，忽视了可持续发展的精髓是人与自然和谐发展、协调发展、永续发展的生态文明这一特征。因而，自觉或不自觉地仍然以"人类中心主义"去建设生态环境、改变生态环境。[①] 这正是我国生态环境建设成效差强人意的原因之一。

未来 15 年，我国仍处于工业化和城镇化加速发展阶段，人口将继续增加，经济总量将再翻两番，资源、能源消耗持续增长，环境形势十分严峻：既要解决历史遗留的环境污染和生态破坏欠账，治理大气污染、水污染、土壤污染等，清理累积的污染物；又要在经济快速增长和城镇化快速推进中，遏制环境同步恶化的趋势，防止可能出现新的环境问题。如果仍然以工业文明"人类中心主义"来指导城镇化发展，只会让经济发展与生态环境保护的矛盾日益尖锐。

生态文明是我国在建设中国特色社会主义的过程中，对工业文明进行生态反思和超越，而逐步形成和发展的新的文明形态。生态文明建设是解决当前环境与发展矛盾的突破口。走生态文明的新型城镇化道路的关键，是自觉践行科学发展观，建设符合城镇情况和城镇化发展趋势、具有城镇特色和城镇形态的城镇生态文明。

---

① 邓玲等：《我国生态文明发展战略及其区域实现研究》，人民出版社 2014 年版。

二、城镇生态文明的制度层次与建设过程

建设城镇生态文明，必须要有一套切实可行的制度体系，以此推动经济社会发展和生态环境保护的体制创新，并形成长效实施机制。

（一）城镇生态文明的制度层次

借鉴新制度经济学理论，城镇生态文明有三个制度层面（见图5-3）：一是在制度环境层面上构建并形成总的城镇生态文明；二是在制度安排层面上，今后较长时期内实施以产业结构升级、增长方式转变、消费模式转型为主要内容的正式制度和树立生态文明观念为主要内容的非正式

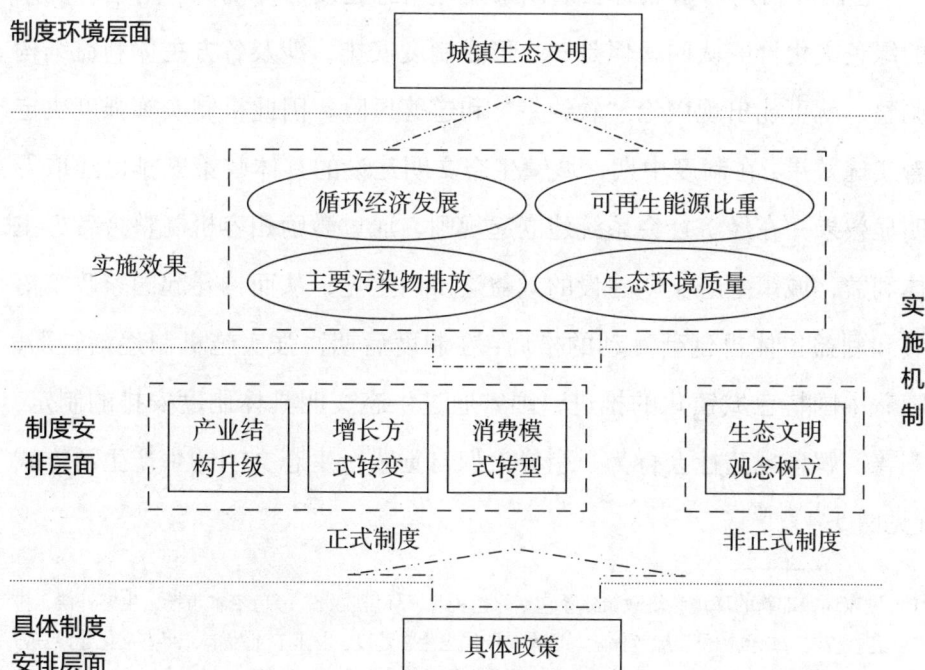

图 5-3　城镇化与生态文明融合共建机制的制度层次

制度；三是在具体制度安排层面，相继实施并逐步完善相应政策①。通过建立健全正式制度与非正式制度，构建切实可行的实施机制，依据发展趋势和紧迫程度，优先在循环经济发展、可再生能源比重、主要污染物排放、生态环境质量四个方面取得初步实施效果，经过不断努力，逐渐形成城镇生态文明的制度环境。②

（二）城镇生态文明的建设过程

虽然城镇生态文明建设受外部性、各方利益主体难以协调等更为复杂的因素影响，但总体上也存在着由强制政策向社会习惯演进的三个阶段：

在制度初期，虽然有长期以来践行生态建设与环境保护所培育起来的绿色文化价值认同，但是一旦形成制度安排、涉及各方主体利益结构调整，就可能出现舆论"软约束"和道德风险，因此机制实施强度决定着实施效果；在制度中期，城镇生态文明建设的具体政策安排已经取得明显效果并在经济社会系统建立起规则，通过激励相容机制整合各方主体利益，城镇生态文明建设的效益逐步内生化，从而构建起国家政策落实和利益主体再创新互动的格局；在制度后期，强实施机制逐渐转弱，随着中国特色城镇化的推进，国家通过生态文明具体制度安排的制定、完善、解释规范社会行为，引导人们自觉践行生态文明的生产生活方式（见图 5-4）。③

---

① 国家环保部新的环境经济政策体系包括绿色税收、环境收费、绿色资本市场、生态补偿、排污权交易、绿色贸易、绿色保险。国家林业局从生态建设、林业产业发展、生态文化建设三方面着手建设生态文明。

② 王彬彬：《论生态文明的实施机制》，《四川大学学报（哲学社会科学版）》2012 年第 2 期。

③ 同上。

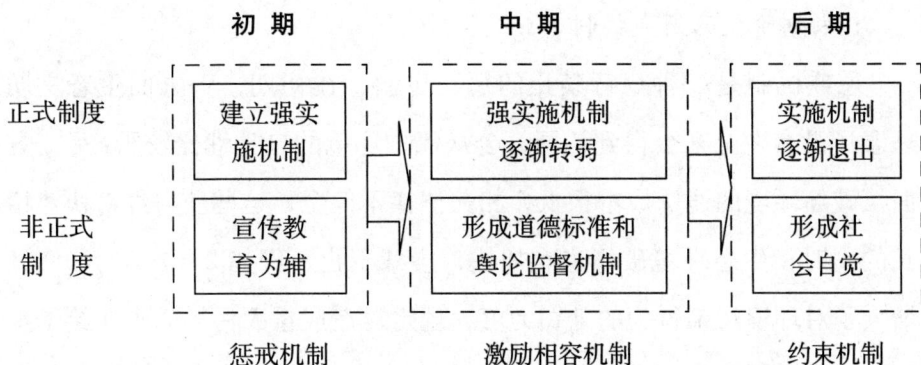

图 5-4　城镇化与生态文明融合共建机制的制度过程

三、城镇生态文明建设和谐共生机制的基本构成

（一）行为导向机制

所谓行为导向机制，是国家对每个国民在城镇生态文明建设中的努力目标、生态文明行为方式和生态文明的共同价值观的规定。研究表明，个人理性不等于集体理性，个人的价值观也不一定与集体的价值观相一致。因此，有必要通过行为指导、行为规范、行为激励等方式引导个体的行为和价值观转移到集体的行为和价值观上，为总体上建成城镇生态文明这一目标服务。

城镇生态文明建设总体上存在着由强制政策向社会习惯演进的三个阶段，然而受利益驱动，这种阶段性递进并不会自发自觉演进，因此有必要构建行为导向机制，分别在城镇生态文明建设的初期、中期和后期，构建惩戒机制、激励相容机制和约束机制，形成城镇生态文明总的发展趋势。

1. 初期阶段的惩戒机制

惩戒机制是一种令行禁止的惩罚机制。在初期，一方面生态文明理念还没有在全社会得到认同，公众保护环境的自觉性比较弱；另一方面，破坏环境的违法成本很低，相关法律不健全，这些使得经济快速增长的同时，生态环境破坏也在加快，屡禁不止。例如 2010 年刑法修订增大了对环境污染行为的处罚力度，规定对造成重大污染的企业给予量刑，但重大污染的标准是什么却无从得知，[①] 小量的排污持续累积也会造成严重的污染，却没有得到足够重视。因此，在这一时期，建设城镇生态文明需要强有力的惩戒机制，通过法律、条例等威慑违法者。

2. 中期阶段的激励相容机制

激励相容机制是一种基于利益的引导机制。这一时期，随着政府大力倡导、媒体广泛宣传和奖惩机制的实施，整个社会逐步树立起生态文明理念，通过转变生产生活方式来践行生态文明。一方面，城镇化快速推进获取的经济效益与生态文明实施带来的生态效益协调相容；另一方面，这种相容带来的巨大综合效益激励地方政府、企业、个人主动地追求和谐的人与自然关系。

3. 后期阶段的约束机制

约束机制是一种边界规范机制。这一时期，人们保护生态环境的自觉性大幅度提升，生态文明的理念深入人心，在生活方面倡导绿色、环保、节约，在生产方面推广清洁生产、循环经济，相应的法律法规也逐步完善。在行为"红线"内或负面清单外，经济社会可以自由发展，人们可以将自身发展与生态文明建设高度统一起来。

---

① 张景义：《要提高破坏环境的违法成本》，《人民法院报》2013 年 3 月 11 日。

（二）生态补偿机制

所谓生态补偿机制，是指对由发展而导致的生态环境破坏、生态功能退化、生态质量下降等损害进行成本追加或利益补偿，以弥补生态环境服务供应方因保护生态环境所造成的损失，内化生态环境服务受益方的环境成本，提升生态环境的自我恢复能力和可持续发展能力。

城市生态环境承载了城市的存在和发展，承载了经济、社会、政治等城市生活方方面面的内容，是一种城市政府、企业、社会组织、居民等相关主体广泛受益的公共产品。同时，城市生态环境也是一种生态环境，在城市空间内的分布具有非均衡性。作为基本经济要素，城市生态环境受到级差地租和资源稀缺程度的影响，离城市功能型中心（如商业中心、制造业中心、教育中心、医疗中心）较近的生态环境资源将被大规模改造，原有的生态保障和环境净化功能转变成经济收益功能；此外，一些资源稀缺度较高的生态环境资源被商业化利用，整体开发成城市的景观空间。作为公共产品，城市生态环境受到生态功能的强弱、环境容量的大小、辐射半径的远近、受益群体的多寡的影响，特别是城市的水源供应地、城市周边的生态保留地，可以为整个城市提供干净的饮用水、新鲜的空气等生态环境服务，构成城市的物质循环系统和生命支持系统。可见，城市生态环境兼有经济价值和生态价值，而且这两种形式的价值多数情况下具有相互排斥性，这就构成了城市生态环境利用的机会成本。因此，生态补偿机制不仅包括生态环境利用（或破坏）的成本（或损失）补偿，还包括生态环境利用的机会成本补偿和可持续发展的补偿。生态补偿机制的补偿方是生态环境服务的受益方（或破坏者），被补偿方是生态环境和生态环境服务的提供者（或保护者）。

（三）区域合作机制

所谓生态环境建设的区域合作机制，是指针对跨行政区域或多个行政区共有的生态建设和环境污染问题，通过多个行政区域之间的协商合作，以治理不负责任的跨界污染，提供区域间横向的生态补偿，建设大尺度的生态功能区，逐渐将生态环境的空间外部性内部化。

虽然城市是建设在一定的生态环境之上，但是正如马克思所提出的"自然力"，生态环境却自有一套生长机制和运行规律。在空间维度上，这就表现为生态环境运行的地域空间范围和空间要素组合与城市的空间生长和生产生活生态布局之间并不完全一致。因此，城市经济社会活动的生态环境影响可能超出城市本身的空间范围，波及周边或下游的其他城市（地区），形成一种空间溢出效应，也就具有了生态环境的空间外部性。当城市作为一个行政单元时，在行政绩效考核和城市风险转嫁的驱使下，往往倾向于将优质的生态环境资源占为己用，而将污染物向外排放。常见的例子是，在流域上下游的城市之间，上游城市流域断面的水质相对于流出的水质普遍较好，而上游城市的工业布局、特别是污染型产业的布局往往是在所谓的"下风下水"位，有的上游城市甚至直接布局在城市交界的上游一侧；又比如，许多物种的繁育地、栖息地因城市而割裂，呈现出碎片化的状态，在每个城市内部物种的生态保护显得井然有序，但是城市之间却缺乏生态廊道等有机联系，使区域生态功能的整体性和系统性大打折扣。随着城镇化的深入推进，单个城市的空间割裂正向城市群的空间融合转变，城市群内部各城市之间的经济、社会、生态、基础设施、公共服务、城市管理等联系日益紧密，形成一个功能竞合的城市有机体。城镇生态文明建设的区域合作机制就是要在城市群间建立起跨城市的生态环境联防联治合作机制，尽量消除生态环境建设的空间外部性，促进城镇生态文明建设的协同共建。

四、城镇生态文明建设的和谐共生机制面临的现实问题

然而，当前城镇生态文明建设和谐共生机制仍然存在以下制约因素和现实不足。

（一）行为导向机制不健全

严格来说，行为导向机制才是化解经济发展与环境代价的冲突、实现可持续发展的根本办法。相对于作为事后控制的生态补偿机制，行为导向机制将生态环境问题的风险管理前移，通过规范相关主体的行为，有节制地利用生态环境资源，减少生态破坏和环境污染。这与建设生态文明的主旨是一致的。然而，当行为导向机制不健全时，在利益目标的驱动下，相关主体并不会自觉地履行生态文明的行为。因此，完善行为导向机制尤为必要。

1. 行为规范存在重企业、轻居民、轻政府的倾向

生态环境的行为导向机制要着力规范企业的行为、居民的行为和政府的行为。从宏观的尺度来说，企业的行为是生产方式的具体体现，居民的行为是生活方式的具体体现，政府的行为是治理方式的具体体现。新中国成立后，我国建设了"三北"防护林、长江上游生态屏障等一大批生态项目，1973年又成立了环境保护的国家机构——国务院环境保护领导小组办公室。经过20多年发展，我国的环境保护政策已经形成了一个完整的体系，包括"预防为主，防治结合""谁污染，谁治理""强化环境管理"这三项政策和"环境影响评价""三同时""排污收费""环

境保护目标责任""城市环境综合整治定量考核""排污申请登记与许可证""限期治理""集中控制"等八项制度。① 当前的环境政策虽然已从早期的污染事件预防向污染预防前移，但是，从总体上看，环境政策规范的行为主体仍然主要是企业和建设项目。随着城市经济的发展壮大，经济发展越来越依赖以居民消费和政府消费为主的消费拉动，居民行为和政府行为对生态环境的影响日益增强，这一趋势在现有的生态环境政策体系中并未充分体现。

2.行为导向存在重处罚、轻激励、轻约束的倾向

由于生态建设和环境保护相关部门存在自身利益，对生态破坏和环境污染的执法在早期成为一项重要的罚没收入来源，甚至出现以罚代管的不合理现象。这造成的另一个问题是，能够带来罚没收入的生态环境问题得到过度重视、越位管理，而一些不能带来罚没收入甚至需要资金支持的生态环境问题却长期管理缺位。在城镇化进程中，城市主体、行为、文化等逐渐呈现出多元化的特征，新的生态环境问题层出不穷、更为复杂，涉及主体由"小众"的企业和项目转变为"大众"的城市居民，生态环境执法中的问题细分和主体界定更为困难，所依据的生态环境法律法规也难以一一规范，因此政策变迁的趋势是由问题指向的处罚政策，向行为导向的激励政策、非禁即可的约束政策转变。显然，当前的生态环境行为导向机制滞后于这一转变的趋势。

（二）生态补偿机制不深入

我国早在 2000 年年初就引入了生态补偿和生态有偿服务的理念。

---

① 《我国当前环境保护政策的主要内容》，腾讯网 2009 年 10 月 16 日，http://news.qq.com/a/200910 16/001808.htm。

经过长期的理论探讨和科研论证，2007年国家环保总局开始在自然保护区、重要生态功能区、矿产资源开发区和重点流域等4个领域率先进行生态补偿制度试点。然而，这些生态补偿机制的政策试验主要是在以自然生态环境为主的大尺度区域空间内展开，以城市为主体的、小尺度区域空间内的生态补偿机制的探索却相对滞后。以成都市为例，位于成都市近郊半小时车程的郫县三道堰镇是成都市重要的水源地之一，由于不能搞工业建设，这个历史上的交通枢纽，直到2000年还是一个房屋破旧、街道脏乱、基础设施落后、居民生活拮据、地方财政资金匮乏的小镇①。在没有建立生态补偿机制的2001年，成都市房地产投资开始升温后，作为变相的补偿，政府默认当地居民在自家的宅基地上修建"小产权房"并对外销售，从而使居民获得可观的房屋租赁收入和销售收入。然而，随着三道堰房地产市场的逐渐兴旺，2006年后房地产开发商进入当地进行房地产开发，过度的人口集聚、滞后的基础设施建设，使得作为水源地的三道堰不堪重负，提供的饮用水水质明显下降。可见，城市内部的生态补偿不能仅仅用经济收益来实现补偿，更要构建一套完善可行的生态补偿机制。

1. 生态环境产权仍不明晰

生态补偿机制的理论基础建立在生态环境外部性和产权制度之上。明晰产权，并将产权确定下来、成为一种财产权利，是开展生态补偿机制的关键关节。生态环境产权的内涵与范围是什么、谁享有生态环境产权的初始配置权，决定了生态补偿的范围、主体和实施机制。更复杂的是，虽然中央确立了"谁受益谁补偿、谁破坏谁恢复、谁污染谁治理"

---

① 北京大学国家发展研究院综合课题组：《还权赋能——成都土地制度改革探索的调查研究》，《国际经济评论》2010年第2期。

的补偿原则，①但在具体操作中，生态环境活动是一种群体性行为，不同群体由于临近生态环境资源的远近不同、所从事的生产生活活动的内容不同，其从生态环境服务中受益程度也是不同的，如同样受益于水源地保护，上游和下游、企业和居民受益的程度各不相同。同时，有的群体是纯粹的生态环境受益者，有的群体既享受上游的生态环境服务、又部分地为下游提供生态环境服务。因此，生态环境产权的权利分级和主体分类上的困难，使得当前生态环境产权仍不明晰。

2. 生态环境补偿的制度建设滞后

生态环境补偿制度建设滞后集中体现在为生态环境补偿配套的一些制度支撑严重不足。首先，生态服务价值评估核算体系、生态补偿标准体系、生态环境监测评估体系等缺乏统一、公允的测算方法、指标体系、阈值标准。如何确定生态服务的价值，如何确定生态补偿的环境成本补偿、机会成本补偿、发展权补偿的具体内容和金额标准，如何测评实施生态补偿机制后生态环境的改善程度，是补偿双方、补偿政策制定者最为关注又最难达成一致的核心问题。其次，生态补偿标准的动态调整尚未有明确的操作方案。城镇化进程中，城市内部区域空间的经济价值随着基础设施的便捷度和经济活动的活跃度而不断发生调整，因此城市的生态环境服务即使不扩大规模、提高质量，也会因机会成本的变化而发生调整。比如，当周围的地价升值后，城市水源地的补偿标准也应相应提高。最后，城市生态环境的管理部门分散在各个职能部门，出现多头监管、多头评估，生态补偿也有多套体系、多个标准。以水资源为例，城市建成区以外的水资源由水利部门管理、城市建成区以内的水资

---

① 徐绍史：《国务院关于生态补偿机制建设工作情况的报告》2013年4月23日。

源由市政部门管理，在开展跨区域的水资源补偿时，不得不对管理体制进行先期梳理，以使生态补偿机制能够顺畅运行。

（三）区域合作机制不完善

早在 2004 年《泛珠三角区域环境保护合作协议》就提出，要在循环经济发展、大气污染防治、水环境保护、环境保护监测、环境保护科技和产业合作、环境宣传教育等领域建立区域合作机制。然而，这一机制是在涉及九个省份和两个特别行政区的宏观尺度范围内，为推动产业转移和梯度布局、基础设施网络和城市群空间优化服务的，区域合作的内容、机制都较为宽泛。随着我国城镇化的快速推进，城市群内部各城市、各城镇之间的微观区域合作机制仍然发展不足，这是当前城市群一体化发展中的制约因素之一。

1. 区域竞争与地方保护仍然制约着区域合作

由于存在地方的本土意识，地方保护主义在我国长期盛行，统一的区域市场难以建立。在生态环境方面，地方保护主义更为关注本地的生态环境利益，倾向于牺牲其他地区的生态环境利益。另外，在财政分税制和现行干部考核制度下，地方政府的税收利益和地方干部的绩效考核，都是以本行政区域为分界线。以干部考核制度为例，虽然近年来从以 GDP 为主的绩效考核转变为经济社会生态全面发展的绩效考核，环保考核甚至出现了"一票否决制"[①]，但是周边城市区域的生态环境改善仍然与本地干部的绩效无关。事实上，为了达成环保指标、避免"一票

---

① 《国家环境保护"十二五"规划》提出"制定生态文明建设指标体系，纳入地方各级人民政府政绩考核。实行环境保护一票否决制"。也就是说，如果环保指标不完成，其他工作完成再好也不达标。

否决",本地干部会更加努力地竞争区域内有限的生态环境资源,将自身利益转化为本地利益,有可能会阻碍生态环境利用的区域合作。

2. 区域合作缺乏权威的协调机制

区域合作的不顺畅,也与我国现行的管理体制密切相关。在中央—省—市—县(区)—乡镇的五级行政层级中,财权事权不对等的问题[①]长期存在,行政层级越高、集中的行政资源就越多,这就使得地方政府为争取政策、资金、项目而"跑部钱进"的现象屡禁不止。在这样一个行政系统中,本来上下行政层级之间的垂直联系就多于同级政府、同级部门之间的水平联系,再加上地方政府往往不愿意与周边区域分享其争取到的政策、资金、项目,区域合作更缺乏激励机制。尤其是对于小区域内地方政府之间的生态环境合作,由于参与主体不多、没有事关全局的影响力,更难以获得上级政府的协调和指导,缺乏"公了"的机制,只能"私了"。这也使区域合作更难达成,即使形成协议,也疏于执行和监督。

第三节　完善和谐共生机制的对策

城镇化与生态环境的和谐共生是一个动态调整的过程。按照"胡焕庸线",如果以黑龙江漠河和云南腾冲为端点,画一条接近45°的直线,那么在中国的国土上,人口聚集区、城镇密集区和生态环境的主要承载区都分布在这条线以东、约占全部国土面积38%的区域内。因此,

---

① 表现为财权不断上收,事权不断下放。

中国的城镇化，既是人的城镇化，也是生态环境的城镇化。从根本上来说，在中国这样一个人均空间资源、自然资源、生态环境资源都不宽裕的国家内，必须要重视城镇生态文明建设，在城镇化的过程中就应着力化解城镇经济社会发展与生态环境的矛盾问题。在当前的城镇化发展阶段，要着力完善行为导向机制、生态补偿机制、区域合作机制。

一、完善行为导向机制

1. 强化惩戒、激励、约束三大机制

强化惩戒机制，一是建立自然资源保护管理、环境损害赔偿、生态环境损害责任终身追究机制，[①] 综合运用经济处罚、限期治理、停产整顿、限产限排、关停搬迁和征信审核等行政手段，加强惩戒和整改力度，构建完善的环境违法惩防体系[②]。二是完善信用信息使用制度，形成以守信激励和失信惩戒为重点的社会信用体系运行机制。[③] 三是完善环保信息公开制度和环境保护有奖举报制度，将排污企业向公众公布，邀请公众协助监督，还公众环境保护的知情权和监督权。[④]

强化激励相容机制，一是要将生态价值观纳入社会主义核心价值体系，形成资源节约、环境友好、生态安全的执政观、政绩观。[⑤] 二是加大媒体宣传力度，利用电视、网络、报纸和墙报等形式，广泛开展生态

---

① 夏光：《再论生态文明建设的制度创新》，《环境保护》2012 年第 12 期。
② 徐佳伟：《健全高效完善的生态制度体系》，《嘉兴日报》2010 年第 9 期。
③ 《关于贯彻党的十八届三中全会精神全面深化改革的决定》，《福建日报》2013 年 12 月 3 日。
④ 张景义：《要提高破坏环境的违法成本》，《人民法院报》2013 年 3 月 11 日。
⑤ 夏光：《建立系统完整的生态文明制度体系——关于中国共产党十八届三中全会加强生态文明建设的思考》，《环境与可持续发展》2014 年第 3 期。

文明宣传。[①] 特别是强化企业的社会责任感和荣誉感，形成对保护环境引以为荣的道德风气。[②] 三是完善生态建设和环境保护的法规条例与评价体系，对区域生态文明建设成效进行科学评估。

强化约束机制，逐步建立健全自然资源与生态环境"红线"。在城镇化进程中，将《全国国土规划纲要（2011—2030 年）》提出的生存线[③]、生态线[④]、发展线[⑤]、保障线[⑥]与城镇化的动态需求结合起来，落到实处。

2. 引导企业发展集约高效、循环低碳的生产方式

根据资源禀赋、区域优势和行业特点，合理调整城市产业结构，利用惩戒机制严格限制上高耗能、高耗水、高污染、高排放项目，加快淘汰落后技术、工业和设备。[⑦] 培养企业的环保自我约束机制，鼓励企业实施技术改造，降低生产能耗和污染；鼓励企业树立生产过程清洁化、资源利用高效化的理念，推广企业清洁生产技术，发展清洁能源和可再生能源。积极推广循环经济，逐渐从企业、园区、产业推广到整个城市，打造资源高效循环利用的产业链，建立发展循环经济的技术支撑体系。[⑧]

---

① 郑志国：《探索建立生态发展激励机制》，《南方日报》2012 年 8 月 27 日。
② 夏光：《建立系统完整的生态文明制度体系——关于中国共产党十八届三中全会加强生态文明建设的思考》，《环境与可持续发展》2014 年第 3 期。
③ 严守 18 亿亩耕地保护面积红线和到 2030 年全国用水总量控制在 7000 亿立方米以内的水资源开发规模"红线"，保障国家粮食和水资源安全。
④ 明确天然林、天然草场等基础性生态用地保护规模，建设国家生态屏障，提高生态环境安全水平。
⑤ 保障工业化城镇化所必需的建设用地，优化城乡建设空间。
⑥ 确定能源和矿产重要生产基地及运输通道，确保资源持续有效供给。
⑦ 盛广耀：《城市生活品质与城市发展可续化的思考》，《上海城市管理》2010 年第 11 期。
⑧ 李晓燕：《以长效联动的实施机制建设城镇生态文明》，《农村经济》2013 年第 9 期。

将生态文明理念融入农业和服务业发展过程中，加快农业和服务业生态转型和结构升级，实现城市在生态资产不断增值、生态盈余不断扩大的基础上的可持续发展[1]。建立现代、生态、特色的农业生产体系，建设具有无限生机和活力、与城市景观协调统一的田园风光，增强农业的生态服务功能，提高农业在城市生态安全、粮食安全和食品安全等方面的保障能力。大力发展环境友好型服务业，结合观光农业、体验农业发展生态旅游业，结合低碳技术发展节能环保型房地产业，推动以生态工业和生态农业为基础的绿色商贸业[2]。

3.引导居民践行绿色环保、节约低碳的消费方式

以形成个人、家庭、政府的约束机制为前提，在全社会倡导节约理念，引导人们从高消费、高享受的消费观念逐步转变为健康、绿色、节俭的消费习惯，鼓励低碳居家、低碳消费、低碳出行，将资源节约和环境保护的意识融入生活中的每一个细节[3]。实行环境标识、环境认证和政府绿色采购制度，完善再生资源回收利用体系。政府应在消费行为上做出表率，切实做到优先采购绿色产品，以扶持绿色产品生产企业，引导和普及绿色消费，扩大绿色产品在社会消费中的比重。[4]

4.引导政府建立生态文明的治理方式

构建高效廉明的行政体系。加强政府的文明行政能力，增强政府机构对生态文明的服务功能，如组织、协调、信息服务等；在进一步完善生态文明的相关制度和行政措施的基础上，以生态文明建设为契机，塑

---

[1]　周应军：《把生态文明建设融入城镇化全过程》，《甘肃日报》2013 年 1 月 11 日。

[2]　孔燕：《建设生态文明，从理论到实践》，《前沿》2009 年第 6 期。

[3]　周应军：《把生态文明建设融入城镇化全过程》，《甘肃日报》2013 年 1 月 11 日。

[4]　盛广耀：《城市生活品质与城市发展可续化的思考》，《上海城市管理》2010 年第 11 期。

造高效、廉明的政府形象，引导全社会共同参与城市生态文明建设。[①]

完善与生态文明有关的法律体系。对环境、资源、能源、产业等领域的国家和地方立法进行审查，对于符合生态文明发展理念的法律法规给予完善，对于不符合生态文明发展理念的给予修正。完善有关清洁生产、节能减排、循环经济等相关的立法，促进产业的绿色转型。完善资源管理的相关法律法规，研究制定促进自然资源合理利用的法律。

二、完善生态补偿机制

1. 进一步明晰产权

按照党的十八届四中全会依法治国的精神，明晰生态环境的产权配置。一是要明晰产权内容。将生态环境的产权进一步细分为所有权、使用权、经营权、收益权、排污权等权利属性，针对生态环境服务的提供者、受益者以及在复杂系统中兼有生态环境服务与损害的主体进行分类配置。二是要明晰产权主体的权责。城市政府主要针对本行政区域内重点生态功能区、重要生态区域、废旧矿区、集中饮用水水源地及流域海域[②]等生态环境公共产品，负责政府间的生态补偿。城市社会组织主要以公益资金为引导、引入市场机制，负责生态环境有偿服务的提供者与受益者之间点对点的生态补偿。企业主要以市场机制为手段，参与排污权、经营权等生态环境产权的市场交易，通过价格发现获得生态环境有偿服务的价值收益，反映企业经营中的环境成本。三是要在有条件的地方明确生态环境产权。党的十八届三中全会将自然资源产权制度作为

---

① 高吉喜、黄钦、聂忆黄等：《生态文明建设区域实践与探索：张家港市生态文明建设规划》，中国环境科学出版社 2010 年版。

② 王聪：《建立和完善生态补偿制度的意义和措施》，《青海日报》2014 年 2 月 10 日。

生态文明制度体系的重要组成部分。同样，生态环境产权制度的完善也是生态文明制度体系的重要内容。在有条件的地方进行试点，梳理生态环境产权沿袭的历史脉络，评议生态环境产权的具体归属，参照农村建设用地确权登记的方式，推行生态环境产权的确权登记。

2. 完善生态补偿的配套制度体系

一是要根据各地城镇化水平、经济社会发展状况、生态类型和功能等条件，研究制定一套基准的生态环境价值的评价指标体系、测算方法和补偿标准，形成可行的生态补偿基准方案。以此为参照系，允许各地按照本地区情况，调整具体指标和指标权重，优化测算方法，增减补偿标准，以适应实际工作的需要。二是要建立健全生态环境跟踪监测体系。生态补偿的最终目标并不是简单地获取经济补偿，而是使经济社会活动逐渐与生态环境消耗脱钩。通过绩效评价，跟踪生态补偿对生态环境改善的程度与轨迹，重点评估和监测具有公共价值的重要生态功能区、水源地、排污点等生态环境质量情况。三是要形成一套生态环境服务价值和生态补偿标准的动态评估机制，使生态环境补偿能充分反映经济发展的水平、收入增长的水平、资产增值的水平和生态环境稀缺程度的变化。四是要完善生态补偿的管理机制。建立跨部门的生态补偿管理与协调机构，制定统一的管理办法，协调跨区域、跨流域的生态补偿，推进水、林等多重生态环境服务的综合补偿。

三、完善区域合作机制

1. 形成生态环境利益共同体

依据生态环境外部性的特征，以城市群为单位，引导城市群内部各城市树立共同利益目标，形成利益共同体。一是要从干部绩效考核入手，在考核单个行政区域生态环境绩效的同时，将邻近区域生态环境的状况、特别是受本行政区域影响的状况作为参考的指标之一，减少地方政府污染转移的"出口"。二是要建立区域生态环境信用体系。将各城市企业、居民侵害生态环境的行为、实施生态补偿的行为等记录在案、区域共享，以此作为企业、居民在区域内获取信贷机会、投资机会、项目建设机会的重要依据。三是要建立跨行政区域公共服务机制。建立跨行政区域生态环境管理机制，允许生态环境监督执法部门可以跨区域监督执法，追究污染企业的污染责任。建立跨行政区域生态环境服务机制，就共同治理的区域生态环境事务、提供区域生态环境服务达成协议。四是要设立区域生态环境保护与发展基金[1]，通过阶段参股、跟进投资、风险补偿等形式，壮大环保产业，提升企业生态环境有偿服务供给的质量，为生态补偿前期融资提供信用保障。

2. 构建权威协调机制

建立统一、权威的协调组织、协调渠道，最大化城市群内部各城市生态环境利益目标的一致性，使生态补偿更加规范、有序、可执行。一是要在经济区域或城市群各城市之间建立生态环境治理的政府联盟[2]，让渡部分生态环境的管理权给这一虚拟行政体。生态环境的政府联盟受省政府指导，与省级生态建设与环境保护的相关部门建立业务联系，重点解决跨区域的公共生态环境事务、小区域的生态环境纠纷，大力发展生态环境的多区域综合性补偿。二是要建立生态建设与环境保护部门的联席会议制度。分别在环保系统、林业系统、水利系统、市政管理系统

---

[1] 方雷：《地方政府间跨区域合作治理的行政制度供给》，《理论探讨》2014年第1期。

[2] ［美］理查德·D.宾厄姆：《美国地方政府的管理：实践中的公共行政》，九洲译，北京大学出版社1997年版，第156页。

等与生态环境相关的部门成立联席会议，就区域生态环境合作的例行事务和突发事件进行磋商，就区域生态环境的产业发展和基础设施建设进行协调。联席会议采用轮值主席制度，下设办公室，主要负责联席会议决议的推进执行、管理监督和绩效评估。三是要成立区域性的生态环境评估机构和技术服务机构，将城市群内部各城市的生态环境价值评估、补偿标准制定、跟踪监测体系构建等纳入统一的技术标准与职能建设中来。下设专题项目合作委员会、决策咨询委员会、监督考评委员会等机构，分工合作，以保证机构职能的有效履行与跨区域生态补偿与环境治理目标的实现[①]。

---

① 方雷：《地方政府间跨区域合作治理的行政制度供给》，《理论探讨》2014 年第 1 期。

第六章　健全城镇化的多元治理机制

马克思在《经济学手稿》(1857—1858 年) 中就区分了前工业社会(古典古代) 的城市化与工业社会的城市化,他说:"古典古代的历史是城市的历史,不过这是以土地财产和农业为基础的城市;亚细亚的历史是城市和乡村无差别的统一(真正的大城市在这里只能干脆看作王公的营垒,看作真正的经济结构上的赘疣);中世纪(日耳曼时代) 是从乡村这个历史的舞台出发的,然后,它的进一步发展是在城市和乡村的对立中进行的;现代的历史是乡村城市化,而不像在古代那样,是城市乡村化。"[①] 在城市化的历史进程中,以经济功能的演进为基础,城市由"农业城市"过渡到"手工业城市""机器大工业和商贸城市"乃至"信息流通、管理和服务的枢纽型城市"。现实中,一方面现代城市发展使具有不同自然条件、经济活动、文化习俗、政治架构、治理方式的地方社会被纳入同一个空间内,经济社会矛盾对抗更加短兵相接、更加突出;另一方面社会进步带来的思想解放、自我价值实现,打破了非此即彼的二元逻辑,使得经济社会矛盾更加复杂、更加分化。

理论与现实的变化客观要求适应时代发展、结合现实情况,探索城市多元治理模式及其机制。在日趋多元化的城市社会中,政府部门和社

---

① 鄢淦五、刘象森:《学习马克思、恩格斯关于城市的论述——发挥城市在我国经济建设中的作用》,《天津社会科学》1982 年第 10 期。

会团体必须携起手来，更为有效地化解社会矛盾、提供公共服务、促进社会发展。围绕这一目标，本章探讨中国特色城镇化进程中的多元治理机制，并将其细化为主体协同机制、政府购买机制、协商调解机制、危机管理机制，力图在中国特色城镇化进程中优化多元治理机制，促进国家治理现代化。

第一节　治理理论及中国城镇化进程中的多元化趋势

一、治理理论的兴起与发展简述

自 20 世纪 60 年代起，进入"二战"后资本主义经济发展的"黄金时期"高潮阶段，西方国家城市空间开始新一轮扩张，成为最重要的城市化发展阶段之一。从 20 世纪 70 年代开始，新自由主义泛滥使得城市发展面临着经济全球化、市场竞争急剧、资本快速流动、利益群体分化、公共财政紧张等诸多挑战。在城市内部，纵向协作的工业企业、科层分明的政府体制、工业时代的核心家庭、清晰可辨的城乡景观等已经一去不复返。除了这些外在的变化，城市的运行方式也随着经济关系的演变而变化。可以说，几乎生活的所有方面，旧的秩序正在瓦解或披上新的外衣。[①] 作为集聚性与分化性共存的复合体，现代城市因集聚而产生，又因分化而发展。城市改造了人类自身的传统生活方式，每一时期都在产生多种多样的新角色和丰富多彩的新潜力，包含了法律规范、道德标准、生活理念、建筑样式、市井民风等等方面的各种变化。[②] 这就

[①]　王佃利：《城市管理转型与城市治理分析框架》，《中国行政管理》2006 年第 12 期，第 97—101 页。

[②]　《重构中国城市治理体系：现代城市发展与城市治理对话》，《南京社会科学》2013 年第 6 期。

导致，无论是科层制政府管理还是市场机制，都无法完全满足城市化发展中各个利益主体的需求，其结果便是城市的无序、混乱甚至对抗。这不仅体现在城市化进程中"硬"的方面，诸如城市的扩张使城市化广为诟病，被与"负面因素"联系在一起，包括城市土地资源的浪费、农业用地的丧失、新地区个性的丧失、湿地的破坏、环境恶化、交通拥挤、中心区的衰退等，[①]更重要的是城市化进程中"软"的方面，社会急剧变迁的历史时期，原有的社会系统受到较为强烈的冲击。因此，在 20 世纪下半叶，出于现代化（具体来说是新一轮城市化）的需要，在西方学术界开始了关于治理理论的探索。

治理（Governance），是统治、管理、统辖的意思。治理理论起源于 20 世纪 80 年代，一些区域性的组织成为主要发起者，它是在对社会系统中多个参与主体的关系考察中总结所得。在当时，以简单对立的二分法，如市场与政府、私人与公共，来解决社会变迁出现的更为复杂的领域显得捉襟见肘。于是，在 1989 年世界银行用"治理危机"（Crisis in Governance）来描述非洲的状况，1992 年世界银行发布了《治理与发展》的年度报告，1996 年经济合作与发展组织发布了《促进参与发展和善治的项目评估》的报告[②]，治理理论迅速发展成为一套内容丰富、适用广泛的理论。它们分别是文森特·奥斯特罗姆和埃莉诺·奥斯特罗姆教授夫妇的"多中心"治理理论，曼瑟尔·奥尔森的集体行动理论，布迪厄、科尔曼和普特南的社会资本理论，哈贝马斯、罗尔斯、吉登斯、米勒等的协商民主（Deliberative Democracy）理论，约翰·罗尔斯的社群

---

① 段进军：《西方城市空间扩张与治理理论研究》，《国外社会科学》2009 年第 2 期。

② 揭昊：《经济全球化中的治理问题及其启示》，《经济论坛》2005 年第 12 期。

主义理论，安东尼·吉登斯的"第三条"道路理论①。虽然相对于马克思主义对资本主义制度的彻底批判，西方治理理论更侧重在资本主义制度下阶级矛盾的调和与社会机制的运行，但其在应对城市危机上的经验仍然值得借鉴。它们都有一个共同的特点：就是基层协作与社会参与。

二、中国城镇化进程中的城市治理多元化趋势

治理的兴起与城市转型、现代城市发展密不可分。现代城市发展的一个重要特征就是打破了城市与乡村、政府与社会、主流文化与非主流文化等传统意义上的二分法，越来越呈现出"你中有我、我中有你"的相互融合、多元发展的局面。在城市空间生产的推动下，随着城市化和逆城市化，城市的各项要素、人口、空间一方面通过集聚效应向中心集中，一方面又通过涓滴效应向外围扩散，逐渐在周边形成新的城市中心和次中心，城区、城市郊区、农村的界限逐渐消失，城市人口由城市中心外迁（抑或是向处于外围的乡村地区"回流"），随之带来了非农产业的扩张、城市文化的扩散、基层政府的重构、社会组织的兴起等，从而"熨平"城乡居民收入和公共服务上的差距、空间和组织上的差异。当前的中国各地区的城镇化正在先后经历这一过程，传统的单一的城市治理模式面临多元化趋势的挑战。

（一）主体的多元化

城镇化的相关利益主体包含政府主体、市场主体和社会主体，但

---

① 陈潭、肖建华:《地方治理研究：西方经验与本土路径》,《中南大学学报（社会科学版）》2010年第1期。

是，伴随着城镇化的快速推进和现代社会的迅猛发展，上述主体都处于多元化演化之中。

第一，政府主体的多元化。联合国曾有一项预测，在不远的将来，全球将有70%的人口生活在城市之中。在中国、日本、韩国、墨西哥等国家，将有一批2000万人以上人口的特大城市（区域）陆续产生，其中比较典型的是作为中国经济最为繁荣的长三角地区，在这个以上海为中心、南京和杭州为两翼、江西和安徽为腹地的广袤空间内，已经沿京沪铁路、沪甬铁路、长江航道形成城市连绵带，预计到2020年这一特大城市（区域）的人口会达到8300万人。这些空间巨大、经济实力和人口规模富可敌国的特大城市（区域）单纯依靠政府或其他公共机构治理显然已经不现实和不合理：不仅特大城市（区域）内各个城市层面的交通、卫生、能源、环境、教育、社会保障等需要打破垂直管理，实现一体化管理，而且还要协调不同城市的政府管理机制，甚至要打破现有行政区域的限制，建立网格化管理体系。

第二，市场主体的多元化。在我国建设中国特色的社会主义市场经济的进程中，逐渐形成了以公有制为主体、多种所有制经济共同发展的格局。作为社会主义经济基础主体和重要政策工具的国有企业，在城镇化进程中发挥着越来越重要的作用，对城市建设和城市管理发挥着重要影响。外商直接投资企业和民营企业也蓬勃发展起来，尤其是依托特大城市（区域）的自由贸易区的建立，为外商直接投资企业、民营企业这些重要的市场力量提供了广阔的发展空间。

第三，社会主体的多元化。一是居民群体多元化。随着城镇化发展，大量人口涌入城镇，并且按来源、职业、收入、空间等分化成若干阶层和群体。这些群体主体上包括由小商人、小企业主、个体经营者、普通公务员、公司白领、专业技术人员构成的阶层，和由城市下岗再就业群体、农民工、小生意人、市场竞争失败者构成的阶层。今天，城市新移民、新生代农民工的维权意识显著高于他们的前辈，对不平等缺乏忍耐，并且会更多地关心和参与城市事务。二是社会组织多元化。除了传统的居委会和社区外，各种社会组织以参与决策、公益服务的方式，渗入城市基层管理当中，形成多元的基础组织形态。

（二）利益的多元化

城镇化的推进也是一个利益调整的过程，城镇化进程中的利益也呈现出多元化格局，包括资方与资方的经济利益冲突、居民与居民的公共资源争夺、资方与居民的劳资矛盾激化。

第一，经济利益冲突。近年来，随着产业结构调整和布局调整的深化，新生产业与原有产业在资源、空间、政策、市场上的争夺愈演愈烈。这一方面是所谓的"腾笼换鸟"、汰旧立新的产业升级过程，另一方面是 GDP 冲动下的无序竞争。以反 PX 运动为例，近年来厦门、宁波、成都等沿海和内陆的一些经济中心城市开始了新一轮重化工业建设的浪潮，这本是参与国际产业分工、实现城市产业升级的自我要求，并且已有新加坡、韩国等先行城市的成功案例，但是由于 PX 项目与这些城市原有的地产开发、饮料食品、休闲旅游等行业存在潜在的利益冲突，最终从利益冲突升格为社会冲突。

第二，公共资源争夺。在城镇化的进程中，不仅有大量新市民的涌入，而且还存在着规模庞大的流动人口。这使得既有的公共产品提供捉襟见肘。公共产品的供给、公共基础设施的建设有一定周期，常常滞后于新市民的快速增长的需求。同时，公共产品的供给是以户籍人口为基准，难以承载巨大而多变的流动人口的需求。这种短缺是全面而长期的，一是教育资源短缺，特别是学龄前教育资源、优质的义务教育资源短缺，二是社区医疗资源短缺，三是公共交通基础设施配套不足，造成"入学难""看病难""出行难"等一系列社会问题和本地不同阶层居民之间、本地居民与外来人口之间对有限的公共资源的争夺。

第三，劳资矛盾激化。2008 年以来的全球金融危机对我国企业也产生了重大冲击，一些企业利润微薄、生存困难，而劳动力成本却在不断上升，企业资方与员工的利益冲突越来越大。2010 年富士康员工跳楼事件正是劳资冲突的集中体现。在近年来一系列的冲突中，劳工阶层已逐渐形成了对政治参与、结社、集体谈判等积极权利的诉求。

（三）网络的多元化

随着城镇化的推进和深入发展，城镇已经不再是简单的人口聚集、从事制造、开展交易的场所，未来的城市是一个巨大的"流动空间"，充斥着往来迁徙的人群、巨量交易的资本、天量数据的信息。网络越来越成为人们之间相互关系的载体和表现形式，人与人之间的点与点关系被日益复杂的网络结构关系替代。在以远程通讯技术为基础、信息网络为骨干、社交网络为平台的智慧城市内，人们不仅生产生活在网格化的地理空间内，而且还在虚拟空间进行社交和交易、管理和决策，享受高端服务。都市空间成为一张现实和虚拟并存的互联网，人们以多元的网络连接在一起，既可以在现实的阶层制秩序内生存，成为被治理对象；又可以同时在虚拟的"扁平世界"内扩张权利，成为自我治理的主体。即时网络连接加快了反馈速度，信息的"识别时间"缩短了，这可以帮助政府实时、有效利用信息，提高治理水平①。但是，通过网络，个人行为所带来的危害也被极度地放大，形成骤然而成、能量巨大的对社会秩序的冲击。

第二节　中国特色城镇化多元治理机制的主要内容

在城镇化进程中，城市多元化趋势越来越明显，构建以政府为主导，多层级政府的协调治理、社群组织的自我治理、公共政策的多样化安排的多元治理机制，是应对城镇化进程中多元发展趋势的有效利器，也可以在最大程度上实现公共利益的均衡协调和可持续发展。

一、多元治理对我国城市治理转型的意义

（一）我国政府主导型城市化需要转型

美国著名学者斯蒂格利茨曾预言："中国的城市化"和"美国的新技术革命"是改变 21 世纪人类发展进程的重要事件。这一论断得到了世界瞩目的"中国增长奇迹"的有力支撑。据国务院发展研究中心测算，"十一五"期间中国经济增长最主要的动力就是工业化和城市化。截止到 2014 年年底，我国城镇常住人口为 7.4916 亿人，城镇化率 54.77%；地级及以上城市数有 291 个，县级市有 361 个，建制镇数量达到 20401 个，正处于 30%—60% 的加快发展阶段，并将逐渐拉近与工业化发展水

---

① ［美］尼古拉斯·伯格鲁恩、内森·加德尔斯：《〈智慧治理〉：治理的新挑战——社交网络》2013 年 9 月 23 日，http://www.guancha.cn/NicolasBerggruen/2013_09_23_174263.shtml。

平的差距，形成巨大的增长效应。2014 年年初颁布的《国家新型城镇化规划（2014—2020 年）》指出，城镇化是伴随工业化发展，非农产业在城镇集聚、农村人口向城镇集中的自然历史过程，是人类社会发展的客观趋势，是国家现代化的重要标志。按照建设中国特色社会主义"五位一体"总体布局，顺应发展规律，因势利导，趋利避害，积极稳妥、扎实有序推进城镇化，对全面建成小康社会、加快社会主义现代化建设进程、实现中华民族伟大复兴的"中国梦"，具有重大现实意义和深远历史意义。

　　然而，当前的城市化发展方式本身却存在着不平衡性、不协调性、不可持续性。中科院院士陆大道将 1996—2005 年这段时期归为中国"冒进式城市化过程"。这些问题集中表现在三个方面：第一，资源浪费。当前城市化发展主要依赖土地流转，而不是人口城市化下的人力资本开发。这就形成了"土地财政"的顽疾，造成了"大城市病"，也使得我国城市化率不及日本东京、中国香港的同时，人均建设用地是东京的近 2 倍、中国香港的近 4 倍。第二，效益低下。大量的"造城运动"、闲置的场馆设施，不仅造成重复建设，使得我国城市的经济密度低于世界平均水平，也远远低于人力资本开发所能形成的长期效益。第三，发展非均衡。土地推动的城市化，会形成失地和失业并存、脱贫相对滞后的"拉美现象"，会形成资产性收入两极化所形成的贫富差距，会形成教育、卫生等公共资源分布的非均衡化，会形成经济、社会和城市环境的失衡，会形成政府主导城市化与农民自主城市化的错位。这样高代价的城市化发展方式必须加以改变。为此，中央经济工作会议提出，围绕提高城市化质量，因势利导、趋利避害，积极引导城市化健康发展。

　　这种不平衡性、不协调性、不可持续现象，与我国推进以政府为主导的城市化具有密切关系。政府主导型城市化是指政府运用行政能力，制定经济发展战略、规划、政策、措施，对相关市场主体、市场体系、市场活动等采取指导、干预、统治的措施，诱导、控制资源要素配置，影响城市化发展。改革开放以来，工业化与城市化联动协调效应渐趋明显，我国从重工业化、轻城市化、抑制城市化发展的政府主导政策转向了推进、鼓励、承认城市化的发展。政府主导型城市化统一规划、统一布局，起点高，速度快，也不存在城市的贫民窟等问题，城市建设过程中的公共产品的提供和城市规模的扩张，保持了相对协调，但是也存在着两个明显不足：第一，地方政府不顾城市发展的现实背景和综合承载能力，盲目拉大城市框架，并且城市规模是呈粗放式发展，资源浪费相当严重，城市运行成本非常高；第二，城市布局依托于行政等级体系，导致大中城市吸附能力过强，挤占了中小城市的发展空间，进一步拉大了区域收入差距。[1] 这种政府主导型城市化"天然"的缺陷呼唤治理创新，从根本上转变政府推进城市化的方式、途径和措施。

（二）我国传统的城市治理模式亟须转型

城市治理是政府协调社会组织，实现集体目标的过程，是政府与市民，社会公共部门与企业的互动过程。[2] 刘淑妍、朱德米（2005）比较了传统城市管理与城市治理模式之间管理目标、管理职能、管理领域、管理过程和管理手段的不同之处（见表6-1）。我国传统的城市治理是一种以单位为聚集点的单中心、"蜂窝状"的治理模式，其突出特征是公共权力

---

[1]　陈秀山：《政府主导下的中国城市化的特征》，2011 年 5 月 19 日，http://finance.sina.com.cn/hy/20110519/16019868180.shtml。

[2]　颜海林：《城市管理与城市化》，《经济工作导刊》2002 年第 19 期。

资源配置的单极化和公共权力运用的单向性。[①] 上级政府通过行政手段管理下级政府和基层居民，下级政府则负责具体工作的开展，各级政府、政府与居民之间沟通不畅，缺乏常态的交流机制。在这一治理模式下，上级领导作决策，技术部门负责规划，专家进行论证，行政部门作出行政手段安排[②]，基层居民按部就班地完成任务。由于存在"默会知识"，很多项目或未能充分考虑到基层居民的实际利益，或没有他们的参与和支持，即使项目实施的结果再好、效率再高，也难以得到他们的主观认同和责任感，甚至产生"被安排"的反感情绪。这种项目实施结果与项目实施效用之间的错位，使得项目实施效果大打折扣，项目行为缺乏可持续性。单中心治理模式的低效率和不可持续性，要求适应各个利益主体的需要，向多元治理模式转变。在此背景下，以人为本的多元现代城市治理模式应运而生。

表 6-1　传统城市管理模式与现代城市治理模式的比较[③]

	传统城市管理模式	现代城市治理模式
管理目标	以物为本位的绩效目标，重视单纯的管理城市经济增长	以人类发展为本位的城市目标体系，实现管理城市经济、社会、环境复合系统的整合发展
管理职能	政府是公共物品的直接提供者	政府是公共管理的宏观协调者
管理领域	政府管理城市全部公共事务	政府管理城市公共事务的基础部分
管理过程	后果导向的反应式管理	原因导向的预见式管理
管理手段	以科层制为特点的行政化管理	经济手段、行政手段、参与手段的整合（社会化、市场化与参与型）

①　吴光芸：《多中心治理：新农村的治理模式》，《调研世界》2007 年第 10 期。
②　同上。
③　刘淑妍、朱德米：《参与城市治理：中国城市管理变革的新路径》，《中国行政管理》2005 年第
　　6 期。

另外，城镇化进程也为这种转变提供了重要条件。改革开放以来，中国由原来的"扩张工业、抑制城镇"的政策向推动城镇化的政策转变，不仅迅速补充了城镇化的历史欠账，而且大大加快了中国城镇化的速度。许多地方政府管辖的区域由"县"变为"城区"、"乡"变为"镇"、由"村"变为"社区"；大量的人口、资源、产业、信息向城市集聚，使得城市成为区域经济社会发展的中心，信息流、物流、资金流汇聚的中心，行政决策、指挥的中心，由此城市成为地方治理的核心单位；城市与城市在市场力量的推动下联接成城市群、城市带，又进一步推动区域合作与跨区治理。相对于农村来说，城市的内部治理关系更多元、更复杂。更重要的是，对于各利益相关者来说，城市生活是一种新的生活状态，涉及观念、态度、交往方式、生活习惯等诸多方面的改变。无论是对于新老居民来说，还是地方政府来说都需要进行全面的调整。[1]

二、中国特色城镇化进程中城市多元治理机制的主要内容

党的十八届三中全会报告明确给出了多元治理的基本框架，即"坚持系统治理，加强党委领导，发挥政府主导作用，鼓励和支持社会各方面参与，实现政府治理和社会自我调节、居民自治良性互动"[2]。在此指针下，必须要围绕城市公共管理的最基本职能——城市公共产品供给、城市社会矛盾化解、城市社会安全保障，充实相应机制，真正在快速城镇化进程中构建起多元化的城市治理机制。

---

[1] 杨雪冬：《治理主体多元：地方治理向复合治理结构转变》，《学习时报》2009 年 6 月 1 日。

[2] 《中共中央关于全面深化改革若干重大问题的决定》，《人民日报》2013 年 11 月 16 日。

（一）主体协同机制

所谓主体协同机制，是指基于共同目标和基本诉求，政府、企业、社会组织、民众等相关利益主体，构建优势互补、权责明确、分工合作的决策网络系统，对公共事务、公共利益、公共服务进行有效安排和管理，使各方利益得到尊重和最大化满足。完善的主体协同机制，必然包含以下两个方面：

第一，府际合作机制。社会最直接的利益就是经济利益，其他利益的纷争皆是建立在经济利益的错配之上。因此，构建以利益为基础的主体协同机制的关键点在于利益的协同。在分税制实施以后，不可否认的是，城市政府越来越成为"GDP锦标赛"的主要赛手，深深地介入地方招商引资、土地交易、房屋拆迁等与地方经济利益有着重大关切的领域，也成为各地招商引资恶性竞争、产业发展重复建设、环境治理互甩包袱等现象产生的根源，极大地伤害到社会的整体利益。因此，打破各自为政的"诸侯经济"，加强邻近区域平级政府的府际合作，是当前主体协同的重要内容。此外，随着我国全面深化改革，积累已久的各层级政府之间的矛盾也亟需尽快加以解决。其中最为突出的问题就是所谓的上下级政府之间"财权与事权不匹配"的问题，下级政府普遍认为承担了超出本级财政承载能力的公共服务和公共事务，而上级政府却握有过多的财政权力。这种不协调还是基于传统政府组织结构中单向管道的指挥秩序，在城市规模日益庞大、社会资源高度集中、公共服务内容更为丰富的今天，更显得捉襟见肘。因此，与时俱进地加强层级政府的府际合作，从上级政府对下级政府的管治逐渐变为治理，使它们各司其职、各尽其能，提高各级政府的运行效率、合作效率和服务效率。

第二，社会自治机制。社会自治是民众在法律法规允许的范围内，以个体、群体或社会组织的组织形式对基层公共事务的自我管理、公共服务的自我供给、公共利益的自我协调、公共组织的自我发展。它强调自发性、自主性、自利性，是社会管理的重要补充和国家治理的重要支撑。在日益扁平化的城市治理中，以社会组织为细胞的社会自治正成为一种新的社会生态。在我国，扩大基层自治范围、发展社会自治，是基层民主的重要实现形式，是社会主义民主政治的重要实践。

（二）政府购买机制

所谓政府购买机制，是以政府为主导，通过委托、招标、授权等形式，依法将原本由政府承担的一部分非核心的公共服务转交给企业和社会组织履行，以提高公共服务的供给质量和公共资金的使用效率，满足民众个性化、多元化的公共服务需求。政府购买公共服务来源于西方，最为典型的就是以美国为代表的"政府出资、定向购买、契约管理、评估兑现"的公共服务供给模式，这种模式在实践中表现出高度的灵活性、多样性、有效性，纷纷为各国采纳和仿效。随着我国改革开放的进一步深化，城市社会结构发生了深刻的变化，出现了不同收入水平和不同来源的居民群体，社会利益主体和利益需求更为丰富。在此背景下，政府供给公共服务的一元模式受到了严峻的挑战，政府相对单一的公共服务、较为有限的供给保障能力与人民群众日益多元多样的公共服务需求之间的矛盾更为突出。虽然近年来政府大力实施"服务型政府建设""行政效能建设"，努力提高自身的公共服务供给能力，但是这种供给并不一定是"有效"的供给，标准化的公共产品并不能满足民众个性化的需求，从而产生了建立在差异性基础上的政府失灵问题。不仅如此，由于城市政府是公共产品的唯一供给者，因此政府事实上承担了无限责任，任何对公共产品的消费不足和不满意，都会向政府投射和问责。以覆盖半个中国的雾霾为例，相对于社会公众对驾车、放爆竹等自身行为的反思和规范，社会舆论更多地聚焦于政府在治理雾霾上的措施不力。城市政府购买公共服务能引导更多的专业企业、专业人才和相关主体参与到公共事务中来，协调各方利益，有针对性地提供公共服务、解决公共问题。

（三）协商调解机制

所谓协商调解机制，是指以政府为主导，促使公共利益的相关利益主体出于社会责任，秉持公平、友好、相互谅解的原则，通过共同协商和第三方调解的方式，使各方都能了解彼此的立场和诉求，在决策和管理中达成共识、实现共赢。当前，我国正处于社会矛盾凸显期，据中国社科院 2010 年《社会蓝皮书》不完全统计，2006 年超过 9 万起，2008 年群体性事件的数量及激烈程度都超过以往，2010 年群体性事件发生仍然保持着多发的态势。[①] 随着社会的发展，民众对社会道义的呼唤和公平正义的追求更为迫切，甚至超出所追逐的利益本身。许多社会矛盾并不是相关利益方的零和博弈，具有谈判和解的空间。总体来看，我国仍处于高速发展的阶段，社会总体福利在不断增加，社会矛盾并不需要以对抗的方式在不断激化中加以解决，通过构建协商调解机制，有效化解社会矛盾，是贯通各方的更为高效的社会治理方式。

---

① 孔凡河：《我国地方政府公共治理机制创新探究——基于群体性事件的思考》，《湖北社会科学》2010 年第 6 期。

（四）应急管理机制

所谓应急管理机制，是指政府依托一系列的相关法律、法规、规章，制定应急预案、应急管理制度，更好地组织和协调多方的资源和力量，以防范突发事件的发生，提高突发事件的处置效率，妥善处理突发事件的后续结果。它是由应急准备、监测预警、信息传递、决策处置、舆论引导、社会动员、恢复重建、调查评估、应急保障等一系列机制构成，是一种居安思危的制度安排。应急管理、保障安全，是现代城市政府的重要职能之一。美国早在 20 世纪 30、40 年代就为了应对自然灾害制定了应急管理体系，到 21 世纪初应急能力建设已上升为国土安全综合管理的战略高度。近年来，受汶川地震、玉树地震等自然灾害和增城事件、反 PX 运动等群体性事件频发的考验，我国也在 21 世纪初初步提出并构建起了一套行之有效的应急管理机制。然而，随着我国城镇化的高速发展，假使城镇化水平达到 70% 的后工业化国家标准，就意味着将近有 9 亿—10 亿城镇人口，这种高速发展、高度集中的态势也势必使各种自然灾害对城市社会的破坏效应成百倍地放大，各种城市社会风险也将集中大规模爆发。城镇化不仅使社会运行成本不断上升，也同时使社会管控成本不断上升，城市政府全盘负责应急管理要不就疲于应付，要不就缺乏弹性。而在未来以社区为基础、多中心分布的特大城市（区域）内，安全是一个更为突出的命题，因此加强应急管理机制创新，建立柔性、多元的应急管理机制甚为紧迫。

三、中国特色城镇化进程中城市多元治理机制存在的主要问题

城市多元治理机制在城镇化大潮中应运而生，虽然经过人们的努

力，已经有了不少改进，然而，城市多元治理机制的有效运行仍然存在以下问题。

（一）主体协同机制不健全

毋庸置疑，发挥主体协同机制需要健全健康的主体。目前来看，无论是府际合作的城市政府主体，还是社会自治的社会主体，都难以承担起发挥主体协同机制的作用。从城市政府主体来看，虽然城市政府具有很强的资源掌控能力和配置能力，是一个强势主体；但是作为一个利益主体，城市政府也具有潜在的本位主义。这表现为：在区域合作中，城市政府往往会趋利避害，对公共问题存在"搭便车"的心态，缺乏合作意识；在层级政府合作中，经常会出现上下级政府之间责权利不对等的现象。从社会主体来看，我国社会组织发展成效显著，据民政部统计，到2014年年底全国共有社会组织60.6万个，比上年增长10.8%；基层群众自治组织68.2万个，但总体上仍然处于发展的起步阶段。一方面社会各界对社会组织的作用认识还不到位，法律法规和政府管理体制有待健全；另一方面社会组织自身建设也亟须加强，一些社会组织挂靠在政府部门，是政府部门的权力延伸，还有一些社会组织自身规章不健全、运作不规范、监督不到位，存在内部人控制现象和盈利冲动，缺乏社会公信力。

（二）政府购买机制不完善

1.相关制度建设严重滞后

目前，我国还没有制定一部专门的政府购买公共服务的法律，现行的《中华人民共和国政府采购法》也只是将政府的后勤服务纳入采购范围，政府为社会提供的公共产品并没有列入其中，因此全面推行政府购买公共服务机制缺乏法律依据。此外，城市政府购买公共服务的事前预估、事中监督、事后评价、持续跟踪的机制也尚不完善，也缺乏相应的专业人才，难以准确量化社会组织提供公共服务的效果、评估财政资金的投放效率、追踪公共服务的后续效应。由于一些社会组织与政府部门存在着利益联系，因此预估机制、监督机制、评价机制和跟踪机制也往往流于形式，很难执行到位，并且还容易产生寻租行为。

2. 运作机制不透明

一些城市政府购买公共服务并不是立足市场选择，通过制定严格的程序，公开招标遴选出优秀的社会组织来承担公共服务。而且对现有的政府购买公共服务项目的承担者缺乏规范的资质认证，难以区别不同承担者的公共服务能力；参加政府购买公共服务的社会组织数量不多、规模不大且良莠不齐，可供选择的对象也较为局限，因此政府购买公共服务很多是依据社会组织的名气和经历，甚至社会组织牵头人的能力和关系，通过私下协商、直接委托、陪标等形式给予相关项目，其中也为利益输送留下了空间。

（三）协商调解机制不完善

1. "三大调解"机制运行不规范

我国"三大调解"机制包括人民调解、行政调解和司法调解。人民调解主要依托村民委员会和居民委员会下的群众性自治组织进行调解工作，但是由于缺乏相应具有专业素质的人才，调解效果难以保障；行政调解是政府部门依法在职权管辖范围内对纠纷各方进行说服教育，但是相关行政人员缺乏调解意识和主观能动性，行政调解工作没有有效开展起来；司法调解是通过司法审判权的介入，主导当事人处分自己的权益，但是在实践中过分依赖强制调解。"三大调解"相互之间也没有很好地衔接起来，并且缺乏工作督查和考评，缺乏常态化、规范化、长效化的队伍建设和经费保障，普遍存在着推诿调解、怠意调解、怠于协助的问题。

2.社会调解功能缺失

除了"三大调解"以外，中介组织调解、行业协会调解、社会团体调解等社会调解还应作为多元化协商调解机制的重要补充。由于当前较为成熟的中介组织、行业协会、社会团体发育程度不高，规范的调解机制缺失，调解能力较低，导致专业性、行业性、区域性的社会调解组织发展明显滞后。

（四）应急管理机制不完善

1.应急管理机制存在"重应急、轻预防"的倾向

我国城市现有的应急管理机制注重应急和恢复重建的机制建设，较少关注预防的制度设计和技术研发，表现在以下方面：应急管理机制运行主体单一、渠道封闭、较少修编，并不随危机源的变化而动态变化；脆弱性评估机制还未运用到预防阶段；结构性风险管理方式被普遍采用，但非结构性风险管理方式还未落实；预案编制同质化严重，缺乏针对性和灵活性，既缺乏上层预案的顶层设计，也缺乏下层预案的具体操作，具体项目没有全面落实到目标、落实到项目、落实到政策、落实到空间，执行力有待加强。

2.危机恢复简单划一

我国城市的危机管理机制仍然提供的是标准化的公共服务。这在危

机预防阶段可以保障事发区域的社会秩序，在危机应对阶段可以提高平息危机的运行效率，但在危机善后阶段却难以准确地满足相关群体多样化的需求，从而使得危机恢复和社会重建的社会性、多样性、服务性略显不足。总体来看，危机恢复和社会重建既有宏观层面的地区经济恢复，又有微观层面的个人心理恢复，应当注重政府、市场、社会的多方合作，以城市政府为主导，发挥市场配置资源的决定性作用和社会的自我调理调节作用，提供多样化的公共服务。

第三节　完善多元治理机制的对策

城镇发展问题包罗万象、纷繁复杂。要把城市社会看作一个完整的社会系统，在快速城镇化进程中，逐渐建立和完善适应中国特色新型城镇化道路的多元治理机制，是一种更为可取的策略。从公共问题的本源出发，健全多元治理机制无非就是更均等地提供公共服务、更有效地保障社会稳定、更高效地应对突发事件。因此，完善中国特色城镇化的多元治理机制也应该从这三个视角展开。

一、完善主体协同机制

1.培育多元治理架构下的城市政府主体和城市社会主体

培育多元治理的城市政府主体，就是要从国家治理现代化的高度出发，大力推动城市政府职能转变，从一元的城市社会管理者向城市治理主导者转变。在涉及公共利益的问题上，城市政府要积极引导社会组织在尊重各方利益的基础上，共同协商处理相关事宜，以实现社会福利最大化；特大城市（区域）内的城市政府之间要结成平等竞争合作的伙伴关系，形成一套有效协调、高效运转的合作治理机制。培育多元治理的城市社会主体，就是要加强社会组织成立和运行的立法工作，规范社会组织的登记注册，以法制化给予社会组织应有的地位；进一步提升社会组织的自我发展能力、自我管理能力、专业服务能力和治理参与能力，使之成为具有一定公信力、服务力、执行力的治理主体。对于城市基层自治，在完善基层自治组织体系的基础上，加强基层工作者的业务培训，形成一支健康稳定的基层治理队伍，培养广大市民有序参与公共事务的意识，提升基层治理能力。

2.完善机制的运行环境

首先，要推动多元治理的制度化。这就要求形成相关的法律法规。比如，在城市政府与社会组织结成合作伙伴关系时，可以按照不同城市的具体事情制定相关条例，依法规定各自的权利和义务；在特大城市（区域）内城市政府间的合作，可以制定区域合作治理的法律法规，以此约束各城市政府的行为规范。其次，要搭建机制的运行平台，使多元治理可以平顺展开。以论坛、协商会、听证会的形式，推动城市政府与社会组织的对话与合作；设立专门的议事机构、协调机构，推动城市政府间的深度合作。最后，要提供稳定的配套支持，保障多元治理的持续发展。在城市政府与社会组织之间建立委托授权机制，给予人力、物力、财力、智力的保障；在城市政府间建立合作联动机制，促进平等沟通、协商合作。

二、完善政府购买机制

1.转变城市政府治理理念和职能

主动适应快速城镇化下治理方式的重大转变，树立城市政府治理理念，逐步过渡到多元治理转变，构建起"政府决策部门顶层设计—政府专业部门均等服务—社会组织个性化服务"有机结合的城市公共服务供给框架，形成城市政府主体与城市社会主体优势互补、全面灵活的城市公共服务供给格局。在实施政府购买公共服务机制时，城市政府部门要实现"结果管理"向"过程管理"转变，既不要缺位、也不能越位；要主动履行出资人义务，切实肩负起对全社会的责任，对社会组织提供公共服务的目标、范围、期限、效果进行全程监控和阶段性考评，加强对社会组织的有效指导和平等沟通，减少对社会组织不必要的行政干预。

2. 健全城市政府购买公共服务的程序

健全城市政府购买公共服务的程序，关键是要明确"谁来买""买什么""怎么买""谁来监督"等核心问题。首先，要完善城市政府购买公共服务应标方的资质认证体系，针对参与投标的社会组织良莠不齐的问题，遴选优秀的市场主体，鼓励社会资本参与公共服务。同时，以资质认证体系为"指挥棒"，引导有实力的社会组织向具有公共服务供给能力的专业性公共服务机构转变，逐渐培育起若干区域性、行业性、专业性的社会组织。其次，要制定城市政府购买公共服务的项目库，出台负面管理清单，明确城市政府购买公共服务的具体要求，规定社会组织的权利义务和行为"红线"。这样就可以通过细分公共服务类别细目，使社会组织针对特定偏好的群体提供个性化的公共服务。目前，可以首先在养老护理、特殊教育、科技支持等领域先行试点政府购买公共服务。再次，在城市政府购买公共服务时，要坚持招标比选等竞争性购买方式，按照公平、公开、公正的原则，选出最佳方案，减少暗箱操作，对不符合规范的要主动纠正、造成损失的要惩处问责。最后，要建立监督评估机制，形成社会公众评估、社会组织自我评估、政府监督评估、专家专业评估、第三方机构评估的评估机制，重点评估招投标过程的公开透明、财政资金的规范化使用、公共服务的质量和效果，作为今后社会组织再次参与公共服务竞标的重要依据。

三、完善协商调解机制

1. 进一步完善"三大调解"的整体框架

首先，要加快调解制度的法制化。进一步完善《人民调解法》，严格细化操作规程和人民调解员的经费保障，确保城市基层调解组织的正当性与可持续性。在此基础上，研究制定行政调解、司法调解的专门法律法规，明确相应的法律地位，形成完整系统的城市协商调解法律制度。其次，在化解社会矛盾时，要依据城市社会矛盾自身的发展规律，有针对性地加以界定、梳理和分流，并分别落实到具体的负责单位、部门或组织进行处理。未涉诉民事纠纷进入人民调解程序，交由基层人民调解组织和专业的人民调解员进行调解；涉诉民事纠纷进入司法调解程序，由法院牵头，动员律师或行业协会参与调解；行政纠纷进入行政调解程序，以有关政府部门、信访机构为主，妥善协调涉事政府部门、社会组织和群众的关系。最后，要加强城市"三大调解"的对接，形成各司其职、合理分工的格局。继续加强城市基层人民调解制度，加强人民调解的覆盖范围和覆盖深度，使人民调解成为社会矛盾协商调解的"第一关口"；发挥好司法调解的专业作用，加强对人民调解和行政调解的法律指导，确保"三大调解"的程序合法；进一步加强行政调解，从转变城市政府职能的角度构建城市行政调解网络，配备专门的调解人员，完善相关工作机制。

2.大力发展社会调解

在完善"三大调解"的基础上，还要积极发展社会调解，形成多元联动的城市协商调解机制。尤其是当前社会矛盾呈现出专业化、社会化的特点，甚至涉及既得利益群体与利益受损群体的利益博弈。比如医患纠纷、环境污染、征地拆迁等，触及的是城市中一个片区、一个群体的共同利益，以"三大调解"为基础的现有协商调解框架难以有效化解这些社会矛盾。这就要以现有的较为成熟的社会团体、行业协会、中介组织为主体（特别是贸促会、消委会、仲裁委），充分培育区域性、行业性、专业性的社会调解组织，加以政策引导、分类指导和规范化管理，形成综合性的城市社会调解网络。此外，还要积极发挥媒体的舆论引导功能，尤其是要因应电脑、手机和其他数码产品承载的第三媒体的发展，探索互联网在线调解、微博调解、微信调解等新形式。

四、完善应急管理机制

1.发展专业化的城市危机治理参与主体

我国已经制定了《突发事件应对法》，明确规定了危机的管控、处理、善后流程和责任。同时，汶川地震、玉树地震等重大自然灾害的处理也极大地丰富了政府部门应对危机以及恢复重建的经验。这些都表明我国的中央政府和地方政府在危机处理上手段越来越娴熟，程序越来越规范，成效管理越来越到位。但是，在动员社会参与危机治理方面仍然有较大的空间。首先，要在多次危机治理过程中逐渐观察、遴选、培育若干政治意识和业务能力强的社会组织，形成骨干的社会力量参与危机治理。这一方面避免危机治理中社会组织鱼龙混杂的乱象，特别是可以剔除掉纯粹做秀，甚至抱有其他目的的社会组织；另一方面也能顾及心理抚慰等城市政府部门力所不逮的一些专业领域。其次，要制定规范化作业流程，促进社会组织自律为规范的专业机构。最后，要实现城市政府部门与社会组织对危机的联合治理，建立联动机制，在不涉密的情况下尽量实现信息共享，提高危机治理的综合效率。

2. 加强监督和有效激励

首先，要明确界定政府部门、社会组织参与危机治理的权力和责任。在政府部门内部合理分割权力和责任，理顺中央政府与地方政府、地方政府之间的纵向与横向的权责关系。在政府部门与社会组织之间也要科学配置权力和责任。城市政府部门既要对社会组织充分授权，也要对社会组织充分监督。其次，要内外结合加强监督。危机治理是一次公共资源的再配置，也是公共权力的再配置，其特点是这些资源和权力高度集中在个别部门、机构、组织手上，因此不仅要监督在危机治理中是否存在效率低下、资源错配、滥用权力的现象，而且还要杜绝以权谋私和寻租行为。城市政府部门要对危机发展过程和社会舆情进行全程监控，对社会组织的规范作业进行全面监督，城市政府各业务部门在上下游环节要实行交互的责任监督；同时，社会舆论也要对参与危机治理的各方力量行使公权力的状况实行监督。最后，要建立激励机制，承认危机治理各方的自我利益，在制度设计上使政府部门、社会组织在城市社会公共利益与自我利益上保持平衡，对专业领域的危机治理实现有偿服务。同时，危机治理是一项高强度、高难度的工作，容易产生畏难和厌烦情绪，也需要对危机治理各方进行充分激励。

第七章 研究结论与展望

中国特色城镇化道路是一条披荆斩棘、继往开来，引领中国全面建成小康社会、实现现代化的新型城镇化发展之路。中国特色城镇化道路既不是欧美发达国家循序渐进城市化道路的中国翻版，也不是拉丁美洲发展中国家走过的"超前城市化"和"滞后城市化"的中式改造，也不是我国之前走过的传统城镇化道路的现实改良。中国特色城镇化道路是中国共产党开辟的一条立足中国国情，注重经济、社会、生态协调发展，坚持以人为本、四化同步、优化布局、生态文明、文化传承为指导思想，追求共同富裕的新型城镇化道路，其特征是人为核心、集约紧凑、生态文明、四化同步、复合形态、多元治理。当代中国的中国特色城镇化道路就是新型城镇化道路，坚持走中国特色城镇化道路必须统筹好人与人、人与社会、人与自然的关系。面对当代中国的诸多现实问题，坚持走新型城镇化道路，需要构建长效机制，实现系统推进。

一、主要研究结论

（一）走利益协调的城镇化道路

土地是推进城镇化的载体，也是城镇化进程中的重要稀缺资源。围绕土地这一稀缺资源配置的制度安排、机制设计和利益争夺，始终是推进城镇化进程的要害问题。对于我国而言，工业化和城市化快速推进，大量的耕地走向"非农化"的趋势不可避免。与此同时，城乡土地资源低效利用和浪费污染现象比比皆是。事实上，中国的城镇化道路是土地城镇化快于人口城镇化的非正规道路；是以抑制部分社会群体经济利益来支持城市发展的非协调道路。因此，目前的城镇化道路很可能引发各利益相关者的利益矛盾与冲突。主要表现在，一是城镇建设用地扩张与耕地保护的矛盾，二是土地集约利用与土地资源非市场化配置的矛盾，三是土地流转过程中公共利益与私人权益的矛盾，四是土地财政与地方政府城市建设资金短缺的矛盾。在此背景下，建立和完善我国城乡土地资源合理利用的利益协调机制意义重大，其构成了党的十八届三中全会所提出的"完善城镇化健康发展体制机制"的重要组成部分，对于拓展城镇化发展空间、保障城镇化建设资金、平衡城镇化红利分配及统筹城乡一体化发展的作用十分突出。

具体来看，一个完整的土地利益协调机制包括利益引导机制、利益诉求机制、利益整合机制、利益约束机制和利益补偿机制这五个具体机制。土地利益协调机制的五个具体机制相互协调、相互支撑，一体五面。本书认为，建立和完善城乡土地资源综合利用的土地利益协调机制，必要的政府引导干预和市场的决定性作用两者缺一不可，应当从以下五个方面寻求突破：第一，建立和谐共赢的利益引导机制；第二，构建丰富多样的利益表达机制；第三，构建兴强扶弱的利益整合机制；第四，建立严格规范的利益约束机制；第五，建立合理适度的利益补偿机制。

立足当前，在探索中国特色城镇化道路的过程中，进一步完善城乡土地利益协调机制的对策建议主要包括：一要严格按规划利用土地，二要统筹推进农民工市民化，三要规范政府收入来源结构，四要加快城乡土地交易市场建设，五要推进土地资源集约节约利用。

（二）走包容发展的城镇化道路

城镇化涵盖了政治、经济、文化、社会、生态文明建设等各个方面，主体众多、内容丰富，推进中国特色城镇化必须坚持包容发展。形成和完善城镇化包容发展机制既是"五位一体"总体布局在城市空间的细化和落实，同时也是围绕城镇化建立健全"五位一体"总体布局协同推进机制的过程。

中国特色城镇化包容发展机制首先是以人为中心建立"人"的包容发展机制。随着全面深化改革的深入推进，政府主导的城镇化将逐步过渡到市场主导的阶段，通过发展权运动实现城乡之间基本公共服务的均等化。以人为本的包容城镇化强调尊重市场，尊重农民的产权、自由迁徙权、自由择业权、自由交易权，在公平竞争下让人口和生产要素在城乡之间自由流动。逐步解决城镇人口中居民之间公共服务差异问题，让失地农民和进城务工人员在医疗、教育、养老、失业救济等方面与城市人口享受平等的权利，在形成人的集聚发展的同时，促进市民化与公共服务协调发展。[1]

在失地农民、农民工市民化取得显著进步的同时，促进城市经济社会发展与资源环境承载力的包容，将成为包容城镇化的重中之重。促进城市经济社会发展与资源环境承载力的包容，必然要求将生态文明理念全面融入政治、经济、文化和社会发展，在城镇化进程中实现人口、经济、资源和环境的协调。拓展城市空间，必须把生态文明理念植入城镇

---

[1] 徐榕桢：《发展新型城镇化的探讨》，《发展研究》2013年第10期。

建设、能源结构和消费模式选择与调整中，对城镇化进程的负面产物，如环境污染、生态破坏，加大治理力度，绿化、美化城市居住空间。

城市和农村的包容发展将成为缩小城乡区域差距的重要途径。城市和农村的包容发展：一是要求尽快推进城镇基础设施建设、教育资源共享、医疗体制改革、社会保障体制完善，加快改善城乡区域关系；二是要求大中小城市和小城镇合理布局，在引导城镇和农村空间格局、空间结构优化的过程中解决城乡差距问题。从当前城镇化发展的地区差别看，东部地区的城镇化水平普遍高于中西部地区，短期内，东部地区的城镇化发展速度仍然要高于西部地区。从发展趋势看，深入实施西部大开发战略，中央政府将持续加大对西部地区经济社会发展的支持，西部地区城镇化发展呈现稳步提速态势。城市和农村的包容发展将一定程度上抑制省际间的城镇化水平差距，促进东、中、西部的城镇化水平差距趋于缩小。

确保低收入者收入持续而有保证地增加是不同社会群体实现包容发展的重点。在社会主义市场经济体制逐步完善的过程中，低收入者增收主要应该通过增加其人力资本积累和促进人力资本合理运用的方式实现。包容发展机制为不同社会群体获取相对公平的发展机会、拥有相对公平的发展平台、实现相对公平的和谐发展创造了条件。完善城镇化包容发展机制，必须着力变革现有的人力资本积累制度：一是完善基础教育、中等教育的公平机制，加大国家对初等、中级教育的投资规模，确保所有新生劳动力都能接受平等有效的教育[①]，具备与社会发展阶段、发展要求相适应的基本素质；二是完善高等教育的保障机制，加大财政

[①] 方欣：《扩大中等收入者比重构筑小康社会收入分配新格局》，《理论导刊》2004 年第 1 期。

资金支持力度，全方位培养人才，确保受教育者有条件接受专业训练；三是建立人才档案，完善失业人员再就业的工作机制。

（三）走生态共生的城镇化道路

生态环境承载力下降乃至恶化是各国城镇化进程中共同面临的难题。发达国家经过上百年的环境治理，最终通过污染产业向外转移的方式逐渐改善了城市生态环境。而在更多的发展中国家，生态环境问题却成为主要的"城市病"，始终与贫困、犯罪等现象并存。经过21世纪以来十多年的快速城镇化，我国也积累了大量的生态环境问题，这些问题集中表现为环境治理模式的不和谐、环境利益分配的不和谐、污染空间扩散的不和谐，不仅使得城镇化进程中生态破坏和环境污染的社会代价越来越高，更重要的是出现了生产与生活之间、不同收入群体之间、不同区域之间不负责任的污染转嫁和生态资源争夺。因此，在资源总量有限、生态空间有限、环境容量有限的前提下，又好又快地推进城镇化，化解城镇经济社会发展与生态环境破坏之间的矛盾，就必须走生态共生的城镇化道路，其核心就是建设城镇生态文明。

建设城镇生态文明，根本在制度建设，依托在于构建城镇生态文明建设和谐共生的长效机制，包括行为导向机制、生态补偿机制和区域合作机制。当前，这些机制有效运营和发挥长效作用仍然存在许多障碍，比如，行为规范存在重企业、轻居民、轻政府的倾向，行为导向存在重处罚、轻激励、轻约束的倾向，生态环境产权仍不明晰，生态环境补偿的制度建设滞后，区域合作缺乏权威的协调机制，等等。据此，本书提出形成城镇生态文明建设的和谐共生机制的三条对策：一是完善行为导向机制，强化惩戒、激励、约束三大机制，引导企业发展集约高效、循环低碳的生产方式，引导居民践行绿色环保、节约低碳的消费方式，引导政府建立生态文明、科学规范的治理方式；二是完善生态补偿机制，进一步明晰产权，完善生态补偿的配套制度体系；三是完善区域合作机制，树立生态环境利益共同体理念，构建权威的跨区域合作协调机制，实现区域生态环境共建共治、生态文明共建共享。

（四）走多元治理的城镇化道路

伴随着城镇化推进的一个显著特点就是城镇社会的日益多元化。如果说工业时代的城镇化，我们可以用二分法来观察和解释城镇化现象，包括城市与乡村、资本与劳动、资产阶级与无产阶级、主流文化与非主流文化等二元对立乃至二元对抗的现象。那么，到了今天，城镇化带来的社会结构就更为复杂。我们要面对的是一个多元的世界：一是主体越来越多元化，有中央政府与地方政府、特大城市（区域）内各地方政府构成的多元化政府主体，有公有制为主体、多种所有制经济共同发展的多元化市场主体，有各类群体、各种组织构成的多元化社会主体；二是利益越来越多元化，既有资方与资方的经济利益冲突，又有居民与居民的公共资源争夺、资方与居民的劳资矛盾激化；三是网络越来越多元化，社会中各群体不再是以一元的方式连接在一起，除了现实的利益联结，还有虚拟的网络联结，社会权力在虚拟世界中得以扩张和重构。归结起来，一方面城市蔓延、特大城市（区域）、城市连绵带、城市群的不断涌现，使得更大地域范围内具有不同自然条件、经济活动、文化习俗、治理方式的地方社会被纳入同一个空间内，经济社会矛盾对抗更加短兵相接、更加突出；另一方面社会进步带来的思想解放、自我价值实现，打破了非此即彼的二元逻辑，使得社会阶层更加丰富、社会生活更具活力、社会文化更加多元，经济社会矛盾更加复杂、更加分化。

面对城镇化带来的日益分化、日益突出的经济社会矛盾，必须摒弃过去的简单、粗放的城市管理模式和手段，不能，也不可能重走西方城镇化、其他发展中国家城镇化的老路，而是必须认真探索更加契合中国特色城镇化实际、更能有效化解中国特色城镇化矛盾的多元治理机制。

城镇化进程中的多元治理，其目标无非就是政府部门和社会组织如何携起手来，更为有效地提供公共产品、确保社会稳定、化解社会危机。本书将中国特色城镇化的多元治理机制细化为主体协同机制、政府购买机制、协商调解机制、危机管理机制。本书认为，必须从培育主体和优化环境出发，完善主体协同机制；从转变政府职能和健全程序出发，完善政府购买机制；从夯实"三大调解"整体框架和发展社会调解出发，完善协商调解机制；从规范主体和强化监督激励出发，完善危机管理机制。通过上述四个多元治理具体机制的落实，在中国特色城镇化进程中推进国家治理现代化。

二、研究不足与展望

中国特色城镇化道路的探索于 1949 年中华人民共和国成立以后拉开序幕，历经 60 多年的曲折发展，从模仿、借鉴到开辟，中国共产党带领中国人民已经探索出了一条适合本国国情和发展目标、符合全球城市发展趋势的中国特色城镇化道路。中国城镇化其体量之大（占世界 1/4 人口实现城市化）、速度之快（用改革开放以来 40 年的时间初步完成了其他国家历时几十年乃至上百年的城市化进程）、调整之深（城市化与全球政治经济格局演变、我国经济转型升级、社会矛盾频发等集中叠加），注定了中国特色城镇化道路的探索和研究是一项庞大的系统工程。尤其是 2012 年中央经济工作会议首次将城镇化赋予了"扩大内需的最大潜力所在"的战略意义，2013 年中央经济工作会议立足国际视野、紧追前沿发展，提出了"集约、智能、绿色、低碳"新型城镇化道路，2014 年中央城镇化工作会议后发布了《国家新型城镇化规划（2014—2020 年）》，党的十八届五中全会提出"促进新型工业化、信息化、城镇化、农业现代化同步发展"，2016 年发布的《中华人民共和国国民经济和社会发展第十三个五年规划纲要》指出要加快农业转移人口市民化，优化城镇布局，推动城乡协调发展。这一系列密集出台的新方针新政策，一次又一次刷新了全社会对中国特色城镇化道路的认识，丰富了中国特色城镇化道路的科学内涵。

另外，中国特色城镇化道路的理论研究步伐略微滞后于城镇化的鲜活实践。与此同时，中国经济"新常态"的不期而至，也使城镇化的"学习空间"不断缩小，城镇化先行国家的既有经验的借鉴作用不断递减。可以说，中国特色城镇化道路的深入推进是一项前无古人的事业，是一次立足本国国情和科学理论、"摸着石头过河"的生动实践。正是基于中国特色城镇化道路博大精深、与时俱进、开拓创新的特点，本书的研究还是黄海拾贝，试图基于在西南地区、西北地区、东部地区若干个省市和地区的实地调研，总结归纳出不同区域城镇化实践中的具体模式，梳理出中国特色城镇化道路推进中的一些问题、经验和化解机制，为中国特色城镇化道路理论的凝练作一点切实贡献。

由于本书作者和参著成员在文献占有、学科领域、研究能力等方面的局限，本书仍需在后续研究中从以下几个方面深入拓展：

第一，加强中国特色城镇化道路推进机制的专深研究。中国特色城镇化道路的推进是个复杂的系统工程，本书着重从整体性上研究了中国特色城镇化道路推进机制的构建，将中国特色城镇化道路的基本特征概括为"人为核心、集约紧凑、生态文明、四化同步、复合形态、多元治理"，并按照土地、人、环境及治理等四个方面分类探讨了中国特色城镇化道路的推进机制，形成包含"总体机制、领域机制、具体机制"三个层次、较为完整的推进机制体系。但就具体某个推进机制而言，由于精力投入和研究能力所限，本书尚缺乏全面、系统的深入论述，同时对具体推进机制的应用研究也显得不足。

第二，加强中国特色城镇化道路推进机制的全面研究。几年前，作者基于认识将研究目标锁定在重点解决当时城镇化进程中争议较大的土地城镇化快于人口城镇化的问题、城市生态承载力不足的问题、城市治理结构调整与社会矛盾凸显的问题，因此本课题提出的中国特色城镇化道路推进机制主要围绕土地、人、环境及治理四方面展开。随着以人为本、四化同步、优化布局、生态文明、文化传承的指导思想，"创新、协调、绿色、开放、共享"的发展理念以及供给侧结构性改革等新发展理念更多更深入地融入中国特色城镇化道路，本书的研究内容有待进一步延伸和拓展。例如，马克思主义经典作家的劳动地域分工思想如何与我国大中小城市和小城镇协调发展的空间形态相结合，是值得进一步研究的理论和现实命题。

第三，加强新形势新格局下中国特色城镇化道路推进机制的创新研究。国际上精明增长、新城市主义、绿色化、海绵城市、智慧城市等城市发展的新趋势、新理念不断涌现，并逐步得到实践检验和理论认同，中国特色城镇化道路推进机制也必须既要立足中国实践坚持中国特色，又要具有国际视野坚持"拿来主义"，拓展中国特色城镇化道路的研究视野，尤其是将其中具有科学成分的、经过理论与实践检验的、可以与中国实际相结合的成分，有机融入并推动中国特色城镇化道路推进机制的创新。"一带一路"和长江经济带深入推进，经济"新常态"、供给侧结构性改革等深入发展，城镇化推进速度、结构与重点都在发生调整，中国特色城镇化推进机制也必须同时顺应和引领这些时刻变化的崭新实践，从更高的战略格局来审视我国城镇化的空间布局、功能定位和跨国跨区域融合及其推进机制，从五大发展理念的视角来研究城市群协同发展、城市生态文明建设、城市文化传承及其推进机制，等等。

第四，加强研究方法创新。恰当的研究方法和科学研究手段直接影响和作用于研究成果，并决定研究成果的深度和创新。今后的研究还应该进一步拓展田野调查法的地域空间范围和城市调查样本，转变"撒胡椒面式"的点对点调查方式，以城市群为单位、以经济区为单位，展开系统的实地调研。在此基础上，更多地采用定量分析手段，着力定性分析、定量分析的融合运用，形成以马克思主义理论为指导，多学科、多领域、多方法研究手段的协同创新，使中国特色城镇化道路的研究更加科学。

参考文献

一、著作

[1] 《马克思恩格斯全集（第 1 卷）》，人民出版社 1979 年版。

[2] 《马克思恩格斯选集（第 1 卷）》，人民出版社 2012 年版。

[3] 《马克思恩格斯全集（第 2 卷）》，人民出版社 1965 年版。

[4] 《马克思恩格斯选集（第 3 卷）》，人民出版社 2012 年版。

[5] 《马克思恩格斯全集（第 3 卷）》，人民出版社 2002 年版。

[6] 《马克思恩格斯选集（第 4 卷）》，人民出版社 1995 年版。

[7] 《马克思恩格斯全集（第 13 卷）》，人民出版社 1972 年版。

[8] 《马克思恩格斯全集（第 18 卷）》，人民出版社 1964 年版。

[9] 《马克思恩格斯全集（第 23 卷）》，人民出版社 1972 年版。

[10] 《马克思恩格斯全集（第 42 卷）》，人民出版社 1979 年版。

[11] 《马克思恩格斯全集（第 46 卷）》，人民出版社 1979 年版。

[12] 马克思：《资本论（第 3 卷）》，人民出版社 1975 年版。

[13] 马克思：《1844 年经济学哲学手稿》，人民出版社 1985 年版。

[14] 《列宁全集（第 40 卷）》，人民出版社 1986 年版。

[15] 《苏联社会主义经济问题（1952 年 9 月)》，《斯大林选集（下卷）》，人民出版社 1979 年版。

[16] 《毛泽东选集（第三卷）》，人民出版社 1991 年版。

[17] 《毛泽东选集（第七卷）》，人民出版社 1999 年版。

[18] 《邓小平文选（第三卷）》，人民出版社 1993 年版。

[19] 《中国共产党第十七次全国代表大会文件汇编》，人民出版社 2007 年版。

[20] 《中国共产党第十八次全国代表大会文件汇编》，人民出版社 2012 年版。

[21] Oliver E. Williamson，"The New Institutional Economics: Taking Stock，Looking Ahead"，*Journal of Economic Literature*，Vol.38，No.3，Sep.2000.

[22] [英] 安东尼·吉登斯：《现代性与自我认同》，生活·读书·新知三联书店 1998 年版。

[23] [英] 安东尼·吉登斯：《失控的世界》，江西人民出版社 2001 年版。

[24] 曹萍：《城乡统筹下的城郊经济发展研究》，四川人民出版社 2008 年版。

[25] 邓玲：《我国生态文明发展战略及其区域实现研究》，人民出版社 2014 年版。

[26] 邓玲、黄勤：《国土开发与城镇建设》，四川大学出版社 2007 年版。

[27] 高鉴国：《新马克思主义城市理论》，商务印书馆 2006 年版。

[28] 高吉喜、黄钦、聂忆黄等：《生态文明建设区域实践与探索：张家港市生态文明建设规划》，中国环境科学出版社 2010 年版。

[29] 洪远朋等：《〈资本论〉教程简编》，复旦大学出版社 2002 年版。

[30] 简新华、何志扬、黄锟：《中国城镇化与特色城镇化道路》，山东人民出版社 2010 年版。

[31] 韩庆祥、亢安毅：《马克思开辟的道路——人的全面发展研究》，人民出版社 2005 年版。

[32] 景春梅：《城市化、动力机制及其制度创新》，社会科学文献出版社 2009 年版。

[33] 陆大道等：《2006 年中国区域发展报告》，商务印书馆 2007 年版。

[34] 刘肇军：《贵州石漠化防治与经济转型研究》，中国社会科学出版社 2011 年版。

[35] 牛文元、刘怡君：《中国新型城市化报告 2009》，科学出版社 2009 年版。

[36] 牛文元：《2012 中国新型城市化报告》，科学出版社 2012 年版。

[37] 盛广耀：《城市化模式及其转变研究》，中国社会科学出版社 2008 年版。

[38] 王伟光：《利益论》，人民出版社 2001 年版。

[39] 王克忠、周泽红、孙仲彝等：《论中国特色城镇化道路》，复旦大学出版社 2009 年版。

[40] 王国敏、曹萍：《社会主义核心价值体系多维理路研究》，四川大学出版社 2011 年版。

[41] 王彬彬:《地震灾区产业恢复与重建研究:以四川汶川地震为例》,经济科学出版社 2011 年版。

[42] 肖万春:《中国城镇化发展创新研究》,研究出版社 2007 年版。

[43] 奚从清:《角色论——个人与社会的互动》,浙江大学出版社 2010 年版。

[44] 严书翰:《中国城市化进程》,中国水利水电出版社 2006 年版。

[45] 姚洋:《中国道路的世界意义》,北京大学出版社 2011 年版。

[46] 周一星:《城市地理学》,商务印书馆 2003 年版。

[47] 朱光磊:《当代中国社会各阶层分析》,天津人民出版社 2007 年版。

二、期刊报纸

[1] 蔡昉:《中国经济如何跨越"低中等收入陷阱"?》,《中国社会科学院研究生院学报》2008 年第 1 期。

[2] 曹萍、王彬彬:《城乡一体化下的乡村治理——以成都为例》,《四川大学学报(哲学社会科学版)》2010 年第 6 期。

[3] 曹萍:《西部欠发达地区统筹城乡发展的推进机制——基于甘肃省正宁县的调研》,《农村经济》2011 年第 12 期。

[4] 曹雷、程恩富:《不确定性:经济学的研究及社会管理》,《上海市经济管理干部学院学报》2004 年第 3 期。

[5] 陈甬军:《中国特色城镇化道路》,《理论参考》2010 年第 2 期。

[6] 陈菊红:《促进农民工角色转换的途径分析》,《济南大学学报(社会科学版)》2012 年第 5 期。

[7] 陈鹏、翟宁:《包容性增长与城市规划范式转换》,《国际城市规划》2011 年第 1 期。

[8] 楚成亚:《乡镇政府自我利益的扩张与矫治》,《中国政治》2000 年第 2 期。

[9] 楚永生、张蕴萍:《农村公共物品供给制度缺陷及化解对策——基于乡村治理视角分析》,《理论学刊》2006 年第 12 期。

[10] 成思危:《农民工问题应放在更大背景下来考虑》,《人民论坛》2007 年第 7 期。

[11] 崔惠民、张厚明:《公共财政走向民生财政:基本公共服务均等化的选择》,

《经济问题探索》2011 年第 6 期。

　　[12] 丁元竹：《中国社会管理的理论建构》，《学术月刊》2008 年第 2 期。

　　[13] 党国英：《乡村治理现代化必先要城乡一体化》，《农村经营管理》2009 年第 11 期。

　　[14] 董鹏鹏、刘锐：《城市化背景下失地农民问题：现状、成因、对策》，《社会纵横》2007 年第 11 期。

　　[15] 杜志雄、肖卫东、詹琳：《包容性增长理论的脉络、要义与政策内涵》，《中国农村经济》2010 年第 11 期。

　　[16] 杜黎明：《限制开发区经济发展权补偿研究》，《现代城市研究》2012 年第 6 期。

　　[17] 段进军：《关于中国城镇化进程的反思》，《城市发展研究》2008 年第 4 期。

　　[18] 范方志、李海海：《城市化进程中的土地财政与房地产价格——基于马克思地租理论的分析》，《云南财经大学学报》2011 年第 6 期。

　　[19] 冯尚春：《论中国特色城镇化道路》，《中央党校学报》2011 年第 2 期。

　　[20] 冯海波：《"包容性增长"理念的学理澄明及其现实意义》，《南昌大学学报（人文社会科学版）》2010 年第 6 期。

　　[21] 傅道忠：《财政决策的民生导向探讨》，《当代财经》2009 年第 3 期。

　　[22] 辜胜阻、易善策、李华：《中国特色城镇化道路研究》，《中国人口·资源与环境》2009 年第 1 期。

　　[23] 何磊、曹钢、杨晓：《马克思主义经典作家的城镇化思想及启示》，《中共天津市委党校学报》2011 年第 1 期。

　　[24] 蒋永穆、纪志耿：《构建社会主义和谐社会的利益协调机制研究》，《当代经济研究》2008 年第 2 期。

　　[25] 姜爱林：《城镇化发展与城镇生态环境建设研究》，《中共济南市委党校学报》2001 年第 2 期。

　　[26] 姜平：《构建社会主义和谐社会的核心内容——论推进中国社会管理体制创新》，《云南行政学院学报》2006 年第 1 期。

　　[27] 柯福艳：《统筹城乡背景下城镇化与农业现代化互促共进长效机制研究》，《农村经济》2011 年第 5 期。

　　[28] 孔燕：《建设生态文明，从理论到实践》，《前沿》2009 年第 6 期。

[29] 李慎明：《正确评价改革开放前后两个历史时期》，《红旗文稿》2013 年第 9 期。

[30] 李君华、彭玉兰：《产业布局与集聚理论评述》，《经济评论》2007 年第 2 期。

[31] 李剑阁、韩俊：《新农村建设亟待解决的问题》，《比较》2007 年第 31 期。

[32] 李谧、唐伟：《当代风险社会理论研究述评》，《北京行政学院学报》2009 年第 6 期。

[33] 李文钊、蔡长昆：《政治制度结构、社会资本与公共治理制度选择》，《管理世界》2012 年第 8 期。

[34] 林凌：《用社会主义核心价值体系引领网络文化建设》，《马克思主义研究》2011 年第 2 期。

[35] 林毅夫：《制定"十一五"计划应考虑的十个战略问题》，《宏观经济研究》2004 年第 1 期。

[36] 刘继同：《由静态管理到动态管理：中国社会管理模式的战略转变》，《管理世界》2002 年第 10 期。

[37] 刘新卫：《中国城镇化发展现状及特点》，《国土资源情报》2007 年第 12 期。

[38] 刘嫦娥、李允尧、易华：《包容性增长研究述评》，《经济学动态》2011 年第 2 期。

[39] 刘靖：《风险：当代社会的重要特征》，《东岳论坛》2005 年第 1 期。

[40] 刘云生：《统筹城乡模式下的乡村治理：制度创新与模式设计》，《河北法学》2009 年第 2 期。

[41] 陆大道：《中国城镇化发展模式：如何走向科学发展之路》，《苏州大学学报（哲学社会科学版）》2007 年第 2 期。

[42] 陆岷峰、张惠：《关于"包容性增长"的内涵辨析及实现要点研究》，《桂海论丛》2011 年第 1 期。

[43] 吕本富：《双向互动：应对社会治理结构网络化的挑战》，《行政管理改革》2012 年第 11 期。

[44] 马凯：《转变城镇化发展方式　提高城镇化发展质量　走出一条中国特色城镇化道路》，《国家行政学院学报》2012 年第 5 期。

[45] 缪金祥：《浅谈失地农民引发农村群体性事件的预防和处置》，《湖南公安高等专科学校学报》2008 年第 3 期。

[46] 桑玉成、刘春荣：《拓展民主的制度空间：构建一种新的基层民主发展观》，《复旦学报（社会科学版）》2008 年第 5 期。

[47] 单纬东：《基于资源理论的贫困县域经济竞争优势的获取》，《中国人口·资源与环境》2007 年第 4 期。

[48] 宋迎昌、李景国：《中国特色城镇化道路：探索与展望》，《学术前沿》2012 年第 11 期。

[49] 苏新骞：《论人与自然和谐共生的发展观》，《湖北经济学院学报（人文社会科学版）》2006 年第 11 期。

[50] 孙文华：《失地农民问题：本质、成因与政策涵义》，《社会纵横》2007 年第 12 期。

[51] 孙玉娟、索志林：《矫正和提升农民工群体地位的理性思考》，《商业时代》2007 年第 17 期。

[52] 孙宝根：《现代"发展"范畴前说质疑》，《江苏教育学院学报（社会科学版）》1997 年第 4 期。

[53] 唐远华：《和谐共生：人与自然关系的哲学政治学分析》，《重庆行政》2008 年第 1 期。

[54] 汪光焘：《走中国特色的城镇化道路》，《求是》2003 年第 16 期。

[55] 汪立波：《国外城镇化模式纵观》，《农村工作通讯》2010 年第 1 期。

[56] 王淑娜、姚洋：《基层民主与村庄治理》，《北京大学学报（哲学社会科学版）》2007 年第 3 期。

[57] 王凯：《关注城市化背景下的农民失地现象》，《经济导刊》2006 年第 4 期。

[58] 王红梅：《论马克思主义的生态文明思想》，《河北青年管理干部学院学报》2007 年第 3 期。

[59] 王如松：《城市生态文明的科学内涵与建设指标》，《前进论坛》2010 年第 10 期。

[60] 王彬彬：《论生态文明的实施机制》，《四川大学学报（哲学社会科学版）》2012 年第 2 期。

[61] 文军：《农民市民化：从农民到市民的角色转型》，《华东师范大学学报（哲学社会科学版）》2004 年第 3 期。

[62] 吴丽萍、吴露萍：《中国失地农民的现状和影响》，《经济研究导刊》2009

年第 1 期。

[63] 吴元梁：《比较视野下的中国特色社会主义》，《中国社会科学》2008 年第 1 期。

[64] 肖金成、史育龙、申兵等：《中国特色城镇化道路的内涵和发展途径》，《宏观经济管理》2008 年第 11 期。

[65] 肖万春、肖泽群：《国外城镇化的风险防范经验对我国城镇化发展的启示》，《武陵学刊》2011 年第 3 期。

[66] 徐世澄：《拉美过快城市化负面效应待解》，《人民论坛》2013 年第 4 期。

[67] 徐崇温：《中国特色社会主义道路是人类文明史上的伟大创举》，《马克思主义研究》2012 年第 4 期。

[68] 徐行、王海峰：《关于当前中国群体性事件几个理论问题》，《学习与实践》2010 年第 7 期。

[69] 杨晓玲：《城市化进程中失地农民问题的思考》，《农村经济》2008 年第 1 期。

[70] 杨特、包佳丽：《国外城镇化发展战略成败及启示》，《中国经贸导刊》2010 年第 24 期。

[71] 杨风、陶斯文：《中国城镇化发展的历程、特点与趋势》，《兰州学刊》2010 年第 6 期。

[72] 杨军：《城市贫民阶层是一个信号》，《南风窗》2007 年第 1 期。

[73] 杨雪冬：《风险社会理论述评》，《国家行政学院学报》2005 年第 1 期。

[74] 杨奎：《马克思和恩格斯关于社会建设与社会管理的科学探索》，《马克思主义研究》2006 年第 4 期。

[75] 叶敬忠、汪淳玉：《村委会在新农村建设中的角色》，《中国农村经济》2008 年第 12 期。

[76] 叶飞霞：《"和谐共生"发展思想初探——对发展观的新思考》，《福建农业大学学报（社会科学版）》1999 年第 2 期。

[77] 殷杰等：《城镇化进程中失地农民问题的调查与思考》，《苏州大学学报（哲学社会科学版）》2005 年第 3 期。

[78] 于建嵘：《中国城镇化与农民土地权益保障》，《华中师范大学学报（社会科学版）》2005 年第 3 期。

[79] 俞宪忠：《是"城市化"还是"城镇"化———一个新型城市化道路的战略发展框架》，《中国人口·资源与环境》2004 年第 5 期。

[80] 章奇、刘明兴、单伟：《政府管制、法律软约束与农村基层民主》，《经济研究》2004 年第 6 期。

[81] 章元、刘时菁、刘亮：《城乡收入差距、民工失业与中国犯罪率的上升》，《经济研究》2011 年第 2 期。

[82] 张康之、张乾友：《新市民社会背景下的国家与社会治理———对基于市民社会的国家理论的考察》，《文史哲》2011 年第 1 期。

[83] 张贤明：《论当代中国利益冲突与政治稳定》，《长白论丛》1996 年第 3 期。

[84] 张国献：《当前国内包容性增长研究述评》，《现代经济探讨》2011 年第 2 期。

[85] 张英魁、韩玲梅：《城市化进程中失地农民职业虚化的社会影响及其对策研究》，《大连理工大学学报（社会科学版）》2009 年第 9 期。

[86] 张时玲：《农民工融入城市社会的制约因素与路径分析》，《特区经济》2006 年第 6 期。

[87] 张应祥、蔡禾：《新马克思主义城市理论述评》，《学术研究》2006 年第 3 期。

[88] 张云昊：《转型风险社会的特点及风险控制》，《武汉理工大学学报（社会科学版）》2009 年第 6 期。

[89] 赵秀玲：《关于实现乡镇企业可持续发展的思考》，《福建论坛（经济社会版）》1998 年第 1 期。

[90] 郑秉文：《拉美城市化的教训与中国城市化的问题———"过度城市化"与"浅度城市化"的比较》，《国外理论动态》2011 年第 7 期。

[91] 钟海：《民主化进程中的乡村治理改革与村民自治完善》，《学说连线》2009 年第 3 期。

[92] 周加来：《"城市病"的界定、规律与防治》，《中国城市经济》2004 年第 2 期。

[93] 朱春奎、严敏、曲洁：《包容性增长的由来与理论要义》，《东岳论丛》2012 年第 3 期。

[94] 朱学新、段进军：《中国城市空间扩张与空间转型思考》，《苏州大学学报（哲学社会科学版）》2012 年第 5 期。

[95] 朱秋莲：《我国农民工社会地位与社会资本》，《求索》2012 年第 12 期。

[96] 朱力：《中国社会风险解析——群体性事件的社会冲突性质》，《学海》2009 年第 1 期。

[97] 蔡荣鑫：《包容性增长探源》，《第一财经日报》2010 年 10 月 13 日。

[98] 丛亚平、李长久：《中国收入分配四大失衡：财富越来越向少数人集中》，《经济参考报》2010 年 5 月 21 日。

[99] 郭晋晖：《新型城镇化应推动公共服务均等化》，《第一财经日报》2013 年 3 月 15 日。

[100] 李发生、高胜达：《城镇化应拒绝土地污染》，《人民日报》2013 年 3 月 31 日。

[101] 林家彬：《我国"城市病"的体制性成因分析》，《中国经济时报》2012 年 6 月 12 日。

[102] 牛凤瑞：《多样化：我国城镇化的基本特征》，《人民日报》2003 年 12 月 10 日。

[103] 王玉庆：《新时期我国环境保护形势与对策》，《中国环境报》2006 年 11 月 20 日。

[104] 王冰冰：《中国特色城镇化道路发展战略论坛举行》，《新清华》2012 年 6 月 15 日。

[105] 武志：《七条对策化解城镇化中的土地矛盾》，《上海证券报》2010 年 6 月 28 日。

[106] 姚冬琴：《国家发改委：城镇化≠城市化》，《中国经济周刊》2013 年 4 月 16 日。

[107] 易善策、杨俊：《"双重转型"背景下的城镇化道路——访全国工商联副主席辜胜阻》，《中国经济时报》2007 年 11 月 15 日。

[108] 于猛：《土地财政不可持续》，《人民日报》2010 年 12 月 27 日。

[109] 张然：《大城市步入"城市病"爆发期》，《京华时报》2012 年 2 月 10 日。

[110] 张立群：《城镇化进程取得巨大成就》，《光明日报》2012 年 10 月 15 日。

[111] 张玉玲：《城镇化：不是越快越好——访周一星》，《光明日报》2006 年 3 月 27 日。

[112] 周天勇：《呼吁尽快改革买地财政体制》，《经济参考报》2008 年 2 月 22 日。

[113] 周应军：《把生态文明建设融入城镇化全过程》，《甘肃日报》2013年1月11日。

[114] 劳动与社会保障部劳动科学研究所课题组：《农民工市民化的"中国路径"》，《经济参考报》2013年2月7日。

[115] 中国金融40人论坛：《中国应该"城市化"还是"城镇化"》，《21世纪经济报道》2010年3月22日。

[116]《建设生态文明城市》，《人民日报》2008年6月11日。

[117]《中国城镇化率首超50%，就业和社会保障等问题待解》，《农民日报》2012年3月14日。

[118]《推进新型城镇化需要体制机制创新》，《中国经济时报》2012年9月20日。

[119]《中共中央政治局召开会议研究加强和创新社会管理问题》，《人民日报》2011年5月31日。

[120]《农民工的居住条件亟待改善》，《山西工人报》2005年5月10日。

[121]《谁撑大了基尼系数?》，《经济管理文摘》2012年第23期。

三、研究报告

[1] 胡鞍钢：《中国发展战略转型的全球影响》，研究报告，中国科学院—清华大学中国国情研究中心，2010年。

[2]《2011年我国农民工调查监测报告》，研究报告，国家统计局，2012年。

[3]《四川省污染物排放量与经济发展关系研究》，研究报告，四川省社会科学院资源环境研究中心，2010年。

[4]《成都试验区深入推进"六个一体化"比较研究》，研究报告，成都市经济发展研究院，2009年。

四、网络文章与报道

[1] 胡锦涛：《扎扎实实提高社会管理科学化水平》，2011年2月19日，http://news.xinhuanet.com/politics/2011-02/19/c_121100198.htm。

[2]《坚持中国特色社会主义道路就是真正坚持社会主义》，2007 年 11 月 7 日，http://news.xinhuanet.com/newscenter/2007-11/07/content_7024913.htm。

[3] 国家环保总局：《环保总局通报"十五"环境质量状况和环保计划完成情况》，2006 年 4 月 12 日，http://www.zhb.gov.cn/gkml/hbb/qt/200910/t20091023_179984.htm。

[4] 国家环保总局：《环保总局公布我国城市环境综合整治定量考核结果》，2006 年 9 月 4 日，http://www.gov.cn/gzdt/2006-09/04/content_377457.htm。

[5]《中国 21 世纪初可持续发展行动纲要》，2003 年 7 月 30 日，http://gjs.mep.gov.cn/gjzzhz/200307/t20030730_85886.htm。

[6]《全国生态环境保护纲要》，2000 年 12 月 25 日，http://www.mep.gov.cn/hjyw/200012/t20001225_81282.htm。

[7]《关于印发〈国家环保总局关于加强生态示范创建工作的指导意见〉的通知》，2007 年 6 月 19 日，http://www.xhhb.gov.cn/ReadNews.asp?NewsID=345。

[8]《第二届中国环境与发展国际合作委员会第三次会议给中国政府的建议》，2005 年 1 月 5 日，http://www.cciced.net/zlk_1/cbw/procedings/erjiesanci/hywj10/200909/t20090904_160165.htm。

[9] 周其仁：《城市发展要摆脱政府主导模式》，2013 年 3 月 30 日，http://finance.sina.com.cn/hy/20130330/114715005376.shtml。

[10] 陈秀山：《政府主导下的中国城市化的特征》，2011 年 5 月 19 日，http://finance.sina.com.cn/hy/20110519/16019868180.shtml。

[11] 叶剑平、张有会：《城镇化与产业发展》，2010 年 3 月 23 日，http://www.qstheory.cn/ts/zxyd/byydtd/201003/t20100323_24954.htm。

[12] 李清华：《欠发达地区如何推进统筹城乡发展》，2010 年 9 月 10 日，http://theory.people.com.cn/GB/40537/12693889.html。

[13] 王权：《论风险社会视域下网络民意的理性引导——以人民网强国论坛关于"山西疫苗事件"的舆情为例》，2010 年 12 月 24 日，http://media.people.com.cn/GB/22114/150608/150615/13576876.html。

[14] 陈良咨：《论网络与群体性事件》，2010 年 11 月 22 日，http://theory.gmw.cn/2010-11/22/content_1405454.htm。

后　记

本书能够顺利出版，首先要感谢全国哲学社会科学规划办公室的资助，感谢一直与我同甘共苦的课题组成员的付出。自国家社科基金"中国特色城镇化道路推进机制研究"立项以来，从开题到调研，从动笔到定稿，期间数年，几易其稿。本书不仅凝聚了课题组成员辛勤的汗水和共同的智慧，还承载了我们一路走来亲如兄弟姊妹的奋斗情谊……追求卓越的精神，已然融入了团队的血液。

还要感谢课题研究过程中提供过帮助的所有专家、领导及学界同仁，他们为本课题研究提出了宝贵的建议，给予了悉心的指导，提供了调研的便利。特别是我的导师杜肯堂教授，虽八十高龄仍不辞辛劳为本书作序，再一次给了我们学习的范本，其言传身教，将受益余生。邓玲教授主动关心本书的出版事宜，亲自为我们联络，其拳拳之心，也令我感动。感谢我的博士生和硕士生们，没有他们在资料收集、数据整理、文字校对等方面所付出的努力，也不会有本书的顺利付梓。

特别感谢人民出版社杨美艳主任和翟金明责编，他们为本书的出版给予了极大的支持，付出了辛勤的劳动，给了课题组不小的激励。书稿内容分工为：导论，曹萍；第一章，李晓燕、龚勤林；第二章，曹萍、王彬彬、龚勤林、杜黎明；第三章，龚勤林；第四章，杜黎明；第五章，李晓燕、王彬彬；第六章，王彬彬；第七章，曹萍、龚勤林、王彬彬。

全书由曹萍负责统纂和校稿。

最后，还要特别感谢国内外研究中国特色城镇化道路及推进机制的专家学者，他们深邃的思想和引人思考的学术成果为本课题的开展和本书的出版提供了丰富的学术营养。尽管我们竭尽所能提高学术研究质量、遵循学术研究规范，仍恐难免挂一漏万，若有何不妥，恳望各位专家学者谅解并指正。

曹 萍

2017 年 12 月于成都